ÉTUDES

DE

MORALE POSITIVE

PAR

GUSTAVE BELOT

Inspecteur général de l'Instruction publique

I

EN QUÊTE D'UNE MORALE POSITIVE

L'UTILITARISME ET SES NOUVEAUX CRITIQUES

RÈGLE ET MOTIF

DEUXIÈME ÉDITION REVUE ET AUGMENTÉE

PARIS

LIBRAIRIE FÉLIX ALCAN

108, BOULEVARD SAINT-GERMAIN, VIe

ÉTUDES

DE

MORALE POSITIVE

DU MÊME AUTEUR

LIBRAIRIE FÉLIX ALCAN

Études de Morale positive. — Tome II. — *Justice et Socialisme. — Charité et Sélection. — Le Luxe. — Le Suicide. — La Véracité. — La Valeur morale et la Science. — Esquisse d'une Morale positive.* — 1 vol. in-8.

La Conscience Française et la Guerre. — 1 vol. in-16.

ÉTUDES

DE

MORALE POSITIVE

PAR

Gustave **BELOT**

Inspecteur général de l'Instruction publique

DEUXIÈME ÉDITION REVUE ET AUGMENTÉE

I

EN QUÊTE D'UNE MORALE POSITIVE
L'UTILITARISME ET SES NOUVEAUX CRITIQUES
RÈGLE ET MOTIF

PARIS
LIBRAIRIE FÉLIX ALCAN
108, BOULEVARD SAINT-GERMAIN, 108

1921

PRÉFACE

DE LA DEUXIÈME ÉDITION

———

Nous présentons sans aucune modification essentielle cette seconde édition de nos « Etudes de Morale Positive », épuisées depuis 1914. Nous nous contentons de les compléter par deux études parues depuis (*Règle et Motif, La Valeur morale de la Science*), et quant au reste nous avons tenu, réserve faite d'assez nombreuses corrections de détail, à le laisser subsister sous sa forme première.

A défaut d'autre mérite en effet, il en est un que quelques personnes ont bien voulu reconnaître à ce livre, et que nous pourrions revendiquer sans paraître manquer de modestie, parce qu'il est la simple contre-partie de son défaut le plus évident : c'est que, s'il n'offre pas l'unité systématique d'un travail entrepris suivant un plan préétabli, en revanche on peut y suivre et y sentir l'éclosion toute spontanée d'une pensée qui s'est formée peu à peu à mesure qu'elle prenait contact avec les divers problèmes, et qui a pris graduellement conscience d'elle-même sans s'asservir à aucune théorie préconçue, sans s'être enchaînée d'avance à un dogme personnel. Une doctrine qui s'est ainsi produite comme par une poussée naturelle n'offre peut-être pas moins d'unité véritable que celle dont tous les éléments sont réajustés entre eux par un effort de composition. Si, de prime abord, elle donne moins de satisfaction aux besoins logiques de l'esprit, peut-être, en revanche, n'est-elle pas moins digne d'inspirer confiance. Le lecteur assiste pour ainsi dire au travail de la pensée qu'il cherche à pénétrer. Il sait qu'on n'a pas, après coup, dissimulé des difficultés, effacé des contradictions. Il sait qu'on a marché droit devant soi, sauf à regarder en arrière le chemin parcouru, pour mieux en apercevoir la direction et en saisir la continuité.

Une telle méthode est en tout cas aussi éloignée que possible de tout syncrétisme, et nous sommes étonné que quelques critiques aient pu s'y tromper et représenter notre doctrine comme un éclectisme. Le propre du syncrétisme est qu'il croit atteindre la réalité en juxtaposant des fragments de systèmes ; c'est une procédure toute scolastique qui part, non de l'expérience, mais des théories déjà faites. Les théories peuvent sans doute nous aider à analyser le réel, parce que justement elles n'en aperçoivent d'ordinaire qu'un aspect. Mais qualifier d'éclectique celui qui s'efforce en chaque instant de ne rien omettre de ce que l'expérience lui donne, et de mieux se rendre compte, à ce contact même, de ses propres principes, cela revient à dire que les choses sont éclectiques, comme si elles étaient faites d'une mosaïque de doctrines. Mais c'est au contraire le réel qui est organique et complet, tandis que les théories sont partielles et unilatérales.

Il est relativement facile de flatter l'esprit de système et de séduire les milieux professionnels en formulant des thèses exclusives, en poussant une vérité partielle jusqu'au paradoxe. en rompant ouvertement avec le sens commun. On frappe beaucoup moins les esprits à vouloir modestement se rapprocher de l'expérience, et tenir compte de tous les aspects de la réalité.

Nous comprenons mieux le reproche qui nous a été fait de laisser trop indéterminée l'idée d'intérêt général. Il y aurait certainement eu lieu, si tel avait été notre but, d'analyser de plus près les aspects divers et les critères de cet intérêt. C'est comme un problème de maximum dans lequel il serait possible de distinguer diverses sortes de *maxima* : il y a, par exemple, une question de sécurité, une question de productivité et de rendement, une question de progrès et une question de stabilité, avec un rapport à établir entre l'intérêt présent et les possibilités d'avenir. Il y aurait encore un problème d'équilibre entre les divers niveaux sociaux : les inégalités — et elles sont aussi d'espèces diverses — ont leurs avantages et leurs inconvénients, comme aussi le fait d'une certaine uniformité moyenne. Il est clair que ces diverses sortes de « maximum » social ne peuvent coïncider, et que chaque société manifeste à cet égard ses préférences et ses instincts ; l'une semble tenir davantage à la sécurité, l'autre au progrès ou à la liberté ; telle est sans ambition, telle autre est disposée à sacrifier la stabilité aux chances de plus larges virtualités. Ce serait un immense travail sociologique que de définir, nous ne disons même pas de résoudre, un tel ensemble de questions. Mais notre but était tout différent. Nous visions surtout à ramener la morale sur le terrain de la vie sociale et à établir la possibilité, la nécessité même de l'affranchir de toute dépendance vis-à-vis de la religion ou de la métaphysique.

Cette libération nous paraissait aussi nécessaire au point de vue intellectuel et théorique qu'au point de vue pédagogique et pratique. Scientifiquement tout d'abord, il nous semble hors de doute que la morale est spontanément issue des nécessités de la vie et qu'elle est comme une manifestation de l'instinct vital des sociétés, et non pas un produit de la spéculation. La réflexion s'efforcera sans doute de discerner et de comprendre ce produit de l'instinct et de substituer ainsi une direction consciente à la simple impulsion, qui n'est pas moins sujette dans les sociétés que chez l'individu à de multiples déviations. Mais la spéculation philosophique de quelques individus et encore moins l'imagination théogonique des collectivités ne sauraient avoir eu cette vertu d'engendrer par elles-mêmes une règle morale adaptée aux exigences de la vie. Religion ou philosophie ne peuvent avoir d'autre rôle que de fournir à l'esprit des satisfactions complémentaires, légitimes d'ailleurs; elles n'ont aucun pouvoir explicatif.

Par cela même, l'affranchissement de la morale, nécessaire au point de vue rationnel, l'est encore plus évidemment au point de vue pédagogique. C'est comme professeur tout d'abord que, mis en présence de nos responsabilités, nous avons senti le danger, vérifié par l'expérience, de solidariser les convictions morales nécessaires avec des croyances caduques et indémontrables. Fonder la morale sur l'absolu était une tentation et une prétention qui pouvaient séduire des générations habituées à considérer l'absolu comme immédiatement accessible à l'esprit humain. Il apparaît aujourd'hui que fonder sur l'absolu, c'est, pratiquement, fonder sur le sable, et que mieux bâtie peut-être sur le papier, la morale devenait alors moins solide dans les consciences.

Mais il eut été vain d'affranchir la morale de la métaphysique, libre du moins en raison de son incertitude même, pour l'asservir à l'histoire, ou du moins à une philosophie sociologique qui, sous couleur de donner à la morale une base scientifique, n'arriverait, si on la prenait à la lettre, qu'à toujours consacrer l'état de choses existant et à figer l'action dans un conservatisme absolu. Or, il n'y a de morale que s'il y a quelque opposition entre un ordre établi et un ordre imaginé, qu'on se représente à la fois comme possible et comme meilleur. Comment possible, si ce n'est parce que nos convictions et nos aspirations font ici partie de la réalité qu'il s'agit de modifier, et sont par conséquent des conditions de son changement? Pourquoi meilleur, si ce n'est parce qu'il réaliserait plus complètement ce qui dans le présent peut déjà nous satisfaire, et plus précisément parce que l'idée même de Société — il s'agirait alors de la définir — y trouverait une expression plus adéquate ?

Au delà de l'opposition entre une morale métaphysique et une morale positive, il y a donc lieu de maintenir l'opposition d'une morale sociologique et d'une morale sociale.

Pour celle-ci la société n'est pas seulement une réalité et une force qui s'imposent *a tergo,* elle est une idée qui tend à se réaliser de mieux en mieux dans et par la liberté. Ainsi est maintenue l'autonomie de la conscience et le rôle de la raison critique, que l'on considère souvent comme anarchique, mais qui est en réalité organisatrice et constructive, dès qu'elle s'inspire, dans l'ordre de l'action, des mêmes méthodes qui la caractérisent dans la science.

Ici encore, il y aurait eu toute une étude à faire, et de l'idée de Société, et du rôle de la Raison dans le domaine de la Morale et de la Politique. Nous la tenterons peut-être quelque jour. Mais pour le moment, encore une fois, nous ne visions pas à constituer intégralement « une Morale », mais seulement à définir les conditions d'une morale qui pût se présenter comme positive, c'est-à-dire non comme une science, ce qui continue à nous sembler impossible, mais comme une doctrine pratique en harmonie avec l'esprit même de la science.

Peut-être aurions-nous pu élargir à ce point de vue notre doctrine, si nous avions fait une meilleure place à une idée que nous serions plus disposé aujourd'hui à mettre en évidence : celle du *polygénisme* qu'on découvre toujours dans l'évolution des grandes fonctions humaines. Comme nous l'avons montré à propos de la religion, quel que soit le point de départ qu'on croie pouvoir assigner à ces fonctions, il n'équivaut jamais à une cause adéquate de tous leurs développements. Elles s'enrichissent constamment d'apports nouveaux en même temps d'ailleurs qu'elles rejettent aussi à certains moments des éléments qu'elles avaient d'abord englobés. Il en est sans doute ainsi de la conscience morale. Quelles que soient « les racines de sa noble tige », il est certain que ses rameaux s'épanouissent en des directions assez diverses. Le sens de la beauté, le désir de perfection ou même l'orgueil d'une certaine supériorité, l'idée de la dignité personnelle ou de la dignité de l'homme en général, le culte de la bonté ou celui de la justice, la passion de la vérité, prennent à certaines époques, dans certains milieux, une valeur propre et prépondérante. Par là, la moralité s'enrichit, non sans être exposée en revanche, à toutes sortes de déviations qui l'obligent à revenir de cette diversité à l'unité de l'organisation, de ces particularismes moraux à la synthèse sociale, à l' « esprit d'ensemble » qui seul peut fournir un critère décisif (1).

Il reste pourtant que, pourvu qu'il y ait déjà quelque chose comme une conscience morale, elle a suivant les âges et les formes de civilisation des poussées originales : l'invention ne lui est pas interdite. J'ai trop insisté sur l'autonomie de la conscience et de l'humanité pour admettre qu'une sorte de fatalité naturelle, qu'il appartiendrait à la science de découvrir, pèse malgré elles sur leurs destinées et qu'elles soient condamnées à satisfaire invariablement la définition qu'il aurait plu à un sociologue d'assigner à la moralité.

Par là s'aggrave, il faut le reconnaître, l'antinomie que nous avions déjà exposée comme la difficulté centrale du problème moral : car, s'il est inadmissible que l'essence de la moralité soit définie une fois pour toutes et imposée à la conscience comme un fait, il est encore plus contradictoire qu'elle soit abandonnée à l'arbitraire et livrée au plaisir des faiseurs de systèmes, aux orgueilleuses prétentions des « créateurs de valeurs » à la Nietzsche, aux flottantes inspirations des mystiques. Il n'y a pas de moralité s'il n'y a une volonté droite et cela suppose à la fois qu'il y a une règle donnée et qu'il y a une liberté pour l'observer : cela dès longtemps a été aperçu : mais la question va maintenant plus loin : elle est de savoir si la liberté n'a pas son rôle jusque dans la position même de la règle et la détermination des valeurs.

La querelle dernière entre les théoriciens de la morale est peut-être celle des doctrines où la moralité est conçue

____

(1) Là serait ma concession et aussi ma réponse à la très pénétrante critique que M. Jankélévitch a consacrée à notre livre dans la *Revue de Synthèse historique*, Déc. 1907.

comme déterminable par une matière donnée et des doctrines où au contraire elle ne pourrait être définie que par son inspiration ou par sa forme. A ce point de vue, malgré leurs analogies souvent signalées, le Sociologisme et le Kantisme sont en radicale antithèse : en effet, bien que le premier définisse la moralité comme discipline et semble indifférent au contenu des règles, en fait il suppose l'individu soumis à une règle *donnée* qui lui est imposée du dehors, sans qu'il ait aucune part à sa détermination et sans qu'on puisse voir dans le principe social d'une telle règle autre chose qu'un principe de conservation et d'immobilité. L'individu est considéré lui-même comme un produit social sans réalité propre. Le sociologisme n'est donc formel qu'en apparence, en vertu de ce seul fait que la matière imposée à la volonté individuelle lui serait entièrement étrangère ; mais considérée dans l'application, la morale issue de cette doctrine serait la plus strictement matérielle qu'on puisse imaginer, puisque, prise dans toute sa rigueur, elle substitue entièrement le fait au droit et ne présenterait l'idéal lui-même que comme un objet d'observation.

A l'opposite, un Kantisme rigoureux n'arriverait, comme nous l'avons montré, à donner aucune application adéquate à son principe formel : plus interdictif qu'impératif, ce principe ne serait exactement satisfait que dans une sorte d'inaction bouddhique : la seule volonté absolument bonne serait de ne rien vouloir, puisqu'en fait il n'y a pas de vouloir positif sans désir et sans but et que Kant exclut un tel vouloir de la moralité. On nous à parfois trouvé dur pour la morale Kantienne alors que nous avons fait nous-même une belle place à la « raison pratique » et que sur plus d'un point nous avons accepté l'inspiration de Kant. C'est qu'à la date déjà ancienne où nous avons commencé à écrire les études ici réunies, nous pouvions constater que la doctrine de Kant, passée en dogme scolastique, desséchait la morale, et sauf sans doute chez un grand et indépendant disciple comme Renouvier la détournait de toute précision et de toute portée positive. C'est pourquoi nous n'avons aucun regret d'avoir salué et peut-être quelque peu hâté le « crépuscule de la morale Kantienne ». Quelque profonde qu'ait été la conception du fondateur de la Critique, il ne nous semble pas que son inspiration puisse aujourd'hui nous satisfaire pleinement, ni au point de vue de l'esprit scientifique, ni au point de vue des besoins de l'action.

Entre ces deux thèses extrêmes, et peut-être faut-il dire ces deux dogmatismes, dont chacun pourtant correspond certainement à un aspect de la moralité, nous avons cherché une voie moyenne, en réalité une voie différente. Puisque ni le « matérialisme moral » hétéronome, ni le formalisme abstrait où l'autonomie court grand risque de rester verbale, ne pouvaient nous satisfaire, il restait à rapprocher autant que possible la matière sociale de la forme rationnelle. C'est cette direction que nous avons suivie (1), non par esprit de système, et encore moins par éclectisme, mais parce que nous y étions spontanément amené par les tendances de notre esprit et par le désir d'embrasser aussi complètement que possible les données de l'expérience morale. La Société ne nous apparaît plus comme un simple produit de l'histoire, mais comme un objet de pensée et de volonté : au-dessus de la *société qui fait l'homme,* que trop exclusivement ont considérée Comte et ses épigones, s'élève une *société que l'homme fait,* et qui, dans une proportion croissante, devient l'œuvre consciente de ses membres.

Cette conception est, croyons-nous, en conformité, comme nous le demandons, avec l'esprit de la science moderne, où la raison se révèle constructive et souple, également éloignée d'un empirisme servile et d'un dogmatisme figé. Cette raison moderne, rajeunie et rendue plus consciente de sa vraie nature par son travail scientifique même, n'apparaît plus si raide ni si orgueilleuse que cer-

(1) Voir les conclusions de notre étude sur *La valeur morale de la Science.*

tains la dépeignent encore (2). Elle est trop laborieuse pour se croire en possession d'une révélation qu'elle prétendrait imposer. Elle n'est plus guère que la liberté d'un jugement sans passion à la recherche d'un ordre dont les formes particulières dépendront d'une humble et patiente consultation de l'expérience, qu'il s'agisse, pour la science, d'un ordre extérieur à découvrir, ou pour la morale, d'un ordre humain à réaliser. Dès lors l'entente qu'elle établit entre les âmes ne ressemble plus à l'accord sur un dogme, qui en effet ne pourrait que diviser. C'est l'accord sur une méthode, sur la loyauté d'une coopération dans une recherche indépendante et désintéressée. La liberté, le respect mutuel et la volonté de collaborer à une œuvre commune, voilà donc, dans l'ordre pratique, l'essentiel de l'attitude rationnelle. Ainsi comprise, la Raison sonne le ralliement de toutes les bonnes volontés qui pensent. Elle n'est ni tranchante et oppressive, ni étroite et exclusive, ni même sèche et froide. Car si elle n'est pas le sentiment, loin de l'exclure comme on semble toujours le croire, elle en accueille et même en fonde, dans la fraternité humaine, les formes les plus hautes.

Mais mieux encore, cette doctrine morale est en conformité avec l'observation, puisque nous voyons les sociétés s'acheminer lentement, mais sûrement vers une Démocratie de moins en moins asservie aux forces du passé, quoique docile aux leçons de l'expérience, de plus en plus maîtresse de ses destinées. D'une telle démocratie, comme déjà l'avait senti Montesquieu, l'éducation morale des individus est la clef de voûte nécessaire.

L'immense cataclysme qui vient de bouleverser le monde civilisé a mis en égale évidence et les fatalités qui pèsent sur les sociétés de par les legs de l'histoire et les conditions économiques de la vie, et la ferme volonté des peuples de s'appartenir sans plus tolérer aucune domination extérieure ni aucun despotisme interne. Il a fait sentir

(2) A. Loisy, *La Foi morale et la Raison*, Corresp. de l'Union pour la vérité, juillet 1920.

à la fois la nécessité et la sublimité des rigoureuses disciplines et des ultimes sacrifices, mais aussi la réelle efficacité de l'action individuelle, pour le bien comme pour le mal. Il a révélé des ressources morales cachées et imprévues, mais il a prouvé aussi, en faisant remonter la vase des bas-fonds, combien, sous les dehors corrects de la vie sociale équilibrée et normale, était insuffisante la préparation méthodique des caractères, combien il s'en fallait que l'armature extérieure de la collectivité en paix pût équivaloir à cette formation directe des âmes elles-mêmes sans laquelle l' « Homme démocratique » manquerait à la démocratie. Il ne s'agit donc plus aujourd'hui de fabriquer des systèmes plus ou moins spécieux pour satisfaire l'esprit, mais de répondre à des nécessités vitales et de trouver les bases d'une éducation morale et sociale appropriée aux exigences des temps nouveaux.

Toute doctrine morale qui ne fonde pas une éducation est une œuvre incomplète et tout académique. Le stoïcisme avait sa pédagogie, noble et forte, et même pénétrante et adroite ; le christianisme a édifié la sienne, en harmonie avec ses croyances, et dont le mécanisme est savamment agencé. Ni l'une ni l'autre, à notre avis, ne sont plus en pleine harmonie avec l'état présent des esprits. On ne sent pas assez communément combien nous manque une pédagogie qui nous conviendrait ; on vit sur l'habitude et sur le passé, alors pourtant que l'éducation purement automatique est manifestement insuffisante, tout comme la politique de simple tradition ou comme la science réduite à l'empirisme. La « Morale laïque » s'est imposée en raison de la situation de l'école publique et obligatoire, plus profondément encore en raison de la diversité et de l'affaiblissement des croyances. Mais faute de s'être nettement orientée dans le sens d'une culture sociale de l'individu, elle est restée trop semblable à une morale religieuse dont on aurait seulement enlevé la pièce maîtresse, Dieu, et supprimé les procédés pratiques fournis par la foi et par le culte. C'est pourquoi elle apparaît à beaucoup comme quelque chose d'incomplet et même de négatif.

Puisque, aujourd'hui, ne peut plus guère être contestée, même par ceux qui demandent pour eux-mêmes le supplément et l'aide d'une croyance personnelle, la nécessité et la possibilité d'une morale faite pour tous, propre à assurer les bases de la vie en commun, sans acception des particularismes de doctrine qui diviseraient, au lieu de les unir, les membres d'une même société, il importe que se constitue une pédagogie morale correspondante. Nous n'en voyons guère d'autre base possible que celle que nous proposons. Si seulement cette conviction pouvait gagner la majorité des esprits qui comptent, l'expérience ne tarderait sans doute pas à faire surgir les méthodes et les procédés corrélatifs. Ce n'est pas en un jour que la pédagogie stoïcienne a trouvé sa voie, et la pédagogie chrétiene a mis des siècles à se constituer. On peut accorder quelque crédit à une philosophie morale qui s'efforce d'être le prolongement de la grande révolution commencée par Descartes dans le domaine intellectuel, et continuée sur le terrain politique par la Déclaration des Droits de l'Hommē.

Novembre 1920.

AVANT-PROPOS

DE LA PREMIÈRE ÉDITION

Nous réunissons ici quelques études qui, à l'exception d'une seule (1), ont paru à des dates très différentes en divers recueils. Nous n'y avons, autant que possible, apporté que des modifications de détail et de simples corrections de forme, afin de ne pas en altérer la physionomie originelle. L'ordre que nous avons adopté est tout à fait étranger à l'ordre chronologique ; il nous a paru préférable de suivre un plan plutôt conforme au rapport naturel des idées. Nous avons donc placé en tête les articles où sont traitées les questions les plus générales, les questions de méthode et de principes.

Les chapitres suivants fournissent des vérifications et des applications caractéristiques. L'étude de la *Véracité* permet de confronter les principes d'une morale sociale avec ceux d'une morale qu'on essayerait de fonder exclusivement sur la Raison, et pour laquelle la véracité serait nécessairement non pas seulement une vertu, mais l'essence même de la vertu. Le respect, intérieur et extérieur, de la vérité est assurément le devoir ou le sentiment le plus réfractaire à la conception purement sociale de la moralité ; sa réduction aux principes proposés était donc une contre-épreuve indispensable et décisive. De même, bien que d'une autre manière, la question du *Suicide* constituait un point critique et crucial pour la morale

(1) Le chapitre sur *le Suicide*.

sociale ; l'examen de cette délicate question nous conduit, si nous ne nous trompons, à reconnaître combien sont verbales et fragiles les solutions qu'on essaye d'en donner en se plaçant à un point de vue soit purement individuel, soit purement impersonnel et métaphysique, et combien il est nécessaire, pour approcher d'une réponse satisfaisante, de se placer au point de vue social, et de se demander non pas si le suicide est condamnable ou permis, s'il est lâche ou méritoire au regard de l'individu, mais seulement si une société où le suicide se produit n'est pas une société mal portante, et si une société qui le tolérerait sans aucune résistance ne serait pas une société absurde. C'est la même idée qui domine notre étude sur le *Luxe* et qui en est ici la raison d'être ; car il est impossibe de dire du luxe s'il est moralement bon ou mauvais, de la part de l'individu, par rapport à l'ordre économique établi, tandis qu'il est jusqu'à un certain point aisé de dire ce que vaut cet ordre économique lui-même en tant qu'il rend inévitables et même presque désirables certaines formes de luxe que nous sentons confusément, ou même que nous voyons clairement, être préjudiciables à l'équilibre social et à une réelle justice.

Dans les chapitres parallèles, enfin, intitulés *Justice et socialisme, Charité et sélection*, nous avons surtout opposé le point de vue social, non plus au point de vue de l'individualisme métaphysique, mais au point de vue naturaliste. Dès longtemps notre souci dominant a été celui de maintenir la spécificité de l'idée morale et il nous a paru nécessaire de ne la laisser absorber pas plus par certaines conceptions pseudo-scientifiques que par des spéculations métaphysiques. La moralité tient à la fois de l'idéal et du réel. Les premières tendent à méconnaître son idéalité les secondes sa réalité. Si la morale est, comme nous le croyons, constituée *par* l'humanité *pour* l'humanité, elle ne se découvre pas plus dans une spéculation étrangère à l'expérience sociale que dans une science de la nature infra-humaine.

On reconnaîtra que ce désir de maintenir et de concilier dans l'idée d'une morale positive la part du fait et celle de l'idéal est la pensée directrice de nos conclusions. Nous avons essayé d'y reprendre sous une forme systématique, un ensemble d'idées, tout d'abord élaborees séparément et sans esprit de système, mais dans lesquelles nous espérons qu'on trouvera, avec quelque progrès peut-être dans la maturité de la pensée, une réelle unité de doctrine. Nos convictions se sont faites, comme il est bon, en partant de l'expérience et des vérités particulières, non en partant d'un système, qui, pour positif qu'il se prétendrait quant au contenu, n'en serait pas moins alors aprioristique et dogmatique au point de vue de la méthode. On se ferait illusion, à notre avis, si, sous prétexte que telles et telles sont les exigences de « la Science », on imposait à la morale des déterminations empruntées telles quelles à la pratique et aux traditions d'études très différentes, et, en ce sens également, il importe de maintenir la spécificité de la morale. Sans doute il est naturel et parfois opportun que la science à faire s'inspire de la science faite, surtout quand il s'agit de résister aux préjugés anticritiques, aux inspirations de la routine, aux séductions de l'imagination ou de la dialectique. Mais on sait aussi à quelles réadaptations la méthode scientifique s'est vue constamment obligée, pour se conformer aux conditions propres de chaque sorte d'études, pour en éliminer des préconceptions injustifiées, comme pour permettre de reconnaître et de recueillir tous les éléments de la vérité.

C'est le moment d'expliquer pourquoi nous avons adopté ici le terme de morale positive qui, nous le reconnaissons, n'est pas sans inconvénients. Le plus visible est qu'on soit exposé à comprendre « positiviste ». Certes il y a, selon nous, beaucoup de vérité et dans la manière dont A. Comte aborde le problème moral, et dans les solutions particulières qu'il propose des problèmes moraux (1).

(1) Cf. notre étude sur *La Morale positiviste et la conscience contemporaine* (*Revue philosophique*, décembre 1904).

Il est à peine besoin de dire cependant que le terme positif n'est pas appliqué ici comme l'étiquette d'une école, et que son adoption ne signifie pas l'acceptation d'une doctrine toute faite. On reconnaîtra même que, par la place que nous faisons à l'esprit critique et à l'idée de contrat, nous nous écartons nettement du positivisme pur. Du positivisme, il plaît à M. Brunetière de ne retenir que ceci : que la question morale est une question religieuse. Mais on pourrait en retenir aussi bien cette autre vérité qu'aucune religion même et à plus forte raison aucune morale n'est désormais possible ou du moins ne peut remplir sa fonction qu'à condition de rester sur le terrain de l'expérience commune au lieu de s'aventurer sur celui des croyances transcendantes. Les croyances religieuses courantes ne produisent plus aujourd'hui que malentendus et divisions, et la positivité est définie avant tout par Comte comme le domaine du « bon sens universel ». Seulement, suivant nous, la vraie positivité — et en cela nous nous écartons de Comte et surtout de certains de ses héritiers — consiste à penser par soi-même, dans un contact direct avec la réalité, en supprimant autant que possible le prisme qu'interposent, entre elles et nous, les catégories d'origine sociale, les concepts traditionnels tout faits, véritables formes a priori d'un entendement de formation secondaire, héritées de l'imagination collective ou d'un empirisme pré-critique.

Mais il nous a semblé que le terme de « positif » était suffisamment passé dans la langue courante pour être employé dans son sens intrinsèque, et que c'était encore ce terme qui prêtait le moins au contre-sens, en indiquant au moins tout d'abord avec netteté qu'il s'agissait d'une morale indépendante de toute religion et de toute métaphysique. Tous les autres termes auxquels il nous aurait été possible de songer eussent été entachés d'une plus grave inexactitude ou exposés à des malentendus encore plus fâcheux.

Par celui de « Morale sociale » on aurait pu croire que

nous désignions non une morale fondée sur les conditions
de la vie sociale et sur l'idée de société, mais seulement
une partie, un domaine spécial de la morale. Une « morale
rationnelle » s'oppose couramment à une « morale empirique », et bien qu'au sens large du mot, la morale que
nous présentons nous semble évidemment rationnelle,
c'eût été tromper radicalement le lecteur sur nos intentions que de lui laisser croire un instant qu'elle fût
a priori.

Plus précise enfin, l'expression de « morale scientifique », dont on abuse, ne nous a paru que plus fallacieuse.
et son exclusion s'imposait à qui ne veut pas promettre
ce qu'il se sait incapable, ce qu'il croit même impossible
de tenir. Sans doute il est possible, comme nous le montrerons, d'apporter dans l'étude de la morale et dans la moralité elle-même quelque chose de ce qui constitue l'esprit
scientifique. Mais d'une part la morale comporte un élément
pratique, une finalité, qui est absolument irréductible à
la connaissance pure et à plus forte raison à la vérité
scientifique : d'autre part la morale est même très loin
suivant nous de pouvoir devenir scientifique dans le sens
très clair où la médecine peut l'être, puisque d'abord les
connaissances sur lesquelles la pratique morale s'appuie
n'ont peut-être pas en elles-mêmes la précision et la fixité
que les sciences physico-chimiques et physiologiques offrent
à l'application médicale. puisque surtout le rapport de la
connaissance et de l'action dans le domaine moral n'est
pas comparable. en toute rigueur. à ce qu'il est
dans les techniques fondées. sur les sciences de la
nature (1). Il ne suffit pas pour lever ces difficultés
d'incriminer les « habitudes d'esprit » de ceux qui les
aperçoivent. comme les théologiens taxaient « d'opiniâ-
treté » ceux qui ne parvenaient pas à partager leur foi.
Il faudrait répondre directement à des objections qui n'ont
point leur source dans un parti pris de la routine, mais

____

(1) V. *En quête d'une morale positive*, 2ᵉ partie, paragraphe 4.

dans un examen direct des choses ; il faudrait surtout établir *in concreto* l'applicabilité de la conception que l'on propose d'une science des mœurs et d'une technique morale qui s'y appuierait. Nous ne voyons pas qu'on ait guère fait ni l'un ni l'autre (1), et l'on finit d'ailleurs, en répondant à ceux qu'on accuse d'être dupes de leur impuissance à « modifier leur attitude mentale » et de leur confiance dans la « méthode dialectique », par avouer que l'analogie sur laquelle on s'appuie « reste jusqu'à présent presque purement idéale ». Il nous paraît pour notre compte plus conforme au véritable « esprit scientifique » de maintenir des réserves inspirées par l'examen des faits, alors même qu'elles auraient pour conséquence de restreindre, selon les exigences d'une critique vraiment exempte de préjugés, le caractère scientifique attribuable à la morale. C'est pourquoi nous avons sans hésitation écarté le terme de « morale scientifique ».

Mais à supposer même qu'aucune difficulté intrinsèque ne compromît la validité d'une telle idée, on reconnaît unanimement, chez ses partisans comme chez ses adversaires, combien on est loin de pouvoir la mettre en œuvre. C'est au contraire un premier pas nécessaire. et dès à présent faisable, que d'esquisser et peut-être même de constituer une morale affranchie de toutes les incertitudes de la métaphysique et des dogmes religieux, c'est-à-dire une morale positive. Soyons donc modeste et tâchons de travailler à l'œuvre qui apparaît immédiatement possible puisqu'elle est, en tout état de cause. la condition inévitable de l'autre. plus lointaine et plus définitive .que l'on attend de l'avenir. Si ce n'est qu'une étape. c'est du moins celle qui se propose tout d'abord à nos pas encore mal assurés. Aucune école plus que l'école sociologique n'a insisté — que l'idée soit vraie ou fausse — sur la lenteur des évolutions sociales et leur continuité. sur la corrélation des croyances d'une société avec son organisation,

(1) M. Lévy-Bruhl, dans son récent article de la *Revue Philosophique*, juillet 1906, où il répond à ses différents critiques.

sur l'impossibilité pour un homme de n'être pas de son temps. Aucune ne serait donc moins en droit de reprocher à notre tentative de s'adapter en quelque mesure à des idées encore vivantes, d'ailleurs soumises à la critique, de s'inspirer de l'état réel des consciences, d'ailleurs conviées à réfléchir et à se rectifier. Il y aurait une nuance de vanité et de pharisaïsme intellectuel de la part de celui qui, à force d'insister sur la ténacité des préjugés qu'il choque et des habitudes d'esprit qui lui résistent, donnerait à entendre que la nouveauté de ses idées fait une révolution dans la science et qu'on ne les critique que faute de les pouvoir comprendre. De telles prétentions sont fort éloignées de notre pensée. Nous serions heureux si seulement nous pouvions aider, en y participant, à un mouvement déjà commencé dans les esprits. Ce serait déjà suivant nous, un assez difficile, mais bien désirable progrès dans le sens de l'accord des esprits, et de l'harmonie pratique des volontés, si, à défaut d'une certitude sociologique que nous ne pouvons ni fournir ni promettre, on en venait simplement à reconnaître avec nous l'humanité autonome, maîtresse de fixer la destinée qu'elle se choisit et créatrice de plus en plus consciente des règles qui lui paraîtront le plus propres à en assurer l'accomplissement.

ETUDES

DE

MORALE POSITIVE

I

EN QUÊTE D'UNE MORALE POSITIVE

INTRODUCTION

On pourrait avec beaucoup de vérité appliquer la « loi des trois états » à l'évolution de la morale dans nos milieux européens et chrétiens. D'abord à peu près exclusivement théologique, elle est devenue, et elle est très généralement restée métaphysique. Presque partout, là du moins où, non contente des formules traditionnelles et des dogmes du catéchisme, elle aspire à se comprendre et à se réfléchir elle-même, dans les livres des purs philosophes ou dans l'enseignement des professeurs, c'est d'ordinaire à une doctrine métaphysique qu'elle s'arrête.

Mais on peut dire que la pensée contemporaine et presque la conscience publique elle-même sont aujourd'hui en quête d'une morale positive ,et qu'un effort s'y produit dans ce sens, comparable, et sans doute connexe, au travail de laïcisation qui se poursuit, surtout en France, depuis quelques décades. Les entreprises mêmes qui au premier abord semblent purement destructives, comme l'immoralisme d'un Nietzsche, et qui reflètent en partie, en partie stimulent la conscience commune, ne sont peut-être en réalité que les symptômes les plus aigus et les plus révolutionnaires de ce besoin moral. Car une morale plus positive, nous le verrons, sera une morale plus autonome, et l'immoralisme n'est guère au fond qu'une affirmation à la fois intempérante et indéterminée d'autonomie.

Aussi certaine toutefois est la réalité de ce besoin, aussi difficile est la claire définition de son objet. Sur ce point, comme sur tant d'autres, notre désir confus précède l'idée claire de ce qui pourrait le satisfaire. Non seulement une morale positive est loin d'être encore formulée, qui réponde vaille que vaille à notre aspiration, mais on s'aperçoit à l'examen qu'il n'est pas aisé de déterminer, même formellement, ce que pourrait être une telle morale, ni de s'entendre sur les caractères qui lui vau-draient la qualification de positive.

Ce qu'est une science positive et à quel titre elle le sera, on peut encore, si gros que soit le problème, le dire avec quelque clarté. Qu'on accepte l'idée étroite et assez superficielle que le Comtisme nous donne de la positivité, ou qu'on l'entende de la manière plus subtile et plus approfondie qui nous a été proposée plus récemment, ou de toute autre manière, il restera toujours, pour caractériser la vérité, quelque donnée expérimentale ou quelque ordre rationnel qui la rendent indépendante des fantaisies de l'imagination individuelle. A tout le moins une science vraie sera-t-elle définie : celle qui réussit. Mais qu'est-ce qu'une morale qui réussit ? A quoi doit-elle réussir et quand dira-t-on qu'elle aura réussi? Une hypothèse ou une théorie se vérifient. Qu'est-ce que *vérifier une morale* et, qui plus est, une morale serait-elle condamnée parce qu'elle ne serait pas vérifiée? Tout ce qui peut se vérifier, dans le domaine de la pratique, c'est l'appropriation du moyen à la fin. Mais la fin elle-même, comme telle, ne saurait être vérifiée. On pourra dire qu'un précepte réussit, parce qu'on suppose admise la volonté d'un certain résultat. Mais cette volonté même, de quelle nature peut en être la justification ? Le mot de vérification n'aurait même plus ici de sens.

Comme nous le montrerons plus loin, il y a une telle hétérogénéité entre la volonté et l'entendement, entre le désir qui vient de nous et la vérité qui s'impose à nous, entre le bien et le vrai, que, à y bien regarder, on ne sait trop ce qu'on peut vouloir dire en parlant d'une *morale vraie.*

Mais alors, du même coup, que signifie l'idée d'une morale positive ? Nous entrevoyons que pour lui donner un sens nous allons être obligés de dissocier, ou du moins de distinguer nettement la théorie et la pratique, la connaissance et l'action.

Une morale positive le sera-t-elle d'abord en ce sens que renonçant à toute *vérité,* à toute prétention de justifier ses fins, elle ne viserait qu'à être « pratique », et n'aspirerait qu'à organiser fortement l'éducation dans le sens des fins admises?

Elle se réduirait alors à une simple discipline sans autre prétention que de former de bonnes habitudes et de cultiver de bons sentiments. Elle tiendrait pour bon ou mauvais, sans critique, tout ce que la tradition, les mœurs régnantes, les convenances communes donnent pour tel. Certes, si l'on passait à diriger ainsi le cœur et la volonté de l'enfant tout le temps, si l'on y mettait tous les soins habiles et patients, que l'on consacre à faire pénétrer dans son esprit un dogme qui lui est inaccessible, et qu'on imagine être la base nécessaire d'une instruction morale ultérieure, une telle éducation, selon toute vraisemblance, atteindrait plus sûrement le but ainsi directement poursuivi, et obtiendrait des résultats plus durables que celle où l'on se croit obligé à faire un pénible détour théologique ou métaphysique. L'expérience de cette éducation morale parfaitement indépendante des dogmes, mais aussi adroite ou aussi méthodique que l'autre, n'a été que très exceptionnellement tentée et en ce sens une morale *pratiquement positive* est encore chose inconnue dans nos milieux. Le succès très restreint, au point de vue pédagogique, des Sociétés de culture morale en Allemagne, en Angleterre, et même en Amérique, montre assez combien nos sociétés sont encore peu disposées à généraliser les tentatives faites en ce sens.

Mais enfin, la morale, réduite ainsi à un art pédagogique, serait-elle vraiment une « morale positive » ? Sans doute, elle serait, par hypothèse, débarrassée de théologie et de métaphysique, mais son contenu n'aurait pas acquis pour cela cette sorte de vérité et de certitude raisonnée que l'on requiert avant tout en demandant la constitution d'une morale positive. Un art tout empirique, recevant sans contrôle de la tradition et de l'opinion, plus complètement encore que toutes les autres techniques, l'indication de ses propres fins et même, inévitablement, d'une partie de ses moyens, aurait sans doute sa valeur, mais ne mériterait évidemment pas, dans sa pleine acception, la qualification de positif. La science positive ne peut se distinguer de la théologie et même de la métaphysique que parce que, à l'aide de quelque faculté, au moyen de quelque méthode que ce soit, elle peut se constituer indépendamment de la simple tradition, et s'affirmer autrement que comme une simple opinion collective. Or cette tradition et cette opinion seraient précisément ici nos seuls points d'appui. De tous les caractères par lesquels A. Comte lui-même définit la positivité, cette technique morale ne présenterait guère que celui de l'utilité ; et encore cette utilité serait-elle sujette à discussion, puisque cette morale ne ferait que consacrer, sans en critiquer la valeur, une manière de sentir et d'agir commune ; or celle-ci, qui plus est, se réclame en grande partie de la pensée théologico-métaphysique elle-même, dont il est bien difficile, par conséquent, de la séparer. Dans l'idée de positivité entre nécessairement l'idée d'une certaine vérité dûment établie et « démontrable », en un sens large du mot, tout au moins l'idée d'une approximation rationnelle d'une telle vérité. C'est d'ailleurs sur le terrain de la connaissance, de la pensée théorique, de l'explication des choses, en d'autres termes de la vérité, que s'est tout d'abord formulée la distinction entre les formes théologique, métaphysique et positive de la pensée. Bien que cette distinction puisse rayonner au delà de ce domaine, elle ne pourrait être ni conçue ni définie si l'on ne commençait par se placer au point de vue du savoir.

Ainsi, une morale purement pratique serait nécessairement hétéronome, et par suite, loin de répondre à ce que nous cherchons sous le nom de morale positive, nous ferait bien vite retomber dans les difficultés mêmes qui rendent cette recherche nécessaire. C'est ce que prouve bien l'exemple de nos néo-fidéistes contemporains. Inspirés tout d'abord par la préoccupation de maintenir certaines formes traditionnelles de la moralité, ils en viennent naturellement, faute d'une philosophie morale positive, à se faire, au nom de la pratique, les apôtres de croyances qu'ils ne partagent plus guère, parce que ces croyances sont, en fait, celles qui jusqu'ici ont servi de point d'appui à cette moralité ; ou, qui plus est, ils croient pouvoir fonder une affirmation de vérité sur un besoin pratique, ce qui est, quoi qu'on en ait dit, le renversement de toute méthode scientifique, disons mieux, de toute pensée loyale.

Faudra-t-il donc inversement, pour obtenir la positivité en morale, concevoir la morale comme une *pure science* sans visées pratiques? C'est l'autre branche de l'alternative, et cette idée nous est en effet proposée. Une morale ne peut être scientifique, dira-t-on, qu'à la condition de se tenir sur le terrain de la connaissance pure. On renoncera à rien prescrire pour se contenter de décrire ou d'expliquer. On constituera non une morale positive (car comment conserver alors une telle désignation où l'usage de la langue enferme forcément l'idée d'une règle d'action?), mais une histoire des mœurs ou une physique des mœurs. La notion d'une morale à la fois pratique et vraie, à la fois prescriptive et démontrable, imposant du même coup ses théories à la raison et ses ordres à la volonté serait une notion bâtarde et inconsistante qu'il faudrait supprimer et que la métaphysique seule, grâce à l'ambiguïté de ses principes et à son caractère vague, pourrait avoir la prétention de maintenir. Rigoureusement parlant, « il ne peut pas plus y avoir une science immorale qu'il ne peut y avoir une morale scientifique », comme l'écrivait récemment M. H. Poincaré (1). Une morale ne pourrait devenir scientifique qu'à la condition de n'être plus une morale, mais une science. De cette science on pourra seulement, en vue de la pratique, essayer de tirer le parti qu'on voudra et utiliser les résultats dans une technique correspondante. Telle est en effet la conception que nous propose M. Lévy-Bruhl.

Ainsi nous aboutirions à reconnaître que rigoureusement parlant il n'y aurait pas de morale positive, c'est-

---

(1) *L'Université de Paris* du 1ᵉʳ juin, cité *Rev. de Morale et de Métaphysique*, juillet 1903.

à-dire de doctrine comportant à la fois et dans un même
système d'idées une justification positive des fins et une
détermination scientifique des moyens. Il y aurait simplement d'une part une pure connaissance, d'autre part une
simple technique. Mais alors une double question se
posera. D'une part, une pure science des mœurs est-elle
aisément concevable, et peut-elle dans sa constitution, sa
méthode et ses conditions, être entièrement assimilée aux
sciences de la nature qui guident les autres techniques.
D'autre part, où la technique fondée sur cette science
comme la médecine sur la physiologie, puisera-t-elle
l'indication des fins qu'elle poursuivra? Sera-t-elle réduite
à servir le plus efficacement possible les routines sociales,
la finalité morale traditionnelle, dans toutes ses formes
contingentes et variables, sera-t-elle un simple organe
plus ou moins perfectionné d'un conservatisme hétéronome? Mais alors nous retomberions à peu près dans la
simple pédagogie morale dont nous parlions d'abord, et
nous retrouverions les mêmes difficultés. — Ou bien
cette science même nous fournira-t-elle quelque moyen
de rationaliser aussi la détermination des fins morales,
quelque méthode vraiment positive pour juger au point
de vue pratique, les fins qui se proposent à l'activité
morale des hommes? Mais alors que devient la séparation
que l'on voulait établir entre la science et la pratique?

En somme la question est de savoir si les relations de
la connaissance à l'action se présentent, dans le domaine
moral, exactement sous les mêmes formes que nous leur
découvrons dans les autres techniques, ou si au contraire
elles n'offrent pas ici des caractères tellement originaux
que la notion d'une technique morale soulèverait de
grosses difficultés et ne fournirait qu'une solution formelle, provisoire et partielle du problème que nous nous
sommes posé.

I. — LA MÉTAPHYSIQUE

Avant toutefois d'aborder directement cette question, il conviendrait d'établir l'impuissance réelle de la spéculation *a priori* à la résoudre et à constituer une « morale théorique. » La démonstration de M. Lévy-Bruhl sur ce point pourrait sembler suffisante pour nous dispenser d'y revenir. Elle est, croyons-nous, juste dans ses grandes lignes et persuasive dans sa forme. Peut-on dire qu'elle soit au même degré probante? Il me semble nécessaire de suivre plus docilement, je dirais volontiers, plus naïvement les métaphysiciens sur leur propre terrain, pour bien montrer par où pèchent leurs prétentions en morale. Il faut consentir à faire de la métaphysique pour empêcher d'une façon décisive les empiètements de la métaphysique, en se plaçant à son propre point de vue. Εἰ μὴ φιλοσοφητέον, ἔτι φιλοσοφητέον. Une analyse critique du rôle que l'on prétend donner en morale aux concepts métaphysiques et à la méthode *a priori* n'aura peut-être pas toute l'élégance d'une étude historique et psychologique, ni même peut-être autant d'influence sur le jugement de la plupart des lecteurs. Elle n'en semble pas moins indispensable en dernier ressort, et seule rigoureusement topique.

La pensée métaphysique revêt deux formes principales : elle est ontologique et dogmatique ; ou bien simplement formelle et critique. Distinguons pour plus de commodité ces deux formes de l'apriorisme en morale, bien qu'en réalité les concepts de la philosophie ontologique tendent de plus en plus à jouer un rôle purement formel qui a toujours été leur vraie raison d'être pour le pur philosophe, distingué du croyant.

§ 1. — STÉRILITÉ DE LA MÉTAPHYSIQUE

D'une morale fondée sur une métaphysique, dans le sens ontologique du mot, nous trouverons un spécimen assez approprié à notre discussion dans le livre récent de M. Dunan (1). Non seulement, en effet, l'auteur s'est fait connaître par ses écrits antérieurs comme un métaphysicien fort estimable, mais sa pensée, tant au point de vue métaphysique qu'au point de vue moral, est empreinte d'une certaine largeur et d'une réelle modération. Quoiqu'elle se maintienne dans la ligne générale du spiritualisme, elle est exempte de certaines étroitesses qui n'ont que trop souvent discrédité la critique spiritualiste ou même kantienne des doctrines empiriques. Sa métaphysique se réduit, pourrait-on dire, au strict minimum ; et en outre, loin d'être systématiquement hostile à toute doctrine d'immanence, elle pense pouvoir concilier, dans l'idée de la vie, l'immanence et la transcendance : « l'immanence nécessaire à la morale » si l'on veut maintenir « l'autonomie de la volonté humaine », avec la transcendance qui exprime la dépendance du relatif à l'égard de l'absolu (2). Ce qu'il faudrait reprocher à Kant, ce n'est pas le Noumène, mais le Noumène séparé (3). Nous ne trouvons donc plus ici cette peur du panthéisme qui travaillait l'École cousinienne, et qui ferait aujourd'hui sourire plus d'un de nos contemporains. Notre temps, sans doute parce qu'il est suffisamment vacciné, ne se préoccupe plus au même degré de filtrer minutieusement les doctrines pour y découvrir et y dénoncer le virus panthéistique.

---

(1) *Essai de philosophie générale*, 3ᵉ fascicule, chez Delagrave.
(2) Cf. *op. cit.* p. 657.
(3) P. 713.

Une autre peur, qui a constitué chez les spiritualistes, il y a un demi-siècle, une véritable *phobie* philosophique, c'était la peur de l'eudémonisme, la *phobie* du bonheur en morale. M. Dunan s'en montre encore tout à fait indemne : « La morale, écrit-il (1), a précisément pour objet de nous montrer le chemin qui conduit au véritable bonheur ; ce qui serait inutile si nous n'avions pas les appétits et les passions qui nous en détournent. » Il est même équitable de remarquer, en passant, combien dans ces dernières lignes, notre moraliste est plus près de la vérité morale et psychologique que ne l'est Kant dans ce passage de sa discussion, si étroite et même si sophistique, de l'eudémonisme, où il déclare absurde de prescrire le bonheur sous prétexte que chacun le désire naturellement ; critique doublement vicieuse : car d'un côté l'eudémonisme n'émet pas la prétention, toute kantienne, de prescrire impérativement sa règle, et d'un autre côté il est d'une vérité banale (Kant le reconnaît lui-même ailleurs) et d'une psychologie vraiment élémentaire que tout en désirant le bonheur, les hommes sont bien éloignés, pour la plupart, de faire volontiers et d'eux-mêmes ce que pourtant ils *savent* le plus propre à les y conduire.

Par cela même que l'eudémonisme n'est pas exclu, une place est faite aussi au naturalisme. Le devoir doit se rattacher à la nature sous peine d'être aussi impossible à concevoir qu'à prouver, et ainsi le rapport entre le devoir et le bonheur est réellement analytique. Pour tout dire enfin, on en revient ici très franchement à la « morale antique (2) ».

Panthéisme, eudémonisme, naturalisme, ces monstres autrefois si redoutés de notre spiritualisme, paraissent donc aujourd'hui assez inoffensifs. Il y avait intérêt à le

(1) P. 681.
(2) P. 712 et 654.

remarquer parce que, s'il en est ainsi, les plus ordinaires et les plus graves — moralement du moins — des préjugés qui, en général, asservissent la morale à la métaphysique, sont ici hors de cause. C'est en effet le plus souvent parce que la morale se présente en apparence comme une discipline imposée du dehors à la volonté individuelle, qu'on la veut transcendante à l'humanité même et par suite hétéronome ; c'est parce que le principe du bonheur fait constamment craindre une rechute dans l'égoïsme qu'on cherche un point d'appui dans la métaphysique, ou qu'on fait appel à une autorité divine capable d'imposer à l'homme un *devoir* sans consulter son *vouloir* ; et c'est enfin parce que la moralité exige, en fait, une constante correction de la nature, qu'on commet le sophisme de requérir pour elle un principe surnaturel. On voit qu'ici, au contraire, ces craintes seront étrangères au maintien des principes métaphysiques, qui dès lors nous apparaîtront à peu près dans toute leur pureté, imposés, s'ils le sont, par des exigences proprement philosophiques. Si même on demande une morale fondée sur la métaphysique et non pas une métaphysique étayée sur la morale, c'est précisément parce que la méthode de Kant, en appelant la conscience morale à la défense des postulats restés indémontrables pour la raison spéculative, ferait en quelque sorte violence à la véritable liberté de la pensée philosophique (1). Nous pouvons donc juger la métaphysique morale dans sa valeur propre et en dehors de toute altération compromettante de ses fonctions véritables.

Demandons-nous donc tout d'abord quel rôle ainsi épurée, elle va jouer dans la morale (2).

(1) Dunan, *op. cit.*, p. 655.
(2) Il est donc clair que nous n'attaquons point la métaphysique en elle-même, ce qui serait d'ailleurs ici hors de propos, mais seulement son intervention en morale. M. Dunan, dans la ré-

Avant tout, elle aura la prétention de la fonder et ensuite de la déterminer ; mais dès lors, avant même de savoir si elle le pourra, et comment, nous pourrons poser une question préalable. Si la métaphysique fonde la morale, c'est donc qu'elle la ferait pour ainsi dire surgir. Elle fournirait le point de vue en dehors duquel l'idée même d'une morale ne saurait apparaître à l'esprit. Or cela revient à dire que le métaphysicien moraliste pose *a priori* sa définition de la morale. Mais quel que soit dès lors son système métaphysique, quelle que soit la manière dont il prétendra en déduire une règle de vie, on aura toujours le droit de rejeter ou de contester sa définition de la morale : elle sera en effet tout arbitraire. A priori, en toute rigueur, le métaphysicien ne sait même pas ce que c'est qu'une morale, ni s'il y en a une. Aussi lorsque, après avoir imaginé quelque idéal, quelque souverain bien, d'ailleurs assez vaguement défini, il vient nous dire : « Voici une morale, voici *la* morale », nous avons le droit de lui demander au nom de quoi il identifie son invention philosophique, si plausible soit-elle, avec ce qu'on appelle, dans le langage vulgaire, *la moralité*. C'est que, en effet, en vertu de la méthode suivie, et indépendamment même du contenu de la doctrine métaphysique, cet idéal, ce principe, ou ce Dieu est, ou plutôt est censé

ponse qui a paru au moment même où nous corrigions les épreuves de ce livre (*Revue de métaphysique et de morale*, sept. 1906 p. 652) nous prête cette double thèse : 1° Il n'existe pas de métaphysique ; 2° s'il en existait une, elle ne pourrait servir à fonder une morale. Nous ne souscririons nullement à la première de ces thèses, à moins qu'on ne l'entende seulement d'une métaphysique ontologique que M. Dunan déclare écarter lui-même. Mais tandis qu'il établit longuement la légimité de la métaphysique, que nous sommes tout disposé à admettre ou tout au moins à examiner et que nous n'avons en tout cas nullement mise en cause ici, il ne répond rien de topique à la critique précise que nous avons faite de l'intervention d'une métaphysique quelconque en morale, et surtout de la tentative de déduire une morale, *la* morale, d'une métaphysique.

être, directement éclos du cerveau du penseur ; mais la moralité est un fait spontané, une synthèse psychologique et sociale complexe qui n'est point à inventer, mais simplement à reconnaître, à expliquer, à interpréter. Notre impuissance à dire ce qu'elle est, impuissance qui provient précisément de la complexité originale du fait, ne nous autorise pas à remplacer une définition empirique et une analyse concrète par une définition constructive, ni à emprunter le nom consacré d'un fait social naturel pour désigner le produit d'une spéculation individuelle plus ou moins libre et arbitraire. La moralité est un fait donné dans l'expérience humaine antérieurement à tous' les systèmes auxquels elle peut servir de prétexte et qui par conséquent n'ont pas le droit de dire qu'elle soit ceci ou cela, à moins de montrer que, *dans la réalité*, c'est là précisément ce qui la constitue ; or l'observation seule permet de dire ce qu'elle est en effet. C'est peut-être parce que la morale spiritualiste oublie constamment ce point de départ à prendre nécessairement dans l'expérience sociale, cette obligation de considérer d'abord le fait moral à l'état spontané, avant d'essayer même de le rectifier et , de l'idéaliser, cette nécessité de montrer la correspondance exacte entre ce fait et l'interprétation philosophique proposée, que cette morale s'est toujours trouvée conduite, à peine énoncées quelques vagues définitions, à discuter d'emblée les *systèmes* de morale. Les théories des philosophes sur la moralité l'ont beaucoup plus occupée que le *fait réel* correspondant. Or ces théories, pour la plupart d'origine antique, issues de spéculations abstraites sur le souverain bien, sont naturellement étrangères à toute idée d'une observation méthodique et scientifique. A cet égard, et malgré le caractère « empirique » de son contenu, la morale d'un Aristippe est, quant à la méthode, presque aussi a priori que celle d'un Platon. tout aussi étrangère au souci — qui eût pourtant été assez conforme à la méthode socratique — de savoir par analyse psychologique et sociologique *en quoi consiste* ce que, en fait, on appelle moralité. Ces vieilles doctrines ne pouvaient guère, après avoir aperçu et distingué sommairement par l'intuition le fait moral, que construire dans le vide, à côté du fait, une théorie qui le dénaturait en prétendant l'expliquer. La plupart de nos théories modernes n'ont fait à leur tour que greffer de nouvelles spéculations sur le développement ou la critique des premières. Il s'est ainsi formé, à la source des philosophies antiques, un courant de « Morale philosophique » de plus en plus étrangère à la réalité, et réduite à d'assez vaines discussions d'école ; et c'est là presque uniquement ce que nous avons accoutumé, dans notre enseignement, d'appeler la « Morale ».

Sans doute ces spéculations ne sauraient être purement arbitraires. Le philosophe peut toujours avoir des arguments sérieux en faveur de l'idéal qu'il me propose. Il ne manquerait pas de bonnes raisons pour me donner, comme Souverain Bien, la science, comme règle de vie, la recherche du vrai. Il en aurait encore, et de très séduisantes, s'il préférait proposer à mon culte et à mon amour la Beauté. La Vie, l'Unité seront encore des formules plausibles. On pourra aussi énoncer comme l'objet d'une volonté sage la symbolisation de l'intelligible dans le sensible, la volonté pure, la suppression du vouloir-vivre l'anéantissement du désir, l'immobilité, le Nirwana, que sais-je encore ? Je demanderai toujours qu'on me prouve que c'est bien là ce qui constitue la moralité. Kant nous dit : L'obéissance à la forme d'une loi universelle, voilà la moralité. Le spiritualiste nous dit : La perfection, la réalisation la plus complète de l'essence vraie de l'homme, voilà la moralité. Un autre nous dit : C'est la vie en Dieu.

Je n'en sais rien ; et c'est un acte de foi que l'on me demande. La moralité est quelque chose de déterminé, d'existant : qu'on me montre qu'elle est *cela*. Elle est peut-être cela, elle est peut-être tout cela, elle peut aussi n'être rien de tout cela. Il ne suffit pas qu'un idéal m'agrée, satisfasse à quelques égards ma raison ou ma sensibilité pour que je lui applique le terme de moralité. Les raisons les plus fortes qu'on pourra me donner en faveur de cet idéal ne sauraient le moins du monde dispenser de cette démonstration : qu'il mérite bien le nom spécifique de moralité. Si, par exemple, on me démontrait qu'il ne peut rien y avoir de plus précieux, de plus respectable, de plus éternel, de plus saint, de plus universel, de plus digne de tout effort humain que la vérité, on n'aura pas plus établi qu'elle constitue la moralité que si, pour prouver que le soleil est sphérique, on s'évertuait à établir qu'il est brûlant. On pourra même parvenir à me faire mettre la vérité au-dessus de la moralité, quelle qu'elle soit, mais non pas à me faire prendre l'une pour l'autre (1). Cet oubli de la spécificité du fait moral est peut-être le vice le plus radical de presque toutes les théories actuellement répandues, même de celles qui affectent une allure naturaliste, et cet oubli ne peut guère,

---

(1) C'est ce que méconnaît, dans sa très curieuse étude sur *l'Immoralité de l'Art* (*Revue philosophique*, déc. 1904, p 554). M. Paulhan, lorsqu'il écrit : « Lorsqu'on combat la morale c'est... au nom d'elle-même... Dire qu'il ne faudrait plus de morale, par exemple, c'est dire qu'il en faut une, puisqu'on supprimerait la morale au nom de quelque chose qui, par hypothèse, vaudrait mieux qu'elle, ce qui en ferait le principe d'une morale nouvelle ». M. Paulhan ne peut poser cette thèse que s'il part d'une définition aprioristique de la morale, définition qui laisse naturellement échapper tout ce que le fait moral peut avoir de spécifique pour ne laisser subsister que l'idée générale et formelle d'un Bien ou d'une Règle suprêmes, l'idée très indéterminée de « ce qui vaut mieux ». Mais la moralité c'est « ce qui vaut mieux », *à un certain point de vue*. C'est ce point de vue qu'il faut déterminer, par une induction régulière.

historiquement du moins, s'expliquer que par le caractère purement dialectique et constructif des théories
morales primitives dont la tradition pèse encore sur nos
esprits.

Ici se poserait une grave question, que je dois aborder
plus loin : Pourquoi, à tout prendre, le philosophe n'aurait-il pas le droit d'engendrer, en toute autonomie, un
idéal de sa façon et de *faire exister* une morale, comme
le géomètre fait exister la pseudo-sphère, sans s'occuper
de savoir si elle existe dans la nature ; une morale à lui,
qui n'aurait rien de commun avec la morale de tout le
monde, que d'être une règle de vie? Pourquoi serait-il
tenu de savoir qu'en dehors de lui il y a une certaine règle
de vie sous le nom de moralité, et de l'accepter comme
valable, alors qu'elle n'est pas engendrée par sa raison?
Pourquoi lui refuserait-on la liberté de résoudre à sa
façon, sans consulter l'histoire ni la sociologie, un problème qui, en somme, se pose malgré tout *directement*
à lui, par le seul fait qu'il est une activité et une raison :
Que dois-je faire, absolument? C'est bien là en effet la
difficulté finale, qui résulte de l'opposition entre l'ordre
social, les catégories traditionnelles de la pensée ou de
l'action, et l'imprescriptible autonomie de la pensée et de
la volonté individuelles ; antithèse d'autant plus aiguë et
plus frappante que l'évolution, tant sociale que scientifique, paraît justement en avoir accentué et fortifié simultanément les deux termes : l'importance du groupe social
et les droits de la personne morale. La métaphysique
morale ne serait, à ce point de vue, que le refuge toujours menacé, mais toujours maintenu d'étape en étape,
du droit de chaque personne à poser son idéal propre. Ce
qu'elle aurait de précieux, ce serait moins la vérité spéculative de son contenu, que cette indépendance même
impliquée dans sa méthode. La métaphysique aurait alors

ce caractère individualiste que lui prête Comte. L'*a priori* serait, sans que peut-être on s'en aperçoive, moins la formule d'une pensée nécessaire et l'affirmation d'une dépendance que la manifestation d'une volonté libre, et prendrait ainsi, plus ou moins inconsciemment, une portée psychologique et morale juste opposée aux apparences.

Il n'est pas encore temps d'examiner à fond cette question, qui en morale apparaît comme la question-limite. Pour l'écarter ici provisoirement, deux remarques suffisent. C'est d'abord, que la forme métaphysique n'est nullement une condition nécessaire de l'affirmation de cette autonomie morale de la personne, alors même que cette affirmation devrait être maintenue ; elle n'en serait qu'une forme accidentelle et contingente, peut-être plus compromettante que vraiment utile. — C'est ensuite, que cette méthode de l'apriorisme moral, au fond si téméraire, si révolutionnaire, j'allais dire si anarchique, n'a jamais en fait été mise qu'au service des doctrines les plus traditionnelles et les plus prudentes, j'allais dire les plus conservatrices. Et cela n'a rien d'étonnant : car si, par un certain côté la métaphysique est le domaine des belles aventures intellectuelles, et parfois des trouvailles du génie, elle est aussi le terrain vague où la tradition dépose les résidus de l'imagination religieuse des collectivités. C'est peut-être la raison qui a empêché à la fois de reconnaître ce qui ferait l'intérêt moral de cette spéculation, et d'en apercevoir la médiocre consistance philosophique.

A vrai dire, en effet, il y a longtemps que cette prétention, inhérente à la méthode *a priori*, de créer de toutes pièces la morale, aurait été remarquée et aurait paru insoutenable, si précisément, par des accommodations presque instinctives, ou par des raccords plus ou moins habiles, quelquefois par un rapiéçage vraiment

trop visible, comme il arrive chez Kant, les moralistes
de cette catégorie ne faisaient presque toujours rentrer
dans leur système ce que la moralité commune attend de
toute morale. Ainsi l'audace de la méthode se trouve
voilée par la banalité des résultats. La remarque est vieille
et reste vraie en gros, que, pour les mêmes raisons que
la « vraie morale se moque de la Morale », les systèmes
les plus divergents dans les principes affichent le plus
souvent des conséquences identiques et se piquent même
de justifier la conscience commune, pour être mieux justifiés par elle. C'est qu'en effet, celle-ci est donnée ; elle
est le terme assigné d'avance à ces spéculations, terme que
le métaphysicien, à travers des détours adroits ou savants,
se donne plus ou moins inconsciemment pour tâche d'atteindre. Sa méthode est une fiction. Elle affecte de découvrir la moralité par la seule réflexion, ou même de lui
donner l'existence ; en réalité elle ne fait guère que l'éclairer d'une lumière artificielle, après l'avoir soustraite au
grand jour de l'expérience.

Cette fiction méthodologique, objectera-t-on, n'a rien
d'exceptionnel ni d'inacceptable. A n'en considérer que la
forme, en effet, elle rappelle l'emploi scientifique de
l'hypothèse. Comprendre les phénomènes, c'est être en
état de les reproduire, au moins idéalement ; comprendre
l'univers, c'est le reconstruire et s'ériger, par fiction, en
créateur. Mais pour qu'une telle méthode soit valable,
deux conditions, quant au fond, sont nécessaires. Il faut
d'abord que le contenu de l'hypothèse ait toute la précision, toute la richesse nécessaires pour qu'une dériva-
tion étroite et déterminée, une déduction à la fois rigoureuse et adéquate en compréhension à la question posée,
puissent conduire de l'hypothèse à la réalité observée
qu'on prétend retrouver et refaire ; il faut ensuite que,
par cela même, en raison de la multiplicité des coïnci-

dences qu'il suppose, le succès de l'hypothèse devienne un véritable miracle, si elle n'est pas vraie, et surtout que par là soient éliminées les hypothèses différentes. Autrement l'on retomberait dans cette méthode enfantine que signalait dernièrement M. K. Groos (1), et qu'il rapproche précisément de certaines hypothèses philosophiques, le procédé du mythe explicatif : un fait constaté est expliqué par un mythe arbitrairement imaginé entre mille autres possibles, et jamais critiqué dans son contenu propre. Pourquoi, se demande le Peau-Rouge, les différentes races d'hommes ? C'est que le créateur ayant pris de l'argile pour créer l'homme, la mit au four. Le premier exemplaire ne fut pas assez cuit : ce fut l'homme blanc. Le second reçut un coup de feu : ce fut le nègre. Le troisième enfin fut cuit à point, ce fut l'homme par excellence, l'homme réussi, le Peau-Rouge, naturellement.

Ces conditions, que l'hypothèse scientifique la plus aventureuse et la plus incomplète réalise toujours à quelque degré, ne sont nullement satisfaites par les hypothèses des moralistes métaphysiciens. Ne pouvant se justifier par leur exacte et exclusive correspondance avec les faits moraux réels, et empêchées, d'ailleurs, d'employer cette méthode dans la mesure même où elles se placent non sur le terrain du réel, mais sur celui de l'idéal, les métaphysiques sont réduites à rechercher pour leurs hypothèses une sorte d'évidence, de clarté, de nécessité intrinsèques qui les imposent à notre esprit. Mais ces hypothèses ne peuvent obtenir cette sorte d'évidence qu'en se réduisant à des principes si généraux, qu'ils touchent à la tautologie, et que par suite il devient impossible de conduire à bien cette déduction complète dont

(1) Das Seelenleben des Kindes ; cf. *Revue philos.*, juillet 1904, p. 94.

nous parlions et qui les justifierait comme des hypothèses scientifiques. Elles ne peuvent réussir ni même chercher à embrasser la *compréhension* entière de l'idée morale ; car leur origine serait alors trop visiblement empirique. Mais elles prétendent s'élever à un principe dont l'*extension* soit telle qu'il soit impossible d'y échapper, et qu'on soit obligé de l'admettre dès qu'on pose l'idée d'une activité quelconque. Dès lors, par cela même qu'il présidera à toute activité, il n'aura aucun caractère proprement moral, si ce n'est par ce qu'il empruntera subrepticement à l'expérience. Il pourra servir à la rigueur à distinguer une activité conséquente d'une activité inconséquente, mais nullement à distinguer une activité morale d'une activité immorale ou moralement indifférente. Il sera par conséquent impropre à fonder une morale quelconque.

A ce point de vue, le Bien des spiritualistes platonisants, « le Bonheur » même des empiristes à la façon de Stuart Mill, sont des principes tout aussi formels que celui de Kant. Qu'est-ce que le Bien, sinon la fin, le terme de l'action en général? Qu'est-ce que le Bonheur, sinon le sentiment du sujet, en tant qu'il se voit approcher de sa fin ? Le Devoir, sinon la règle qu'on s'impose pour atteindre une fin (en général) et qui est de ne pas vouloir contradictoirement ? Ces « principes », dont le conflit a rempli des pages des traités classiques et des volumes de polémiques sont donc en réalité à peu près équivalents. Ils ne se distinguent que par abstraction, chacun d'eux ne désignant qu'un point de vue sur l'action ; ils sont en tout cas inséparables, ils coexistent forcément dans toute action. Il serait absurde, *in abstracto*, de concevoir une volonté qui ne voulût pas sa fin comme un bien, qui pût l'atteindre en se contrecarrant elle-même et ne fût pas heureuse de l'avoir atteinte.

Mais ni le Bien n'est *un* but défini, ni le Bonheur *un* motif, ni le Devoir *une* règle. Ainsi tous ces principes sont évidents si l'on veut, et qui, plus est, ils le sont non pas indépendamment les uns des autres, mais d'une seule et même évidence analytique. Aussi ne sont-ils évidents qu'à force d'être vides, et les problèmes que ces termes ont fait surgir n'ont aucune existence scientifique (1).

Nous justifierons mieux cette critique en examinant ce que demande à la métaphysique, ce que reproche à l'empirisme un spiritualiste indépendant comme celui que nous citions plus haut.

Ce qu'il attend de la métaphysique, c'est simplement l'affirmation d'un principe d'Unité ; ce qu'il reproche à l'empirisme, c'est la négation d'un tel principe. « Supprimez l'Absolu, comme le fait l'empirisme, chacune des existences relatives apparaît complètement isolée de toutes les autres, de sorte qu'on ne voit même plus la possibilité d'un rapport entre elles. » « Spinoza voyait mieux les choses, et c'est le grand mérite de sa doctrine de mettre toujours Dieu entre deux être finis (2). » Mais qu'a-t-on établi ou du moins formulé en posant ici l'Absolu ? Rien de plus, sinon la réalité ou la possibilité de rapports entre les êtres particuliers. On a exprimé simplement ceci : qu'ils appartiennent à un même monde et ne peuvent par suite agir sans prendre un point d'appui au dehors, ni sans déterminer des retentissements illimités de leurs actes. Sans doute cette thèse générale a sa valeur, que nous ne voudrions nullement méconnaître. Il est clair que pour qui *nierait* l'unité de l'univers, la solidarité de ses parties, la science serait inconcevable. De même il n'y aurait plus place dans un tel univers pour une action réglée, ni par conséquent pour aucune morale

(1) Cf. p. 37.
(2) Dunan, *op. cit.*, p. 670 et 673.

en particulier ; car si toute activité était enfermée en elle-même, à la fois indépendante et inefficace, en sorte que chaque action commençât absolument avec une volition particulière, et s'y terminât absolument, toute raison d'être d'une morale disparaîtrait. C'est même une vérité qu'il serait bon souvent de rappeler, non pas aux empiristes, mais plutôt précisément à certains métaphysiciens portés à concevoir chaque personne morale, chaque volonté, et presque chaque volition, comme un absolu qui pourrait agir avec une entière spontanéité et qu'on devrait *juger* strictement en lui-même. Ce sont eux, ce sont les réalistes spiritualistes, qui, en posant des âmes absolument séparées et absolument libres, méritent le mieux le reproche de poser la multiplicité absolue et de supprimer tout fondement des relations. — Mais, cette concession faite, que tirera-t-on de cette affirmation de l'unité des choses en un principe supra-phénoménal ? On aura affirmé un fondement aux relations, c'est-à-dire l'intelligibilité ou l'existence des relations. On n'aura rigoureusement rien fait pour déterminer la nature et les formes de ces relations en fait, ni pour en apprécier la valeur en droit.

On peut aller plus loin. Admettons que les Cartésiens, Malebranche et Leibniz, peut-être encore plus que Spinoza (1), ont pu avoir raison, comme métaphysiciens, de mettre l'être absolu entre deux êtres finis quelconques ; la critique montre aisément que ce n'est là que la moitié de la vérité sur laquelle, au point de vue même de la métaphysique, la science ou l'action pourraient être « fondées ». C'est précisément un des aspects les plus

(1) Voir en particulier *Ethique*. I. Prop. 28 : « Tout objet individuel, toute chose, quelle qu'elle soit, qui est finie et a une existence déterminée, ne peut exister ni être déterminée à agir si elle n'est déterminée à l'action par une cause, laquelle est aussi finie et a une existence déterminée... et ainsi à l'infini. »

remarquables de la Relativité que si l'affirmation de
l'Unité, de l'Absolu est nécessaire à la possibilité de la
science, cependant maintenue seule, sans le contrepoids
de l'affirmation inverse, elle tendrait aussi bien à la
rendre impossible. Tout se tient, aucune réalité n'est
indépendante, aucun phénomène n'est isolable ; aucune
cause n'est gratuite, non plus que stérile ; toute chose
particulière fait partie d'autre chose, et ni dans le temps
ni dans l'espace il n'est possible d'enclore une existence
quelconque comme d'une muraille impénétrable qui
puisse la soustraire à l'action de tout le reste de l'univers,
ni soustraire l'univers à son action. Voilà sans doute
une première condition pour qu'il y ait science *possible.*
Mais la science ne peut commencer à devenir *réelle* que
du jour où l'on aura inversement reconnu la nécessité
et la possibilité de fractionner l'univers, qualitativement
ou quantitativement ; où au lieu de dire : « Tout tient
à tout », on aura reconnu que *ceci* tient à *cela* et non à
autre chose. Et c'est ce que Spinoza ne comprenait pas
moins bien. Il faut opérer la *division du travail causal
dans la nature* et établir les causes véritables par l'élimination des circonstances indifférentes. Il faut en venir
à appliquer, dans toute l'étendue de la science, le procédé
des systèmes fermés, à utiliser par rapport à des *groupes
isolés* d'êtres ou de phénomènes. des catégories, des
formes de relation issues précisément d'une affirmation
de solidarité universelle (1). C'est peut-être ce qui a constitué la vue de génie de Galilée en mécanique. C'est pour
avoir méconnu cette condition fondamentale de la connaissance scientifique, que les Stoïciens au contraire,
dont les conceptions déterministes étaient pourtant si
rationnelles, se trouvaient amenés par leur théorie de la

(1) V. notre article *Science et pratique sociales* (*Rev. Philos.*,
février 1895, p. 197 sqq).

Συμπάθεια universelle, à justifier les superstitions divinatoires les plus absurdes. C'est enfin pour avoir affirmé la cause première aux dépens des causes secondes que sur tant de points la pensée théologico-métaphysique, dans l'ère chrétienne, ou bien a paralysé la science, ou l'a poussée vers l'athéisme.

Des observations parallèles sont applicables aux mêmes conceptions métaphysiques transportées à la base de la morale. Que soit nécessaire le sentiment de l'Unité du principe de choses, c'est-à-dire, en termes positifs, l'affirmation des interdépendances universelles, par suite le sentiment corrélatif de notre dignité comme éléments d'un système qui nous dépasse infiniment, et celui de notre responsabilité relativement aux répercussions indéfinies de nos moindres actes, on l'admettra volontiers. Maintenez pourtant cette idée toute seule, à l'exclusion de l'idée inverse, vous aurez peut-être supprimé la morale plutôt que vous ne l'aurez fondée. Celle-ci en effet n'apparaît véritablement que si un agent déterminé est considéré, fût-ce en vertu d'une sorte de fiction relative et provisoire, comme la cause propre d'effets définis. Noyé dans l'infini, l'être moral disparaît. Il n'est plus qu'un moment de transition, un lieu de passage, un point d'intersection des actions infinies de la nature. Il est agi, il n'agit plus ; il se repose dans le quiétisme ou s'abandonne à la fatalité. D'ailleurs tout deviendrait indifférent et insignifiant au regard de l'infini. Une ironie transcendante pourra logiquement remplacer le sens du « sérieux » de la vie. Renan l'a fait plus d'une fois sentir et, après lui, on sait avec quelle grâce, M. Jérôme Coignard. En face de l'infini nous devenons irresponsables, et inversement des responsabilités dispersées dans l'infini deviennent pratiquement nulles. Que l'on veuille bien considérer l'usage du mot Dieu dans le vocabulaire de la politique, et surtout de la politique internationale, et l'on verra qu'il sert à justifier toutes les causes, à couvrir toutes les violences, à motiver toutes les prétentions, à nier tous les droits (1). Ici encore c'est en fermant, d'une manière plus ou moins provisoire ou conventionnelle d'ailleurs, un système de réalités évidemment toujours ouvert, qu'on peut arriver à décider et à juger l'action, comme à déterminer l'affirmation. Pour parler un langage plus concret et plus simple, la moralité ne peut commencer que là où l'on s'est donné une tâche définie à remplir, où l'on a cessé de trop compter sur Dieu, où l'on a remplacé l'espérance : « Le ciel t'aidera », par le devoir : « Aide-toi », et surtout : « Aide les autres. » Il faut des responsabilités limitées, des solidarités directes et définies entre des personnes définies ; il faut arriver à aimer les hommes en eux-mêmes et pour eux-mêmes et non pas seulement en Dieu et pour Dieu (2).

Intercaler Dieu entre deux êtres finis, c'est donc faire évanouir toute détermination des rapports qui peuvent les unir soit dans le jugement, soit dans l'action. C'est remplacer la réalité des relations par l'idée abstraite de Relation. C'est mettre toutes choses sur le même plan et installer l'indétermination là où l'on veut qu'il y ait jugement, et l'indifférence là où il s'agit de trouver des motifs de préférence et d'action. Le vrai point de vue de la

(1) L'idée de Nature prête d'ailleurs aux mêmes abus ; cf. Fouillée *Le Moralisme de Kant et l'Immoralisme de Nietzsche*.

(2) Non pas sans doute que cette dernière formule n'ait un sens très intelligible et très précieux : notre amour d'autrui ne doit pas plus être individualiste que notre amour de nous-mêmes. C'est en fonction de l'ensemble de la société — ou de l'Humanité, si possible — que nous devons aimer chaque personne, y compris même la nôtre, et non pas aux dépens de l'ensemble. Mais ici encore, comme on le voit, la formule métaphysique ne prend véritablement un sens que si on la considère comme la *limité abstraite* d'un système concret de raports définis.

science, comme de la morale positive, exige donc bien la suppression de tout intermédiaire de ce genre (1).

Reprochera-t-on du moins, inversement, à l'empirisme de méconnaître la possibilité même de ces rapports et de rendre toute science et toute pratique inintelligibles ? C'est en effet le reproche que lui adresse la philosophie aprioritisque. Suivant elle, l'empirisme rend toute morale impossible en supprimant toute solidarité métaphysique des êtres, en posant chaque être particulier comme un absolu. « Entre l'égoïsme absolu et l'absolu désintéressement, nous dit-on, il n'y a pas de moyen terme. » Allons plus loin. L'égoïsme lui-même n'est possible que par l'unité Individu, et cette unité est tardivement et incomplètement réalisée. C'est une étape, qui suppose avant elle un long progrès. Bien peu d'hommes même y arrivent en réalité, et aucun absolument. Un puissant égoïsme est une chose aussi rare, sinon aussi précieuse, qu'une forte vertu, et ce n'est pas un bien gros paradoxe de dire qu'il exigerait une maîtrise de soi, une énergie de caractère que la vertu est loin de toujours requérir. Au fond, il n'est pas beaucoup plus « naturel » que le désintéressement, et c'est bien à tort, comme l'a montré M. Simmel, qu'on le croit primitif et proprement instinctif. *Abstine et sustine* est une devise qui lui conviendrait déjà. C'est donc en réalité bien au-dessous de l'égoïsme qu'une doctrine d'irrationalité et d'anarchie nous conduirait, car cette philosophie est, sans métaphore comme sans déclamation, dissolvante.

(1) Le déclarer, est-ce d'ailleurs être infidèle au principe d'unité que nous avons accordé aux métaphysiciens ? En aucune façon. C'est au contraire en revenir à la véritable philosophie de l'Immanence, et à la véritable formule de l'Idéalisme. *Intercaler* Dieu, c'est encore le concevoir à la façon du Réalisme, qui fait de Dieu un être particulier, séparé, et qui ne peut dès lors que séparer les êtres qu'il est censé devoir unir.

Il n'y a aucune raison, métaphysiquement, de s'arrêter à une unité moyenne comme l'individu, la société ou même l'humanité. Si l'on pose en principe la subordination de la partie au tout, il faudra, comme le spiritualiste, pousser dans ce sens jusqu'à l'Absolu. Si au contraire on professe la philosophie inverse, c'est qu'on nie, en fait ou en droit, la marche nécessaire de la Pensée ou de l'Action dans le sens de l'Ordre et de l'Unité, et alors on n'a aucune raison de mettre une synthèse quelconque au-dessus des éléments. Il faudra redescendre à la limite de la division, et nier ainsi toute règle pratique comme toute pensée, disons mieux : toute réalité ; ce qui constitue la réfutation par l'absurde d'une telle philosophie.

Une dialectique de ce genre est assurément plausible. Mais quel adversaire atteint-elle ? Est-ce le partisan d'une morale expérimentale et positive ? Il est évident que non. L'empirisme qu'elle condamne serait en réalité lui-même une métaphysique, dont le propre serait de s'orienter vers le terme absolu de l'Analyse, comme la métaphysique idéaliste se tourne vers le terme absolu de la Synthèse. C'est une métaphysique négative si l'on veut, mais enfin une métaphysique à laquelle une science positive comme une morale positive peuvent et doivent rester étrangères. En la réfutant, on n'a nullement montré que la morale dût reposer sur la métaphysique; ce qui était la question, mais qu'elle ne pouvait pas reposer sur celle-là (1). Que l'empirisme, en effet, se plaçant autrefois nécessairement sur le terrain de ses adversaires métaphysiciens, ait été

______

(1) Encore pourrait-on soutenir que, subjectivement, elle pourrait être un remède à l'égoïsme qu'on l'accuse trop aisément de fortifier. Car en dissolvant l'unité et l'identité du moi lui-même, elle enlève à l'égoïsme tout « fondement », et contre elle, le Spiritualisme sera obligé, tant au point de vue psychologique qu'au point de vue moral, de reconstituer et de consolider l'Individu, et de restaurer ainsi la possibilité de l'égoïsme avant de pouvoir pousser plus avant dans le sens de l'unité.

une sorte de métaphysique à rebours, une ontologie
obstinée à la tâche de dissoudre l'être, une critique travaillant à supprimer la pensée, qu'enfin il ait été une
philosophie proprement dite et non une simple détermination et une simple adoption du point de vue de la
science et de l'expérience scientifique, cela est parfaitement exact. L'histoire même montrerait qu'il a souvent
été en flagrante opposition, par ses doctrines et par ses
résultats, au véritable esprit scientifique. Mais un tel
empirisme n'est peut-être plus qu'un souvenir. L'expérience pure, telle qu'il la définit, n'est absolument pas
expérimentée. Le fait brut, qu'il met à la base de la connaissance, est une conception, non un fait. Le développement des sciences objectives comme l'analyse psychologique ont fait également justice de pareilles notions. Il
n'est pas trop hardi de prétendre que cet empirisme disparaît, qu'il a déjà disparu. La chose, l'idée, le mot ont
fait leur temps. Véritablement, que reste-t-il en face des
métaphysiques quelles qu'elles soient ? Il ne reste plus
que la science même, aussi indépendante des philosophies
empiristiques négatives que des ontologies dogmatiques.
Si la métaphysique veut survivre, elle ne le peut, croyons-
nous, qu'en renonçant à l'ontologie, chimérique superpo-
sition d'une réalité inaccessible aux réalités données, pour
se borner à la théorie même de la pensée et de la vérité
scientifique. De même l'empirisme, comme philosophie,
doit faire place nette à la science positive seule, qu'il n'a
pas le moindre droit de revendiquer comme sienne. Et la
critique avec la science, se complétant l'une l'autre, peuvent faire très bon ménage ; l'ontologie et l'empirisme
ne le pouvaient pas. Scellons leur double tombe d'une
même pierre, celle que Kant leur avait dès longtemps
préparée.

Quant à une morale positive, si elle est possible, s'il

est possible du moins de définir une attitude qui soit en morale ce qu'est l'attitude scientifique dans la connaissance, elle sort absolument indemne de toute cette polémique. On persiste trop souvent en particulier, à croire que, dans la morale positive, le passage de l'égoïsme à l'altruisme est une sorte de déduction *in abstracto*, une transition logique d'un « principe » à un autre « principe ». C'est contre une telle déduction que Kant tout le premier, ensuite Jouffroy, et Guyau enfin dans l'ouvrage qui inaugura sa précoce carrière philosophique, ont dirigé des critiques en apparence assez fortes. Il faut avouer que chez quelques-uns de ses premiers représentants modernes, l'utilitarisme a pu prêter à cette interprétation et à cette critique. Mais la morale de l'expérience ne prétend plus *déduire* l'altruisme, elle veut seulement l'expliquer et en montrer le rôle nécessaire. Elle se présente comme *directement* sociale dans ses origines comme dans sa fonction. Elle ne commet plus la faute, à la fois psychologique et sociologique, de se représenter l'individu comme un absolu en face d'autres individus donnés au point de départ. Elle sait que l'individualité pure est un terme limite, et non une réalité immédiate, et que même une telle idée, loin de correspondre à un fait primitif, ne peut surgir qu'au cours du très lent progrès grâce auquel la personnalité distincte se constitue et le sentiment de l'autonomie individuelle se forme. Ce n'est pas aujourd'hui, avec la sociologie réaliste, avec la politique sociale-démocratique, avec la morale solidariste que nous sommes exposés à l'oublier. Une morale positive n'a pas à rechercher, s'il y en a, les fondements métaphysiques des rapports interindividuels, des faits de sympathie, ni de la cohésion sociale. Mais elle n'a davantage aucune raison de méconnaître ces faits, et elle a le droit strict de les faire entrer en ligne de compte. Dans l'individu, l'expérience suffit parfaitement, et même réussit seule, à établir des rapports de conditionnement et de subordination ou de solidarité entre les fonctions, et le point de vue expérimental ne nous réduit nullement à les mettre toutes sur le même plan (1) ; de même l'expérience (dès qu'on ne prend plus ce mot dans le sens métaphysique où il ne désigne qu'une limite insaisissable, un mode de connaissance élémentaire qui n'est en fait expérimenté nulle part), l'expérience réelle de la vie sociale doit contenir et contient en effet tous les éléments nécessaires pour comprendre sociologiquement et concevoir moralement l'organisation de la vie en société. Il y aurait une bien singulière illusion à penser que par son coup de baguette une métaphysique fait surgir ou disparaître des faits comme la solidarité ou le désintéressement ou même en fait apparaître ou évanouir la valeur.

A aucun degré je ne puis donc admettre que la métaphysique ait établi la nécessité ni même la réalité de son rôle à la base d'une morale, ni par conséquent qu'elle ait ruiné *a priori* l'idée d'une morale positive.

§ 2. — FAUSSE POSITION DE LA CRITIQUE

Mais, objectera-t-on, l'expérience ne peut cependant fournir qu'un jugement assertorique, et la morale a besoin d'un jugement de valeur. Admettons, dira le criticiste, qu'une conception ontologique soit inutile à la morale ; si elle l'est, c'est précisément parce qu'elle ne peut dépasser le jugement assertorique, et ne fait que superposer des *faits transcendants* aux faits d'expérience. Il faut pourtant bien arriver à trouver le Droit au delà du Fait. Une critique est finalement nécessaire pour dis-

(1) Contrairement à ce qu'indique Dunan, *op. cit.*, p. 679.

tinguer, dans le réel ou même dans le possible, ce qui est normal de ce qui ne l'est pas. Être réel, c'est le caractère commun et égal de tout ce qui est donné par l'expérience, et par conséquent le jugement de valeur porté sur des données ne saurait en émaner. L'existence même de la *réflexion* suppose des critères qui ne peuvent être empruntés à l'expérience (1), puisque le fait même de les choisir dépasserait en tout cas celui de les découvrir. Il y aurait donc au moins besoin, à la base de toute morale, d'une critique analogue à celle de la connaissance. Lorsque Kant parlait d'une « métaphysique des mœurs », par opposition à la physique des mœurs, il entendait surtout exprimer cette opposition essentielle du droit et du fait, et l'impossibilité de réduire à l'unité deux opérations aussi différentes que celle d'apprécier ou de prescrire, et celle de constater ou de décrire. Nous voilà donc en présence d'un retour offensif de l'apriorisme métaphysique sous la forme plus modeste et plus forte d'une simple critique, et d'une justification plus plausible, semble-t-il, de son intervention en morale.

Quelle est, tout d'abord, la raison essentielle de ces nouvelles prétentions de l'apriorisme ? Elle réside peut-être, au fond, dans une sorte d'assimilation entre la vérité et le bien, la science et la morale, la raison considérée dans ses fonctions théoriques et cette même raison dans ses fonctions pratiques qu'on prend indûment la licence d'appeler *morales*. Cette assimilation n'est d'ailleurs pas nouvelle ; elle a toujours été dans la pensée des métaphysiciens et elle a simplement suivi, en passant de la forme ontologique à la forme critique, les transformations de la pensée métaphysique. On disait, avec la théologie chrétienne, que Dieu est à la fois la loi

____

(1) Cf. Cantecor, *Revue philosophique*, avril 1904, p. 382.

qui commande à nos volontés et la lumière qui éclaire nos intelligences ; le Platonisme faisait de l'idée du Bien la source commune de l'ordre qui constitue le Réel ou le Vrai, et de l'ordre qui constitue le Juste. On dit plus volontiers aujourd'hui, en termes moins ontologiques, que c'est une seule et même Raison qui est à la fois spéculative et pratique. C'est en ce sens peut-être que le mot de Schopenhauer, injuste sous certains rapports (1), reste historiquement exact : l'impératif catégorique, c'est la voix du Sinaï. La Raison en effet, *mutatis mutandis*, remplit ici la double fonction traditionnelle de la divinité, d'être à la fois une existence supérieure que l'on affirme et une autorité que l'on respecte. Sans doute ces changements de formule ont leur intérêt. Ils attestent pourtant qu'on se contente de transposer, selon les exigences de chaque doctrine et les habitudes de chaque temps, un problème qui devrait disparaître lui-même comme artificiel ou mal posé. Ce problème est celui-ci : trouver un Bien qui s'impose avec une sorte d'*évidence* et de *nécessité* à la façon d'une vérité, un Bien qui puisse être *prouvé*, ou mieux se passer de preuve parce qu'il serait premier ; trouver en un mot, un Bien qui soit vrai, un devoir qui soit certain, *et qui s'impose à la volonté par cela même qu'il se serait d'abord imposé à l'intelligence.* Nous avons déjà dit combien ce problème était peu intelligible et indiqué que si l'on échoue à le résoudre, c'est qu'en réalité on échoue à le poser valablement.

C'est toutefois de cette manière de comprendre ou, du moins, d'imaginer et de sentir le problème moral que naît l'idée de mettre une critique et des principes rationnels à la base de la morale.

<hr>

(1) Voir sur ce point Delbos, *Philosophie pratique de Kant*, p. 353 (Paris, F. Alcan).

Cette idée d'une critique morale *a priori* paraît doublement attaquable. En premier lieu les difficultés qui suscitent le problème critique lorsqu'il s'agit de la connaissance n'existent pas au même titre lorsqu'il s'agit de la
pratique ; en second lieu, inversement, dans la mesure
où le parallélisme peut être établi entre la connaissance
et l'action, on peut dire qu'il n'aboutit nullement à la
doctrine que Kant a formulée, mais bien plutôt au renversement de cette doctrine.

Nous disons d'abord que le problème critique n'a
point les mêmes raisons d'être sur le terrain de l'action
que sur celui de la connaissance.

Pourquoi la nécessité d'une critique peut-elle être affirmée en ce qui concerne la science ? Il en est deux raisons essentielles et connexes. D'une part il y a, entre la
nature que nous n'avons pas créée et les exigences de
notre seprit, un accord qu'il faut de toute façon expliquer, dût-on l'expliquer finalement comme un produit
de l'expérience même qui aurait modelé la pensée. D'autre part la science n'atteste pas simplement l'accord de
l'esprit et des choses, mais l'accord spontané des esprits
entre eux sur le terrain de la rationalité, en dehors de
toute entente extérieure et conventionnelle.

Sur le premier point, l'accord des esprits et des choses,
on peut légitimement se demander avec Kant comment
une mathématique, comment une physique sont possibles, comment l'espace réel vérifie, au moins sensiblement, nos déductions constructives, comment nous sommes assurés que la nature présentera le degré de
régularité et de fixité sans lequel aucune connaissance
scientifique n'en serait possible. L'empirisme le plus étroit
ne peut se contenter de répondre par le succès de la
science, car c'est ce succès même qui est l'objet du problème, et qui constitue le fait à expliquer. Et c'est peut

être un problème métaphysique, mais non pas de ces problèmes métaphysiques entièrement factices et arbitraires, comme certains problèmes ontologiques transmis par la tradition, et dont les termes initiaux ne sont rien de plus que des produits de l'imagination spontanée de l'humanité ; c'est au contraire un problème réel, immanent à la pensée même, et positif si l'on veut, en ce sens du moins que la positivité même en est l'objet.

Un tel problème a-t-il son corrélatif lorsqu'il s'agit non plus de la science, mais de l'action? Nous ne le voyons pas. Car dans la connaissance une nature nous est donnée, que nous n'avons pas faite, et c'est pourquoi, bien qu'il soit chimérique de prétendre déterminer entièrement *a priori* et par simple réflexion les catégories, un minimum d'hypothèses et de théorie est nécessaire pour comprendre comment cette nature qui nous semble extérieure se prête à notre science et à nos catégories. Mais pour la philosophie de l'action, il s'agit, non d'un ordre donné, mais d'un ordre à faire, non d'une nature qui préexiste et qu'il faut pénétrer du dehors, mais d'un monde à créer, qui va en quelque sorte s'épanouir du dedans et éclore grâce à notre effort pour adapter la nature à l'humanité. Pour la pure réflexion, subjectivement et en dehors du point de vue expérimental, il n'y aurait pas même à se demander s'*il y a* une règle de conduite ; en définitive il y en aura une, si l'homme veut qu'il y en ait une. Quelle est l'unique question critique qui pourra subsister sur ce point ? C'est la question de savoir si d'une manière générale l'action est possible dans le monde, dans la nature. Or elle le sera dès que la nature présentera de l'ordre et des lois sur lesquelles nous puissions compter. Mais cela ne constitue pas l'objet d'une critique nouvelle, car c'est la question même que la Critique de la Raison spéculative aura résolue. Une activité est possible dans un monde dont la science est possible ; un ordre est possible à susciter et à développer dans une nature dont l'ordre et la régularité sont la loi fondamentale.

Considérons ensuite l'accord des esprits individuels dans la pensée rationnelle. On l'expliquera peut-être finalement d'une manière tout empirique, mais le problème n'en est pas moins inévitable de comprendre pourquoi, en présence d'une démonstration géométrique rigoureuse, nous avons la certitude qu'elle vaudra pour tous ceux qui la saisiront, ou pourquoi deux chercheurs travaillant d'une manière absolument indépendante la même question mathématique lui trouvent la même solution. Mais l'accord des volontés ne suscite aucun problème philosophique analogue. Car il n'est nullement nécessaire ici, comme dans le premier cas, de considérer cet accord comme préétabli. Il se produit au cours même de l'action. Nous voyons cette harmonie se réaliser graduellement par voie soit d'adaptation progressive et d'interaction mutuelle, soit même de contrat et de convention. Elle est visiblement un résultat obtenu peu à peu et par tâtonnements Elle devient par cela même une fin ; mais cette fin il n'est nullement nécessaire de la considérer comme posée *a priori* (cela aurait-il même un sens?) car nous la voyons se proposer en quelque sorte d'elle-même par suite de la rencontre des volontés qui se meuvent sur un même terrain, et même s'imposer en dernière analyse comme une nécessité de la poursuite de toutes les autres fins ; la vie en société est en effet, et de plus en plus, la condition et le moyen de toutes les fins, quelles qu'elles soient. La vraie question sera simplement de savoir *comment* la réaliser. L'accord des volontés ne suscite donc véritablement aucun problème critique comparable à celui que pose l'accord fondamental des esprits dans la science. Celui-ci, peut-on dire, est initial, l'autre est terminal.

Ainsi de quelque façon qu'on envisage la question, il semble bien qu'on soit dupe de la vieille formule qui juxtapose et identifie presque le Bien et le Vrai, lorsque par un instinct non critiqué de parallélisme, on prétend poser une critique à la base de la philosophie de l'Action comme à la base de la philosophie de la Science. A plus forte raison ce parallélisme serait-il en défaut si au lieu de parler de la philosophie de l'action en général, comme nous avons consenti à le faire dans ce qui procède, on parlait de la Morale au sens précis du mot.

Mais essayons maintenant de nous placer sur le terrain où le Kantisme prétend nous amener, et demandons-nous si, pour qui suivrait d'une façon plus rigoureuse le parallélisme établi entre la Raison théorique et la Raison pratique, la plupart des thèses caractéristiques de la morale kantienne ne devraient pas tomber. L'apriorisme, sous la forme même que la critique kantienne fait surgir, devait conduire, suivant nous, à tout autres résultats que ceux où Kant pense arriver.

Dans quel sens d'abord un rationalisme critique pourra-t-il admettre que la Raison pure a un usage pratique ? Cette prémisse fondamentale de la morale kantienne peut être admise, dans un certain sens très légitime et presque évident, où non seulement elle n'entraîne pas l'acceptation de toute la morale kantienne, mais nous aide au contraire à sentir en quoi celle-ci est infidèle à l'esprit de la critique et dépasse la portée légitime de son principe essentiel. Que la raison soit et doive être pratique, cela ne peut signifier, en toute rigueur, rien de plus que ceci : du moment qu'il existera une pratique, une activité réfléchie, elle aura nécessairement pour forme la constitution d'un *ordre*. Reconnaître ou découvrir un ordre, voilà la raison dans sa fonction spéculative ; établir un ordre ou y tendre, voilà la raison dans sa fonction pratique. Voilà bien *ce qu'il est impossible de ne pas affirmer: dès qu'on affirme quoi que ce soit, ou de ne pas vouloir dès qu'on veut.* En ce sens, il est exact que toute « réflexion », aussi bien dans l'ordre de la pensée que dans l'ordre pratique, sous-entend l'acceptation d'un tel principe, et par conséquent l'appel à la raison. Le passage du fait au droit n'offre donc rien de mystérieux. Mais il postule, au delà du simple repos de l'esprit, de cet état immobile et statique que constitue le jugement assertorique pur, l'activité et la fonction dynamique de la pensée, s'efforçant d'organiser les faits et d'unifier leur multiplicité. La Raison est donc bien en ce sens une sorte de vouloir et la Volonté une sorte de raison. L'opération par laquelle nous posons des jugements de valeur ne diffère pas, à ce point de vue, *dans sa forme*, de celle par laquelle nous constituons la science ; et ainsi la Raison est bien pratique. Dès que nous prétendons juger la valeur d'une action, c'est que nous essayons de la faire entrer dans un système : est appelé bon ce qui s'intègre, mauvais ce qui ne peut s'intégrer à l'ensemble déjà constitué ou admis· La distinction du droit et du fait répond donc bien à la distinction de la raison et l'expérience, de la forme et de la matière, de l'ordre et des éléments ordonnés. Mais c'est évidemment à la condition que, conformément au véritable esprit de la philosophie critique, on ne fasse pas de la raison une sorte de révélation transcendante à l'expérience, et d'après laquelle on prétendrait, du dehors, régler la valeur de l'expérience ; opération qui semblerait aussi absurde que de soigner une maladie en se fondant sur les phases de la lune. C'est en se rapprochant de l'*immanence* qu'on s'approchera de la *rationalité*. Le progrès de la pensée scientifique, comme celui de la pensée pratique, semble avoir toujours consisté à substituer des raisons *intrinsèques* de juger et des motifs *intrinsèques* d'agir aux raisons et aux motifs tirés de considérations entièrement étrangères à la question (1). Le navigateur antique pour se décider à partir en mer consultait les entrailles d'une victime ; nous consultons le baromètre.

Mais si l'on s'en tient à cette conception, seule conforme au rationalisme·critique, on sera précisément amené à abandonner la plupart des thèses kantiennes en morale.

D'abord de la doctrine de l'usage pratique de la raison pure, Kant n'avait nullement le droit de faire sortir une morale, mais seulement une sorte de logique générale de l'action. La forme rationnelle, en effet, ne définit pas plus l'activité morale que l'activité industrielle ou même l'activité esthétique. L'accord de la volonté avec elle-même n'offre aucun caractère spécifiquement moral. Il apparaît donc à la critique la plus simple que la moralité est définie, non comme le veut Kant, par sa forme, qui lui est commune avec toute activité, mais par sa matière. C'est cette matière seule qui permet de dire en quoi une action morale diffère de la fabrication du savon, en quoi le remords se distingue du mécontentement qu'on éprouve d'avoir commis une maladresse, et comment le devoir moral n'est pas de même nature que l'obligation de mettre une cravate. Le dogmatisme moral si souvent reproché à Kant, et en particulier par M. Fouillée, consiste donc moins dans l'affirmation non critiquée de la Raison Pratique que dans l'identification tout arbitraire de cette Raison Pratique avec la moralité. La moralité, c'est un système défini d'idées et de sentiments d'un caractère très

---

(1) Cf notre *Conclusion*, (*Esquisse d'une morale positive*) *Propos. 5.*

déterminé, dès longtemps organisé dans l'humanité, quoique le contenu en soit très variable. Un tel système ne peut être découvert *dans* la raison. C'est comme si l'on prétendait découvrir le cheval dans l'idée générale d'être vivant. Le dogmatisme de Kant, conformément d'ailleurs au sens que lui-même donne à ce mot, consiste essentiellement dans la substitution subreptice d'une intuition à une forme, dans l'identification établie entre une donnée psychologique brute et un principe rationnel, dans le fait de prendre et d'accepter un produit tout fait de la pensée empirique comme la révélation d'une vérité première en droit. Or Kant fait-il autre chose lorsqu'il appelle devoir, obligation morale, etc., une forme abstraite d'ordre, d'unité, d'universalité, ou plutôt de nécessité (1) qui est applicable à *toute* activité ? C'est faire entrer dans le cadre indéterminé de la rationalité les produits d'une longue expérience sociale et d'une lente évolution psychologique. On a souvent dénoncé, dans le détail de certaines formules kantiennes, dans le principe de « l'humanité fin en soi », dans la règle même de l'universalisation des maximes, l'intrusion de concepts empiriques et sociaux. On ne paraît pas s'être aperçu que la faute remontait beaucoup plus haut ; on a laissé passer le sophisme radical consistant dans l'emploi même du mot de moralité et des termes connexes pour désigner les résultats d'une analyse tout abstraite. On pouvait très bien dispenser Kant de démontrer que la raison a un usage pratique, et on lui a réclamé cette démonstration. Mais il devait démontrer que la raison pratique était un principe *moral*, et l'on n'a jamais pensé à le lui demander. Cette démonstration était évidemment impossible

(1) Car encore faut-il remarquer que sans l'idée empirique d'une pluralité de consciences en société, la notion d'universalité ne naîtrait même pas.

puisqu'il est absurde qu'un principe dont toute la force est de s'imposer comme une condition formelle première de *toute* activité fût en même temps le principe, adéquat *en compréhension*, d'une forme *spéciale* d'activité. Après sa démonstration de l'usage pratique de la raison, l'énonciation de la loi de l'universalisation des maximes, Kant se contente d'écrire : « La raison pure est par elle-même pratique et donne à l'homme une loi universelle *que nous appelons loi morale.* » C'est dans cette courte incidente : « *Welches wir Sittengesetz nennen* », que réside le paralogisme premier et fondamental de la Critique de la Raison pratique. C'est à ce moment précis que s'opère la substitution (1).

Ce même dogmatisme se manifeste sous l'aspect inverse dans l'attribution au fait proprement moral du caractère absolu attribuable seulement à la Raison formelle. La conscience impossible à acquérir, inamissible, infaillible, incorruptible que Kant nous attribue *en fait*, c'est la Raison pure pratique transformée en réalité psychologique actuelle. C'est la substitution d'un intuitionnisme psychologique à l'idéalisme critique ; c'est « l'empirisme de la Raison pure ». Kant avait peut-être le droit de dire : voilà ce qu'il *faudrait* que la conscience fût, voilà vers quelle *limite* elle doit tendre pour aller dans le sens de la Raison. Mais prétendre que c'est déjà fait, que la limite est atteinte, que tous les hommes possèdent en fait et définitivement une telle conscience, c'est abandonner l'esprit de la philosophie critique avec une désinvolture aussi choquante que si, après avoir établi les règles du syllogisme, on en venait à prétendre que, tous les hommes possèdent un jugement infaillible et un raisonnement impeccable.

A chaque instant d'ailleurs on sent l'effort que Kant

____

(1) *Kritik der Prakt. Vernunft*, Hartenstein, VIII, 33.

est obligé de faire pour franchir l'abîme qui sépare nécessairement les faits *moraux* des principes abstraits qu'il
présente comme l'équivalent ou l'expression philosophique de ces faits. Sa prétention constante est de n'être
que l'interprète de la moralité telle qu'elle existerait réellement, et de la conscience la plus vulgaire ; et en même
temps il prétend la découvrir par des méthodes auxquelles
cette conscience n'a jamais songé. En maint endroit il
s'appuie sur la conscience commune : il oppose la clarté
de ses déclarations, l'universelle acceptation de ses décisions à l'obscurité et à l'incertitude des règles de la pru-
dence et des conseils de l'habileté. « Ce qu'il y a à faire
d'après le principe de l'autonomie du libre arbitre, l'entendement le plus ordinaire le perçoit sans peine et sans
hésitation... Juger ce qu'il y a à faire d'après cette loi ne
doit donc pas être d'une difficulté telle que l'entendement
le plus ordinaire et le moins exercé ne sache s'en tirer
à   merveille,   même   sans   aucune   expérience   du
monde (1). » Mais cette clarté et cette évidence sont tout
intuitives, la force de ces décisions a un caractère tout
impulsif ; il n'y a là que la confiance dans l'habitude
et l'automatisme de l'irréflexion. C'est l'évidence avec
laquelle le catholique sent qu'il doit faire une génuflexion
devant l'autel, le sujet qu'il soit se découvrir devant le
roi. Il n'y a rien là d'une clarté de la raison. L'instant
d'après, Kant nous propose de ces faits soi-disant si
clairs, une interprétation fondée sur des concepts tellement abstrus que non seulement la conscience commune
ne les a jamais entrevus, mais que le philosophe lui-
même se demande s'il est bien sûr de les saisir, et renonce
à en établir le caractère proprement moral. Et lui-même
s'arrête un instant devant leur étrangeté et leur caractère

____

(1) *Kritik der Prakt. Vernunft*, Hartenstein, p. 39, trad Picavet, p. 62.

paradoxal, redoutant que ses conceptions ne soient prises
pour des « chimères de haut vol (1) ». Kant oscille ainsi
constamment entre l'acceptation de l'intuition morale vulgaire et les constructions philosophiques les plus étrangères, parfois les plus contraires à cette intuition ; et il
essaye de confisquer la clarté et la certitude toute pratique de la conscience spontanée au profit de ses concepts
métaphysiques. Comme la chauve-souris de la fable, il
change de figure et de langage. Aux simples braves gens
à qui il suffit de voir leur conscience édifiée et assurée :
« Je suis souris, vivent les rats ; je suis comme vous une
humble conscience qui se contente de réfléchir et d'essayer de se justifier ; ma morale ne demande rien que ne
comprennent et n'acceptent la « conscience commune »
et l' « entendement le plus vulgaire ». « Il n'est rien de
si dangereux que ces extravagances du génie qui, ainsi
qu'il arrive aux partisans de la pierre philosophale, pro-
mettent des trésors imaginaires et en gaspillent de véritables... Forger des mots nouveaux là où la langue ne
manque pas d'expressions pour des concepts donnés, c'est
prendre une peine puérile pour se distinguer de la
foule (2). » Mais justement on peut se demander si Kant
n'a pas à l'inverse, abusé de vieux mots respectés pour
désigner des idées nouvelles auxquelles ils ne convien-
nent guère et, à sa façon, « cousu une pièce neuve sur
un vieil habit ». Aux métaphysiciens désireux de planer
sur les sommets et de monter vers l'absolu : « Je suis
oiseau, voyez mes ailes ; considérez mon formalisme, ma
notion de l'autonomie, d'une loi commandant par sa
seule forme et n'ordonnant rien de plus que cette forme

(1) Ein Verdacht entspringen muss dass veilleicht... blos ho-
chfliegende Phantasterei ingeheim zu Grunde liege, *Grundlegung
der Metaph. der Sitten*, 1ʳᵉ partie, Hartenstein. IV, 242.
(2) *Kritik der Prakt. Vernunft*, Hartenstein, p. 10 et p. 169.

même, ce que l'expérience vulgaire n'a certes jamais vu ;
voyez ma notion de la liberté, « aussi indispensable qu'in-
compréhensible ». Et rien peut-être n'explique mieux
que cette double figure du kantisme moral, l'engouement
dont a joui chez nous ce système, obscur en somme et
souvent très mal compris, l'espèce de monopole qui lui a
été longtemps accordé comme fournisseur de morale offi-
cielle ; c'est qu'il paraissait capable de satisfaire le besoin
de profondeur et de nouveauté des professeurs avides de
« transcendantal » et les scrupules très conservateurs de
la bourgeoisie bien pensante.

Un des points sur lesquels cette confusion systématique
de la morale et des produits de l'élaboration métaphysique
s'aperçoit le mieux, et dérange le plus visiblement la
vraie logique du système, c'est la fréquente identification
de tel impératif déterminé de la morale courante avec
l'impératif catégorique. Kant transporte à des prescriptions telles que : « ne mens pas, ne te tue pas », le caractère absolu de l'impératif indéterminé et vide de la Raison pratique. Sa théorie devait exclure, loin d'impliquer,
l'idée qu'aucun impératif déterminé, ni par conséquent
aucun impératif réel pût être absolu. Kant, il est vrai,
croit pouvoir l'admettre. parce qu'il croit découvrir, par
une simple opération logique, analytique, une forme pure
dans une matière proposée à l'action, et faire passer à
cette matière le caractère absolu de la forme pure. Mais
il y a là une évidente illusion, plus d'une fois dénoncée d'ailleurs. mais peut-être pas dans ce qu'elle a de plus
radical. Entre A et non-A, termes abstraits et vides, il
peut y avoir proprement contradiction. Mais entre l'affirmation que la terre est ronde, et la théorie de la forme
tétraédrique de la terre. il n'y a pas de contradiction
parce qu'aucune de ces deux affirmations, portant sur
une réalité complexe, n'est absolue ni logiquement rigou-

reuse. On ne peut dire du mensonge qu'il soit contradictoire *en soi* puisque aussi bien il se produit. Tout ce qu'on peut dire c'est que sa « généralisation » sociale (et non pas son universalisation logique) ne serait pas empiriquement possible au delà de certaines limites ; que cette *extension* pratique du mensonge *tend* elle-même sans cesse à le réfréner. Mais il n'y a pas plus de contradiction intrinsèque là dedans que dans ce fait physique : un courant qui passe dans un conducteur tend à l'échauffer, et cet échauffement même tend à empêcher le courant de passer puisqu'il diminue la conductibilité du métal. Qu'il s'agisse ici de *symbole* et non de *schème*, et de l'application d'une loi de la raison, non à une réalité donnée, mais à une action proposée (1), cela ne permet en aucune façon d'échapper à la difficulté, puisque la matière du devoir restant empirique ne peut jamais, même idéalement, comporter d'une façon *absolue* l'application ni l'exclusion d'une forme pure. La *réalisation* est logée ici aux mêmes enseignes que la *réalité* ; et la théorie du symbolisme est ici, plus évidemment encore que celle du schématisme, un véritable bouche-trou dans la doctrine.

Mais on peut aller plus loin. Accordons que le mensonge — comme fait social — *tend* en effet à se condamner, à se rendre lui-même impossible *en général* ; et c'est tout ce qu'on pourrait dire du *mensonge en soi*, du mensonge pour le mensonge. Mais, en dehors de cas pathologiques qui relèvent plus du médecin que du moraliste, il n'y a pas ou il n'y a guère de mensonge en soi, de

______

(1) V. sur ce point Delbos, *Philosophie pratique de Kant,* p. 463. Paris, F. Alcan. Il nous semble qu'il ne faut pas accorder une importance excessive à ces distinctions scolastiques et souvent artificielles léguées par Kant et qu'il hérite lui-même en partie de la tradition. Qu'on s'y attache quand il s'agit d'être historien exact de sa pensée, cela est très légitime. Mais ce n'est pas une raison pour s'y enchaîner quand on pense pour son propre compte.

mensonge pur. On ment par intérêt, on ment par humanité. Sur quoi faut-il faire l'épreuve de l'universalisation? Kant paraît assez embarrassé de nous le dire exactement. C'est la maxime, nous dit-il, qui doit pouvoir être universalisée. Mais qu'est exactement la maxime? Est-ce la *règle* elle-même : mentir ou ne pas mentir? Non, d'après les définitions mêmes qu'il donne de la maxime (1), et d'ailleurs on ne voit guère aucune sorte d'*action* qu'on puisse universaliser, même parmi celles qu'on accordera les meilleures : exercer la charité, mourir pour sa cause. Ce sera donc le *motif* : mais alors la possibilité d'ériger en loi universelle l'amour mutuel des hommes les uns pour les autres autorisera-t-elle le mensonge *par humanité?* Quand je mens par humanité, c'est seulement à *la règle de ne pas mentir en général* que je fais une exception en ma faveur (ou plutôt en faveur d'autrui), et je fais d'ailleurs la même exception universellement *pour tous les cas semblables.* Mais cette interprétation est visiblement contraire aux vues de Kant et nous ramènerait bien près des « directions d'intention » et de la thèse qui justifie les moyens par la fin. D'une manière générale, dans l'analyse de ses exemples à l'appui de la formule de l'universalisation des maximes, Kant introduit par abstraction une coupure tout à fait arbitraire entre les éléments constitutifs d'une action réelle. Peut-on concevoir, se demande-t-il, une nature où le mensonge, le suicide seraient érigés en lois universelles? Et avec quelque vraisemblance, il répond négativement. Mais ni le suicide ni le mensonge ne sont jamais voulus en eux-mêmes, d'une volonté directe. Il faudrait donc se demander : le mensonge *par* nécessité de conservation,

---

(1) *Grundlegung der Métaph. der Sitten*, Hartenstein, p. 248 et 269 ; trad. Lachelier, p. 23 et 53 : il la définit : le principe subjectif du vouloir.

le suicide *par* désespoir de remplir mon idéal de vie, etc., pourraient-ils être conçus comme lois d'une *nature ?* Or cette possibilité est si peu contestable que la nature réelle est bien près de comporter de telles lois. Est-ce que la ruse ou la tromperie par nécessité de conservation individuelle ou sociale n'est pas un fait général dans l'animalité et dans l'humanité (1)? Est-ce que, en supprimant des êtres faibles, arrivés à un certain degré de misère physiologique ou de détresse sociale, le suicide ne pourrait pas fonctionner comme une loi de sélection? Est-ce que d'autre part, en tant qu'il exprime la volonté de ne vivre que suivant un certain idéal et sous réserve d'un certain niveau de l'existence, le suicide ne traduit pas, sans la moindre incompatibilité avec la *stabilité* de la nature, une certaine loi de progrès qui lui est peut-être essentielle? Mais, objecte Kant, une nature où l'on pourrait mettre fin *arbitrairement* à sa vie serait une nature impossible, et « un pareil arrangement ne serait pas un ordre de chose durable (2). » D'accord. Mais aussi un pareil *arbitraire* n'existe-t-il pas. On ne se tue pas en général sans des motifs assez forts! Une telle apparence d'arbitraire ne résulte que de votre abstraction, qui sépare le suicide *en soi* de la volonté réelle dont le suicide n'est que le *moyen* ; peut-être encore résulte-t-elle de votre parti pris, qui constitue une véritable pétition de principes, de considérer comme arbitraire tout ce qui n'est pas voulu au nom de la pure forme rationnelle (3). Kant raisonne finalement ici comme un physicien qui voudrait ériger en loi universelle « l'ébullition à 100° » sans considérer ni quel est le liquide en cause, ni sous quelles conditions déterminantes il entre en ébullition. Où pour-

(1) V. notre étude sur la *Véracité.*
(2) V. Delbos, *Philosophie pratique de Kant,* p. 360, n. 2.
(3) Cf. *ibid.,* p. 425.

rait alors être la loi ? Et dira-t-on que l'ébullition est
livrée à *l'arbitraire* parce qu'elle varie avec le liquide, la
pression, etc. ?

La maxime, est-ce donc suivant les termes mêmes de
Kant « la nécessité de se conformer à la loi » ? Mais
alors la règle de l'universalisation tourne dans un cercle,
et elle devient incapable de rien nous apprendre. Elle
devient inutile ; car elle visait précisément à déterminer
ce qui est conforme ou contraire à la loi. Il reste donc que
ce critérium de l'universalité, comme simple formule de
rigueur logique, comme simple exclusion de l'inconséquence, ne peut jamais — ce qui était d'avance évident
— trouver dans aucun cas particulier, ni même dans
aucune règle générale d'action son application rigoureuse
et absolue. Aucun impératif *réel* ne pourra donc béné-
ficier intégralement du caractère *absolu* de la prescription souveraine et formelle de la raison. Il n'en bénéfi-
ciera, même si on le juge au point de vue de la seule
forme, que *dans la mesure* où cette forme rationnelle de
la conséquence ou de l'universalité pourrait s'y découvrir ; et du moment qu'un tel impératif a un contenu,
il ne peut comporter cette forme que d'une manière
approximative et *incertaine* à la fois. C'est donc par un
flagrant illogisme que Kant peut admettre le caractère
catégorique d'aucune prescription réelle, et l'existence
réelle d'une prescription catégorique. Il était dans la
vérité lorsqu'il reconnaissait (1) qu'aucun exemple ne
peut prouver l'existence d'une action morale telle qu'il la
définit. Mais ce n'était pas assez dire. Ce qu'il devait
reconnaître, c'est que l'impératif catégorique, fût-il admis
au point de vue transcendental, c'est-à-dire comme

---

(1) *Grundlegung*, Hartenstein, p. 253 et 267 ; trad. Lachelier,
p. 32 et 51.

forme-limite, ne saurait sans absurdité être transporté dans la réalité empirique, dans l'ordre psychologique ou l'ordre social.

Une telle conclusion était croyons-nous, la plus conforme à la position même du rationalisme critique, et, qui plus est, elle ouvrait aux idées morales, à l'effort, au véritable idéalisme pratique une carrière que leur ferme, dans son impatience à tenir un absolu réalisé, le dogmatisme kantien. C'était donner une valeur dynamique, une puissance de progrès indéfini à des principes qu'on réduisait à l'état statique de chose toute faite et immobile. Ici encore, en suivant plus exactement le parallélisme de la science et de l'action, on eût évité une faute grave, et le rationalisme critique, au lieu de devenir un obstacle à l'avènement de la morale positive, en fût devenu le meilleur auxiliaire, comme il a été celui de la recherche vraiment scientifique. Il ne vient à l'idée d'aucun penseur imbu de l'esprit du kantisme que le principe de causalité, dans sa *généralité* abstraite, soit une loi déterminée de la nature qu'on puisse actuellement trouver réalisée dans un ordre quelconque de faits réels. Ce n'est pas une loi physique du même ordre que les lois d'Ampère ou celles de Coulomb. C'est en réalité l'expression de la *méthode générale* qui nous prescrit de diminuer sans cesse l'hiatus entre les causes et les effets, d'approximer toujours davantage l'adéquation quantitative des conditions et du conditionné. L'identité, l'unification absolue, nécessairement exclue par la nature même de tout problème physique, est seulement une règle directrice que le physicien suit, instinctivement ou consciemment, sachant très bien d'ailleurs que l'expérience seule lui permettra de dire sous quelle forme, à quel point de vue, dans quelle mesure l'adéquation des effets aux causes pourra se formuler. L'impératif catégorique de l'esprit scientifique est ainsi dans sa méthode et jamais dans ses conclusions. Ne voit-on pas les récentes recherches méthodologiques émanées d'hommes de science confirmer cette idée, en nous montrant la science à la fois de moins en moins dogmatique dans ses affirmations et ses théories particulières, et de plus en plus confiante dans ses droits fondamentaux et son développement continu ? De même, dans l'ordre de l'action, la formule de l'impératif catégorique ne devait se présenter que comme une méthode, une règle directrice applicable à la critique des fins ou des motifs de notre conscience, mais non comme la loi *morale* elle-même. C'est donc au véritable esprit de criticisme, qui est celui d'un rationalisme relativiste que Kant, dans sa spéculation morale, se serait montré infidèle.

Le formalisme kantien et la théorie de l'autonomie de la volonté donnent prise à des critiques analogues. Rétablissons encore ici la comparaison de la science et de la pratique, et l'illogisme de la doctrine sera mis à nu. Kant veut que le principe qu'il appelle abusivement *moral*, nous détermine par sa *seule* forme, et ce qu'il appelle l'autonomie de la volonté, c'est ce mode même de détermination. C'est comme si l'on demandait qu'un jugement réel, une conclusion déterminée résultât du seul principe de contradiction, sans l'intervention d'aucune prémisse. « Je relie *a priori*, écrit Kant (1), l'acte à la volonté sans aucune condition tirée d'une inclination quelconque... C'est donc une proposition pratique qui ne déduit pas la volition d'un acte analytiquement d'une autre volition présupposée (car nous n'avons pas une volonté si parfaite) [sous-entendu : qu'elle puisse ainsi contenir dans sa compréhension tous les actes bons]

---

(1) *Grundlegung*, Hartenstein, p. 268, note.

mais *la rattache immédiatement* au concept du Voulo:
en tant qu'être raisonnable, comme quelque chose qui
n'y est pas compris. » C'est donc un jugement pratique
synthétique *a priori*. Mais qu'est-ce que cette synthèse.
ce rattachement sans déduction, si ce n'est la formule
savante de l'arbitraire et l'illogique? Ailleurs (1), plus
soucieux de respecter les formes traditionnelles et scolastiques, Kant présente le principe « moral » comme la
majeure d'un syllogisme, dont la mineure énoncerait
les différentes actions subsumées sous ce principe comme
bonnes ou mauvaises, pour aboutir à une conclusion qui
serait la détermination de la volonté. Mais quand a-t-on
vu le principe de la raison (l'axiome d'identité) servir
de majeure au syllogisme de la connaissance? Qui ne
voit qu'alors un tel syllogisme n'ayant, en fait, qu'une
prémisse, ne pourrait conclure, à moins de se réduire à
une tautologie? En réalité on conclut *conformément* au
principe de non-contradiction, mais ce principe, qui
régit tous les syllogismes, n'entre dans aucun comme
prémisse. C'est lui sans doute qui fait la validité du raisonnement, *mais tout ce qui est affirmé* par la conclusion est tiré de *ce qu'affirment* les prémisses. C'est dans
le contenu des énonciations posées que réside toute la
preuve quant au contenu de la conclusion. Mieux suivi,
le parallélisme de la Raison pratique et de la Raison spéculative devait donc conduire Kant à déclarer, conformément à la réalité psychologique, mais contrairement à
sa théorie du formalisme et de l'autonomie, que *par lui-
même* le principe formel de la Raison, ne pouvait jamais
déterminer la moindre volition et que toute la justification d'une *décision réelle* de la volonté résidait dans les
prémisses concrètes de l'action. Ces prémisses sont

(1) *Kritik der Prakt. Vernunft.* Examen critique de l'Analytique. Hartenstein. VIII, p. 95. Picavet, p. 164.

d'abord la volonté antécédente, plus générale, mais réelle et non formelle, qui est la majeure (je veux la santé), ensuite la connaissance scientifique des causes qui peuvent produire l'effet désiré dans ce cas particulier (le re mède) et ces prémisses déterminent *intégralement* et doivent déterminer *seules* la conclusion, qui est la volonté conséquente (l'acceptation de l'ordonnance)· Sans doute c'est encore la règle formelle de l'accord de la volonté avec elle-même qui est le ressort nécessaire de ce raisonnement pratique ; mais à lui seul il ne me fera rien vouloir, et quelque régulier que soit mon raisonnement, ma conclusion pratique, le précepte que j'observe, ne pourra jamais valoir que ce que valent mes prémisses. Si ma volonté initiale est condamnable, ou si ma connaissance des moyens est imparfaite, ma conclusion pratique est viciée. Les principes formels de la Raison pratique ou théorique qui commandent l'accord de la Volonté ou l'accord de la Pensée avec elles-mêmes, sont des rois constitutionnels. Ils règnent, mais ne gouvernent pas. Ils donnent ou refusent leur signature, mais ne font ni ne motivent les décrets·

Ainsi le formalisme kantien, sous sa forme précise, n'est pas seulement un insoutenable paradoxe psychologique, il est à l'envers de toute logique ; il marche à l'encontre des directions de la raison pure considérée comme principe commun de la pensée et de l'action. Le rationalisme critique devait exclure le formalisme comme il devait exclure l'impératif catégorique, loin d'y conclure. Il devait conduire à traiter la morale — puisque aussi bien la morale n'est qu'une partie ou un aspect de la pratique en général — comme une technique *sui generis*, analogue, quant à sa forme, à toutes les techniques, différente seulement quant à la matière. C'est le renversement de la fameuse distinction de l'impératif hypothétique et de l'impératif catégorique, c'est la négation de toute métaphysique morale, mais c'est virtuellement la possibilité de construire une morale positive.

De cette façon et de cette façon seulement se trouve éliminée la difficulté dont nous étions partis : de faire du bien un objet de preuve et de science. Insoluble s'il s'agit d'un bien absolu, d'une fin dernière, d'un impératif catégorique, elle trouve une solution on ne peut plus simple, plus claire, plus conforme à toutes les analogies, du côté de l'art comme du côté de la science, si l'on prétend seulement, comme dans les techniques, démontrer un *précepte* pratique en postulant une *volonté* préexistante, en s'appuyant sur une *vérité* positive, et arriver ainsi à quelque bien partiel et relatif par quelques prescriptions conditionnelles.

Du même coup, on comprendra aussi bien et peut-être plus exactement que dans le kantisme, comment, même dans un vouloir autonome, non dominé par une autorité étrangère, peut se produire encore un sentiment d'obligation : c'est qu'il y a dualité de la volonté, et que la volonté antécédente exerce une sorte de pression sur la volonté conséquente, que les désirs tendent à tirer dans un autre sens.

Sans doute, on substitue ainsi l'Entendement à la Raison pure. Objection toute scolastique : cette substitution n'est-elle pas conforme au mouvement de la pensée contemporaine, devenue positive sans cesser d'être rationelle ? Suivant la voie même ouverte par le criticisme, elle n'admet plus guère la métaphysique comme un domaine autonome de pensée, ni la connaissance *a priori* comme un mode indépendant de connaissance, ni la raison séparée de la science.

Mais cette solution, qui a sur toutes les doctrines *a priori* l'incontestable supériorité d'une parfaite clarté en théorie, ne rencontre-t-elle pas dans l'application de nouvelles difficultés, et remplit-elle d'autre part l'idée qu'on peut se faire et qu'on se fait en général d'une morale ? La morale positive ainsi *conçue* peut-elle aisément *se réaliser*, et peut-elle *suffire* ? C'est ce qui nous reste à examiner.

II. — LA SCIENCE : MORALE ET SOCIOLOGIE

Nous avons essayé de montrer que la Métaphysique, soit sous sa forme ontologique, soit sous sa forme critique, ne pouvait nous fournir, *par elle-même*, aucune solution spécifique du problème moral, posé en réalité en dehors d'elle, par les conditions empiriques de la vie humaine, et ne faisait que greffer sur ces données des spéculations dépourvues de tout caractère proprement moral.

Mais nous avons établi surtout que la pensée métaphysique à laquelle, sous sa forme critique, nous sommes très éloignés de refuser toute valeur, n'autorisait nullement une fin de non-recevoir opposée à l'idée d'une morale positive ; qu'au contraire le rationalisme, dès qu'il cesse d'être dogmatique et renonce à la vieille illusion, encore sensible dans le kantisme, d'une sorte de révélation interne, devait nous conduire à rectifier l'idée qu'on doit se faire des relations de la connaissance et de l'action en morale, en conformité avec les analogies tirées de toutes les autres formes de la pratique et de la technique humaines (1).

(1) Telle était en particulier l'unique prétention de notre critique de la morale kantienne. On ne la jugerait pas avec équité, si l'on voulait y voir une tentative. — peu utile à renouveler — pour *réfuter* ce système *dans son ensemble*. Notre intention était bien différente, étant à la fois plus limitée et moins négative. Car essayer de nous rendre compte du rôle qu'il est possible

« La connaissance sociologique, écrivions-nous il y a plus de dix ans (1), peut être efficace et applicable à l'action sans cesser d'être scientifique ; et les conditions qui s'imposent à la sociologie comme science sont parallèles plutôt qu'opposées à celles qu'exige l'action politique et morale. Alors nous ne serions plus en présence de ce fait singulier : la science, dans l'ordre physique, devenue le plus puissant auxiliaire de l'action, et, dans l'ordre social, se mettant en travers de l'action. Sans doute cette discordance n'a rien de fortuit ni d'inexplicable. La science sur laquelle s'appuie l'industrie s'applique à la nature extérieure tandis que la pratique correspondante a l'homme pour fin ; au contraire, dans l'ordre moral et politique, c'est l'homme qui est à la fois objet de science, moyen et fin de l'action ; c'est sur lui-même qu'il est appelé à agir selon la connaissance qu'il aura de lui-même.

« Ne peut-on malgré cela espérer qu'il s'établisse entre la politique et la sociologie un rapport à peu près semblable à celui qui s'est révélé si fécond entre l'industrie et les sciences de la nature ; qu'ici également le savoir fonde le pouvoir au lieu de l'annihiler, qu'enfin on soit en

d'assigner à la raison dans son usage pratique, et montrer que cette idée comportait précisément une interprétation positive dans le sens de l'assimilation de la morale à une technique, c'est tout ce que nous voulions faire pour le moment, et c'était moins réfuter que remettre en service l'idée kantienne.

(1) *Science et pratique sociales*, *Rev. Philosophique*, février 1895, p. 196. Cf. *L'Education dans l'Université*, p. 231 : « La morale aussi est une science de moyens... » M. Fouillée écrivait aussi (*Critique des syst. de morale*, p. 83) : La mécanique est une application des mathématiques aux machines... La morale est une application de la psychologie, de la sociologie, de la cosmologie et de la métaphysique à la conduite de l'homme. » Mais nous regrettons ces deux derniers mots qui compromettent bien la valeur et la clarté de l'idée. Cette idée d'une technique fondée sur une science sociale est d'ailleurs celle qu'à dès longtemps développée l'école de la « Science sociale » de H. de Tourville et M. Demolins.

droit de considérer la morale et la politique comme une
science appliquée, comme l'industrie qui ferait les hommes utiles et les sociétés prospères ? »

Il nous reste à examiner si cette idée d'une morale
ramenée à une technique sociale, idée obtenue jusqu'ici
par voie d'élimination, cadre avec les conditions de
l'action humaine, et si, même reconnue vraie à titre de
méthode, elle ne rencontre pas, dans l'application, des
bornes nécessaires à reconnaître et qu'impose la nature
propre de la technique ainsi définie.

§ 1. — L'IDÉE D'UNE TECHNIQUE MORALE

L'incroyable lenteur de tout progrès dans les idées où
la pratique est engagée, l'état de stagnation de l'enseignement si délicat de la morale, plus timide et plus traditic-
naliste encore que tout autre, ont contribué ici, avec le
talent et la lucidité d'un écrivain auquel on ne peut refuser de remarquables facultés de composition, d'exposition et de simplification, à donner à cette idée d'une
technique morale un retentissement peut-être dispropor-
tionné avec la nouveauté de l'idée, et surtout avec le
développement des moyens offerts pour la mettre en
œuvre. C'est en effet surtout une description ample et
précise des applications possibles de l'idée qui eût constitué ici une nouveauté véritablement instructive ; et ce
sont des aperçus de ce genre qui nous sont presque absolument refusés jusqu'à présent. Descartes a fait une révolution en physique, non en reprenant, vingt-deux siècles
après Pythagore, l'idée toute schématique d'une nature
soumise aux lois du nombre, mais en découvrant le
biais par où la nature pouvait être exprimée mathématiquement.

Prise en elle-même, l'idée d'une morale identifiée à une technique, bien qu'elle ait été, en effet, singulièrement perdue de vue par la pensée moderne, est une idée bien ancienne. N'était-ce pas déjà, sous une forme d'ailleurs condamnée à rester vide, l'idée de Socrate ? M. Espinas a montré quel essor avaient pris, à l'époque des sophistes, la constitution de techniques de toutes sortes et la composition de traités pratiques correspondants. L'enseignement rhétorique et moral des Sophistes se rattache à ce mouvement. Socrate, tout en modifiant la conception d'une telle science, se place en somme sur le même terrain, comme en fait foi sa définition de la vertu-science, et surtout sa continuelle comparaison de la morale avec la médecine, l'architecture, l'art naval, etc. Idée confuse encore, il est vrai, puisque la transition entre la connaissance et l'action est supposée immédiate, non seulement en morale, où celà nous étonne, mais aussi dans les autres techniques, où la chose n'est pas plus exacte, quoique nous l'acceptions plus aisément.

Plus nette et plus profondément analysée est l'idée d'une technique morale chez Aristote. Non seulement sa tendance est caractéristique, de maintenir la morale sur le terrain de l'expérience et de l'arracher aux généralités métaphysiques et même aux dogmes théologiques où Platon l'avait compromise ; mais grâce à son analyse du syllogisme pratique (1), il sépare nettement la connaissance du désir, et reconnaît l'impossibilité de démontrer les fins. D'une manière expresse il déclare que la délibération ne porte pas sur les fins, mais sur les moyens (2) et que la politique non plus qu'aucune science ni aucun art n'établit que sa fin soit un bien (3), ce qui signifie

(1) *De motu anim.*, VII, 45 ; *de An.*, III, 10.
(2) *Eth. Nicom.*, III. III. 16.
(3) *Magn. mor.*, *I*, 1, 23 ; idée incontestablement aristotélicienne, quelle que soit l'authenticité de l'ouvrage.

bien que les fins sont supposées admises et que la science ne fournit que les moyens. Que peut-on dire de plus net pour établir le caractère obscur et inconsistant de l'idée d'une « science normative »? Déclarer enfin que la morale est une « partie » de la politique, et que la politique est architectonique par rapport à la morale (1), n'est-ce pas encore indiquer que la politique posant les fins, la morale ne détermine que les moyens d'y atteindre, et qu'elle est une technique que la politique mettra en œuvre ?

Mais, plus près de nous, c'est au mouvement utilitaire (2) que la morale contemporaine est redevable, sinon de la meilleure position de la question, au moins du rejet des concepts et des méthodes qui empêchaient de la bien poser. Sans doute cette philosophie morale restait encore beaucoup trop idéologique, et par suite, à certains égards, nous l'avons montré, aussi formelle que celle qu'on lui opposait. L'empirisme anglais est assurément aujourd'hui bien dépassé et inadéquat à une conception réellement scientifique. Cependant, en jugeant la doctrine utilitaire avec autant de sévérité qu'elle l'a fait, la nouvelle école sociologique a peut-être témoigné un peu d'ingratitude.

Cette doctrine renfermait déjà en effet la réfutation très directe d'une « morale théorique » et l'acceptation implicite de l'idée d'une technique morale. Ecarter, comme elle le faisait, l'idée d'un *Bien en soi*, ou celle d'un impératif commandant par lui-même, substituer, comme Bentham le cherchait, un calcul de *résultats* à une morale

----

(1) *Eth. Nicom.*, I. 1.
(2) La même doctrine sur les rapports de la pratique et de la connaissance et sur la morale considérée comme une technique est en effet très nettement exposée par Stuart-Mill, *Logique* liv. VI. ch. 12. cf. p. 196 et suiv. de notre édition et page 82 de LXXXII de l'introduction.

de *principes*, c'était bien poser la première condition d'une morale positive et dont les problèmes pussent revêtir la forme sous laquelle une science peut les accepter et peut-être les résoudre : ceci produira-t-il cela ? Kant objecte, il est vrai, aux utilitaires qu'il est absurde de *commander* aux hommes d'être heureux. Mais où a-t-il vu qu'Epicure ou Helvétius aient jamais eu cette prétention de commander, qui est la sienne et non la leur ? Les utilitaires supposent ou croient constater dans l'homme ou dans les sociétés certaines tendances, ils ne les *prescrivent* pas, et le problème se réduit pour eux, après avoir établi *inductivement* la réalité de ces tendances, à chercher les *moyens* d'y satisfaire. Il n'y a rien là que de compatible avec une méthode scientifique. Sans doute l'utilitarisme a, comme il arrive toujours, partagé quelques-unes des erreurs de méthode de ses adversaires et abusé comme eux de l'abstraction, en parlant du Bonheur, de l'Intérêt, comme ceux-ci parlaient du Bien, du Devoir. Mais tandis que les idées sur lesquelles reposaient les théories théologiques ou métaphysiques excluaient, par leur nature même, toute autre méthode qu'une dialectique illusoire, les principes de l'utilitarisme appelaient naturellement l'emploi d'une méthode positive. Quelles que fussent les fins proposées par lui, quelque vague qu'en restât la définition, elles imposaient une *connaissance* positive de la réalité humaine, et la pratique morale devenait une véritable technique dans laquelle la forme même de l'Utilité permettait une distinction nette du savoir et du vouloir. Les théories adverses, au contraire, avaient pour effet de rendre une telle connaissance superflue, ou même impossible, et d'éliminer toute question de moyens et de procédés du problème de la pratique morale. Car leur prétention expresse était en somme de mettre la « moralité », plus ou moins subjectivement conçue, sous la dépendance *directe* de la volonté pure, et d'en faire par conséquent, *une sorte de fin, objet à la fois de connaissance et de volition, qui ne requît, pour se réaliser, aucune condition, ni aucun moyen si ce n'est le vouloir lui-même* ; et ce vouloir était supposé être toujours à notre disposition. Kant n'est arrivé à son formalisme qu'en prenant, plus nettement qu'on ne l'avait fait avant lui, conscience de cette tendance, et en analysant plus profondément les conditions de cette hypothèse d'un effet qui pût être directement produit par la seule volonté (1).

C'est avec ces errements que rompait l'utilitarisme de la manière la plus décisive, par le seul fait de l'adoption d'un point de vue empirique et relativiste. Il n'a certes pas fondé une morale positive, mais il l'a rendue possible et nécessaire. Il s'est même le premier placé dans une situation où il était excusé de ne pas la fournir, puisqu'il faisait comprendre que, n'étant pas intuitive, elle ne pourrait se constituer qu'à l'aide d'une longue élaboration scientifique. Le premier il a fait comprendre qu'une morale ne pouvait se fabriquer en l'air, comme un système métaphysique, qu'il était absurde de supposer qu'une règle morale *exacte* dût être une règle *claire* simple, évidente, infaillible, comme le demandaient à l'envi spiritualistes et kantiens. L'Utilitarisme n'a pas non plus fondé la sociologie, mais du moins il a plus que personne contribué à faire reconnaître que la morale était essentiellement sociale ; or ce serait un progrès immense, croyons-nous, dans le sens d'une morale positive, si, en attendant une morale *sociologique* plus ou moins loin-

(1) Nous ne savons comment M. Lévy-Brühl dans l'article où il nous a répondu a pu croire un instant que nous acceptions pour notre propre compte une semblable idée ; *Rev. philos.*, juillet 1906, p. 29. On ne trouvera rien de semblable dans les difficultés que nous opposons plus loin à une partie de ses conceptions.

taine, tout le monde était au moins d'accord pour accepter dès à présent le point de vue d'une morale *sociale*. Peut-être le premier bénéfice à tirer de la sociologie, avant même de savoir si elle peut nous apporter un autre secours, serait-il de lui demander la preuve (et elle est de son ressort) que la morale est sociale quant à son contenu, comme elle l'est quant à ses origines.

*
* *

Ainsi l'idée d'une morale conçue comme une technique dont les besoins humains posent les fins et dont la connaissance de l'homme et des sociétés fournirait les moyens et les procédés, est une idée dès longtemps tombée dans le domaine commun et s'il est quelque chose qui doive nous étonner tout d'abord c'est qu'elle soit encore exposée à provoquer de l'étonnement.

Mais ce n'est pas seulement dans le domaine des théories que nous en constatons le développement ; on peut dire qu'elle est saisissable dans les faits eux-mêmes. Dès que l'on se débarrasse de formules plus ou moins conventionnelles à travers lesquelles on a coutume de voir les choses, on vérifie aisément dans le concret la parole d'Aristote : on ne délibère pas sur les fins. Soit en politique, soit en morale, la plupart des problèmes qu'on discute *réellement* portent sur les moyens. Il peut y avoir, au fond de semblables discussions, de grandes divergences de sentiment et de tendances, et même d'irréductibles oppositions au sujet du sens véritable de la vie humaine : l'un trouvera intolérable l'intrusion de l'Etat dans ce qu'il appelle sa vie privée, l'autre ne saurait comprendre la prétention de l'individu à repousser le contrôle social ; l'un admettra sans peine la soumission à une autorité spirituelle extérieure, l'autre y verra le comble de l'immoralité ; l'un bornera sa vue à la vie terrestre, l'autre voudra tenir compte d'une autre vie, même dans l'organisation de celle-ci. Malgré tout, *au moment de l'action*, l'on tombe d'accord plus ou moins tacitement, sur des fins plus ou moins prochaines et le débat porte seulement sur le moyen d'y atteindre, ou encore sur le moyen de les concilier les unes avec les autres. S'agit-il du divorce ? Tout le monde admettra qu'il faut assurer l'éducation des enfants, garantir la dignité de la femme et aussi maintenir la respectabilité du mariage, la gravité des engagements qu'il implique, etc. Or les adversaires du divorce ne peuvent, sans compromettre leur cause, s'en tenir à prétendre que l'indissolubilité s'impose *en principe*, indépendamment de tous ces *résultats* ; ils sont donc nécessairement amenés à prétendre qu'elle est le meilleur *moyen* de les obtenir ou de les concilier. Le débat porte sur les effets à prévoir, plutôt que sur le but à atteindre. Supposons donc une science psychologique et une science sociale plus avancées et plus sûres que celles dont nous disposons : elles se trouveraient en mesure de le trancher avec plus d'autorité que n'en ont aujourd'hui les arguments des juristes ou des moralistes. Entre de telles délibérations et celle de deux médecins en consultation, il y a, jusqu'ici, une complète analogie ; ils ne délibèrent pas sur la fin générale, qui est la guérison, ni même sur cette fin plus immédiate qui est la modification de tel état pathologique reconnu d'un organe, mais sur la thérapeutique qui permettra de les obtenir ; et ils n'ont même pas toujours beaucoup plus de certitude quant aux résultats réels, que nous n'en trouvons dans le domaine moral et social.

Ainsi, dès qu'on envisage l'activité morale *à l'œuvre*, on aperçoit beaucoup plus de similitude entre ses opérations et celles des techniques scientifiques, que les théori-

ciens de la morale n'en veulent généralement reconnaître.
A ce niveau, du moins, qui est celui de l'action immédiate, la thèse de M. Lévy-Brühl (si toutefois c'est alors
encore sa thèse) ne se justifie pas seulement par des considérations théoriques ou historiques sur l'évolution des
sciences ou par des espérances plus ou moins utopiques
sur l'avenir de la sociologie, elle correspond à l'observation directe des faits. Si même la morale comporte cette
assimilation aux divers arts, c'est beaucoup plutôt quand
on l'observe ainsi dans un moment particulier de son
action, que si l'on considère l'ensemble de son développement et sa situation générale dans la vie de l'humanité :
à ce dernier point de vue, nous aurons d'importantes
réserves à faire.

L'intérêt pratique serait ici d'accord avec la vérité des
faits, pour demander que cette analogie de la morale et
des techniques fût mieux reconnue. On ne saurait imaginer le tort qu'on a fait à la morale, dans la vie et dans
l'enseignement, en lui conférant, non d'après une rigoureuse observation de la réalité, mais pour des raisons
tout *a priori*, en vertu de lointains préjugés, de théories
d'école, d'intentions vagues et mal définies d'édification,
une situation absolument unique et sans analogue. En
l'isolant, on l'a rendue à la fois moins intelligible et
moins efficace. Comme une souveraine qu'une étiquette
perfidement respectueuse tient enfermée au fond de son
palais, sans contact avec son peuple, ignorante de ses
transformations et de ses besoins, elle a perdu la plus
grande partie de l'autorité qu'on prétendait mettre hors
d'atteinte. Confinée dans ses châteaux d'abstractions, elle
s'est laissée dépasser par la vie qu'elle prétendait gouverner, et s'y est trouvée mal adaptée. Tout autour d'elle
ont grandi des forces étrangères qui se sont fait leurs
règles en dehors d'elle, et quelquefois à ses dépens, au

fur et à mesure de leurs besoins. L'industrie, le commerce, la finance, l'art d'acquérir et les façons de dépenser, la vie politique, le travail scientifique ou artistique se sont développés sous des formes nouvelles et complexes, que n'avaient pas prévues et que ne permettaient guère de juger les trop simples décalogues. Chaque fonction s'est créé son code particulier, autonome, selon ses nécessités propres ; et ces codes ont fini par envahir presque tout le territoire sur lequel la morale prétendait régner sans être en état de gouverner. Voyez combien, même dans cette œuvre qui certes n'est pourtant pas un produit philosophique et qu'on appelle le Code, les « principes » restent inadéquats à une réalité qui les a débordés de toutes parts. Vous lirez que « la propriété est le droit de jouir et de disposer des choses de la manière la plus absolue ». Mais tout autour de cette définition a poussé une luxuriante végétation de règles qui l'étouffent. Ce droit absolu subit mille restrictions, et en subira bien d'autres encore. Et en même temps, là où le code ne laisserait soupçonner qu'un objet très restreint sous le nom de propriété, nous voyons la propriété s'étendre en réalité aux choses les plus diverses, au nom, aux titres, aux honneurs, aux grades, aux offices, aux fonctions, aux produits de la pensée (1).

Ainsi la morale, à force de vouloir être différente du reste des règles pratiques, finit par être inapte à régler la vie. Les privilèges qu'elle a prétendu s'arroger ont tourné contre sa force réelle. Combien de fois par mois, dans sa vie normale, le plus honnête homme a-t-il à penser au « Devoir » ? L'excès de dogmatisme ne produit que le scepticisme. Beaucoup ne croient plus à la morale que verbalement parce qu'ils ont perdu l'habitude d'y

(1) Mater. *Revue socialiste*, sept. 1903, p. 341.

croire, comme dit Pascal, par « toutes leurs pièces ». Ils y croient comme ces fidèles qui accordent à leur « salut » et au « Dieu vivant » une heure de cérémonies par semaine, et gardent le reste des sept jours, sans parler des nuits, pour leurs affaires, leurs plaisirs, ou leurs vices.

Si donc la morale doit devenir positive, la première condition est qu'elle reprenne un contact plus intime avec la vie et que, se faisant plus modeste et plus concrète, elle se fasse plus maniable et plus utile.

Qu'elle y soit naturellement amenée, c'est ce que l'on verra si l'on envisage maintenant comment naissent les problèmes moraux qu'une morale positive aura à se poser.

Pour le bien comprendre, esquissons brièvement une classification des problèmes moraux ; car c'est d'abord faute d'une classification de ce genre que l'idée d'une morale positive a tant de peine à se dégager (1).

1° Il y a d'abord des problèmes en réalité tout métaphysiques ou, plus exactement, ontologiques, comme ceux de l'existence de Dieu, de la vie future, de l'origine du mal. Ces problèmes non seulement ne comportent pas de solution certaine, mais ils ne sont greffés sur la morale que d'une manière tout à fait accidentelle soit grâce à des doctrines d'école, soit par suite d'habitudes éducatives. Ils n'émanent pas de la vie et n'ont sur elle aucune influence appréciable. Le courant des idées morales et celui des idées métaphysiques sont restés longtemps étrangers l'un à l'autre et ne se sont que tardivement rejoints. L'imagination théogonique de l'humanité a procédé avec une parfaite spontanéité et en dehors de toute fin morale. C'est parce qu'elle trouvait devant elle un « autre monde »

1. Cf *Bulletin de la Société française de philosophie*, janvier 1904, p. 14.

déjà constitué par l'imagination collective, que la conscience a dû tout d'abord s'y accommoder et ensuite l'utiliser à son profit, jusqu'au moment où les idées morales, devenues les plus fortes, devaient constituer à leur tour l'e principal soutien de ces représentations religieuses évanescentes. Toute représentation, individuelle ou collective, cherche des auxiliaires parmi les représentations concomitantes. Chacune cherche à se consolider en se liant avec les plus solides, et exploite à son profit toutes celles qu'elle rencontre déjà en possession d'une situation acquise. C'est en vertu de cette loi de symbiose ou de parasitisme des idées que la connexion s'établit entre la moralité et les représentations religieuses, d'une façon si intime que leur distinction devient à certains moments presque impossible au point de vue purement historique.

A l'état philosophique ces problèmes ne sont évidemment que l'expression d'une curiosité toute spéculative sans caractère proprement moral. Ils sont en eux-mêmes étrangers et indifférents à la conscience.

2° Au second plan, il faudrait placer ces problèmes qui sont suscités, non par des représentations de « l'autre monde », mais par l'analyse abstractive appliquée à l'action elle-même. Ce sont ces problèmes *immanents* sur le Bien, le Bonheur, le Devoir, dont nous avons déjà montré à quel point ils sont formels. Une telle analyse ne peut aboutir ni à la détermination d'une *fin* ni à la découverte d'une *règle* morale, et l'intérêt en est plutôt, en réalité, psychologique et pédagogique que scientifique ou philosophique.

3° A l'autre extrémité se placeraient les problèmes proprement casuistiques. Ceux-ci ont au contraire un caractère exclusivement et étroitement pratique. ils ne comportent guère ni une position ni une solution scientifiques, et cela, par excès de particularité, et non plus par excès de généralité. Ils portent sur des difficultés individuelles ou accidentelles qui n'ont pour ainsi dire aucune existence en dehors d'une situation, d'une action, d'un moment particuliers. Une science morale plus précise et plus pénétrante pourrait en faciliter la solution, à moins qu'elle ne les fasse parfois évanouir. Mais elle ne pourrait pas plus en fournir par avance une solution scientifique que la science médicale, devant un cas donné, ne peut dispenser le médecin de tact, de diagnostic, ni lui épargner les risques d'une décision personnelle.

4° C'est dans l'intervalle entre les deux précédentes séries de questions que se placent suivant nous les véritables problèmes d'une morale positive. Car ce sont des problèmes dont l'existence même peut être objet de science. Ils ne sont ni le produit des survivances religieuses ou des abstractions du philosophe, ni le résultat d'une combinaison accidentelle de circonstances éveillant les scrupules d'une conscience individuelle : ils peuvent être découverts par le sociologue dans la réalité sociale et ils ont ainsi à la fois objectivité et généralité.

Nous avons entrevu en effet que, au fur et à mesure qu'elles surgissaient, les différentes fonctions sociales s'organisaient d'une manière plus ou moins autonome, tout en s'incorporant à la vie sociale générale. Leurs règles propres se forment ainsi et se consolident, déterminant, dans un domaine plus ou moins restreint, une direction de la conduite et de la conscience. Ce sont comme les « axiomata media » de la morale, infiniment plus réels et plus importants que les « principes » des morales théoriques. Ce sont ces règles qui, d'ordinaire, prennent corps dans le Droit, et en déterminent les principales articulations. La famille, la propriété, la vie industrielle, la vie militaire, la vie politique, et les principales subdivisions de ces divers domaines acquièrent ainsi leur

code propre, et entre ces codes il n'existe jamais qu'un
contact partiel et imparfait; ils n'ont guère de commun au
début que leur forme de code, traditionnel ou écrit, et
l'autorité sociale qui les sanctionne ; ils ne forment pas
d'emblée, entre eux, un tout vraiment organique.

Ce n'est pas donc seulement en tant qu'elle est formée
d'alluvions historiquement superposées, comme l'indique
M. Lévy-Bruhl, que notre conscience est composite et
faite d'éléments hétérogènes ; mais c'est aussi et surtout
parce qu'elle est constituée de *consciences partielles* jux-
taposées, corrélatives aux diverses fonctions de la vie
sociale. Nous avons ainsi une conscience familiale, une
conscience civique, une conscience humaine, une conscience de propriétaire ou une conscience de travailleur,
une conscience professionnelle et une conscience générale, etc. Ces différentes consciences ne sont pas toujours
d'accord et luttent 'pour la primauté. Leur lutte offre
même cet intérêt que les plus étendues parmi ces consciences ne sont pas d'ordinaire les plus énergiques et
qu'ainsi celles dont les droits sont les plus élevés ne sont
pas celles dont la force est la plus vive.

Que le sol sur lequel nous marchons soit stratifié, nous
n'avons guère d'occasion de nous en douter, si le point
d'appui qu'il nous fournit est suffisamment solide. Et
c'est ce qui arrive à peu près lorsqu'il s'agit de conceptions *superposées* mais qui, étant relatives à une même
fonction, actuellement déterminée, ont dû se fondre et
s'harmoniser au cours des temps dans le système actuel
de nos idées morales ; tels les différents éléments romains,
germaniques, chrétiens de notre code familial (1). Mais
c'est lorsqu'il s'agit de régions distinctes de la vie sociale
que l'incoordination peut se faire sentir. Tant que les

(1) Cf. *La morale et la science des mœurs*, 3ᵉ éd., p. 83, Paris,
F. Alcan.

deux systèmes n'entrent pas en communication, aucun problème ne surgit. Quand la nécessité survient de les mettre d'accord ou de les combiner, les difficultés naissent. Par exemple, le droit canon qui interdit le mariage au prêtre et le droit civil qui le permet à tout citoyen sans distinction ont pu subsister longtemps côte à côte sans conflit. Vienne à se produire le cas d'un prêtre prétendant se marier, la justice sera appelée à décider si elle doit juger en se plaçant au point de vue du statut personnel du prêtre ou au point de vue du droit civil commun, invalider ou au contraire proclamer valide le mariage (1). En 1847 la première solution l'emporte : aujourd'hui la seconde est incontestée.

La vie civile exige et développe le principe de la responsabilité individuelle, la fonction militaire tend à maintenir le principe de l'obéissance passive. Comment jugera-t-on le capitaine de vaisseau qui, malgré la certitude d'une catastrophe, accomplit une manœuvre commandée par son supérieur, le soldat qui refuse de tirer sur un compatriote en temps d'émeute, le général qui, s'improvisant homme d'Etat et diplomate, subordonne son devoir militaire à des plans politiques plus ou moins plausibles, l'officier qui dans un coup d'Etat décide d'obéir à ses chefs plutôt qu'à la Constitution? Des courants contraires viennent ainsi, par suite de circonstances spéciales, à se heurter dans la conscience collective ou dans la conscience individuelle qui la reflète, tandis que, auparavant et dans la vie normale, ils allaient parallèlement, et coexistaient sans difficulté.

Qu'arrivera-t-il de même si le développement d'une forme de vie sociale tend à sa propre suppression, si par exemple la liberté commerciale aboutit à des coalitions, à

---

(1) Cf. Mater, *Rev. socialiste*, sept. 1903, p. 337.

des accaparements et à des monopoles qu'on voulait précisément éviter en l'instituant, ou si la liberté de l'enseignement aboutit à établir la prépondérance d'un enseignement illibéral?

Les principes d'économie, de prévoyance, d'ambition paternelle sont longtemps considérés comme louables sans restriction. Vienne à se révéler, comme une conséquence de leur développement excessif, le phénomène de la dépopulation française : un intérêt de groupe, militaire ou économique, réagira, et un problème moral nouveau surgira.

Le secret professionnel du médecin a pu jusqu'ici n'apparaître que comme une garantie nécessaire pour les intérêts individuels. Comment le maintenir sous la même forme et avec la même rigueur si nous venons à savoir quel danger social présentent certaines contagions?

Et chaque fois qu'un de ces problèmes sera résolu, cette solution tendra à déterminer celle d'une foule de problèmes voisins ou analogues, et à poser ou à consolider certains principes généraux d'une portée plus ou moins étendue : notre conscience s'organise et s'unifie corrélativement à la systématisation sociale qui s'étend. C'est ainsi que la solution actuelle du problème du mariage du prêtre implique que le droit canon cède le pas au droit civil, le statut personnel au droit commun, les juridictions spéciales à la juridiction ordinaire, etc.

Ainsi, en résumé, tant que l'ensemble des poussées sociales (religieuse, économique, intellectuelle, etc.) converge vers une institution ou va dans le sens d'une même règle de vie, aucun problème n'apparaît ; c'est une *résultante sociale* incontestée, et c'est par rapport à elle qu'on tranchera les dilemmes secondaires qui se présenteront à la conscience. Des courants sociaux d'origine et de direction diverses se rencontrent-ils au contraire, ils donneront lieu comme à des remous et à des *barres* plus ou moins difficiles à franchir, jusqu'au jour où une nouvelle résultante sociale se sera établie là où tout d'abord il n'y avait que des forces séparées.

Par exemple on peut dire que la règle monogamique est un cas du premier genre dans nos sociétés. Elle est la résultante normale des habitudes ancestrales, des idées religieuses, de la proportion démographique des sexes, du besoin de clarté dans l'organisation de la parenté, des exigences de l'économie sociale ou domestique, etc. Si médiocrement respectée qu'elle soit en fait, elle n'est guère contestée en elle-même. Mais sur d'autres points, par exemple sur le divorce et sur l'égalité juridique des sexes, notre morale familiale, pourtant beaucoup plus ferme encore que notre morale économique ou politique, subit des poussées contraires. L'autonomie de la femme, en particulier son autonomie économique, qui, pour des causes étrangères à la vie de famille, tend à s'établir, tend aussi à modifier les conditions et peut-être la solidité du lien matrimonial. Plus généralement l'individualisme moral et juridique modifie la situation de la femme dans le sens d'une plus grande indépendance. Si le mariage devient moins stable, que deviendra l'éducation des enfants, qu'arrivera-t-il même de la natalité? Le mariage tardif, conséquence naturelle des nécessités militaires, de la complexité croissante de l'éducation, du devoir reconnu d'assurer une bonne préparation à la vie et une solide assiette économique à la famille, se heurte d'autre part aux dangers de la dépopulation, de la prostitution, etc.

Ainsi c'est au point de contact des différentes fonctions sociales, sur les confins des chapitres du code, que naissent les problèmes de la morale positive, et c'est ainsi qu'ils sont multiples et distincts, là où « la morale » tend d'ordinaire à ne voir *le* problème moral que dans son unité plus ou moins abstraite.

Leur multiplication et leur aggravation caractérisent les
« périodes critiques » comme la nôtre. Et cela revient à
énoncer cet apparent paradoxe, que les périodes critiques
sont peut-être celles où le besoin d'unité et de synthèse
sociale se fait le plus vivement sentir, celles où les diverses
fonctions sociales se rencontrent sur un plus grand
nombre de points, en même temps que l'intensité même
de la vie collective rend les conflits plus intolérables
et la conciliation plus urgente. L'unification politique
des peuples modernes, l'activité et l'étendue des échanges,
l'existence d'un organe législatif distinct qui cherche sans
cesse de la besogne à faire, toutes ces causes et d'autres
encore font apparaître les problèmes moraux plus nombreux et plus aigus. C'est le processus même d'intégration et de systématisation des activités sociales entre elles
qui en fait ressortir les inconsistances et les exigences
opposées. Les périodes dites critiques sont ainsi celles qui,
dynamiquement, sont les plus organiques. Inversement
les périodes dites organiques sont celles où les juxtaposi-
tions les plus irrationnelles, les coexistences les plus
hétéroclites se maintiennent sans donner lieu à aucun
sentiment de contradiction, parce que les divers éléments
restent en dehors les uns des autres, comme il arrive
souvent à l'esprit individuel lorsque, grâce à un système
de « cloisons étanches », il trouve le repos dans l'incohé-
rence. Ce sont souvent, par exemple, les traditions, base
de ce qu'on appelle un état organique de société qui,
aujourd'hui, divisent le plus les peuples.

Les problèmes moraux ainsi définis sont donc incontestablement des *problèmes réels*, positifs par leur objet
comme par leur origine. Leur genèse est un fait social
observable, leur position n'est pas plus factice que leur
contenu n'est idéologique. A de tels problèmes une solution également positive est-elle possible ? C'est la question
aiguë qu'il nous faut maintenant aborder.

§ 2. — LA SCIENCE HISTORIQUE DES MŒURS

Une première démonstration serait nécessaire en toute rigueur pour diriger une semblable recherche. Il faudrait établir de quelle science, de quelle connaissance théorique relève la morale en tant que technique. On postule, mais sans que j'en trouve nulle part la moindre démonstration, que la sociologie (1). Pourtant, avant de songer à une morale *sociologique*, il faudrait bien établir que la morale est *sociale*. Qu'elle le soit quant à son *existence*, en ce sens qu'elle est un fait humain, observable par conséquent dans les sociétés, c'est évidemment une naïveté de le dire et il n'y aurait pas lieu de s'y arrêter. Mais il n'en résulte nullement qu'elle soit sociale quant à son *contenu*, et que les règles qui la constituent, quelles qu'elles soient, soient des *règles de vie sociale*. N'a-t-on pas trop aisément passé, sans en apercevoir la différence, de cette assertion très évidente à cette thèse très contestée ? Que la sociologie soit seule en état de nous faire connaître la morale en tant que fait, des morales très diverses l'admettront. Mais qu'observera-t-elle *dans* ce fait social ? Il ne serait nullement contradictoire qu'on y observât un contenu théologique, et c'est ainsi que l'école traditionaliste et religieuse prétend, encore aujourd'hui, établir *sociologiquement* que la morale a toujours eu son fondement dans la Religion ; et dans ce cas la morale ne saurait être une technique appuyée sur la sociologie. Il pourrait se faire encore que le contenu du fait moral observé par la « Science des mœurs » fût la perfection individuelle, et alors encore la sociologie serait inutile à cette morale qui, en tant que technique, aurait plutôt besoin d'un point d'appui psychologique. On pourrait

(1) C'est une démonstration de ce genre que nous avons tentée dans l'étude reproduite plus loin, « L'utilitarisme et ses nouveaux critiques », 1894.

enfin trouver, toujours « sociologiquement », que la morale n'a aucun contenu propre et il arriverait alors que la technique morale n'aurait aucun caractère spécifique. Si, raisonnait Socrate, un bon pilote est celui qui connaît les vents et la mer, un bon médecin celui qui connaît les maladies, l'homme courageux celui qui connaît le danger, l'homme de bien *en général*, est celui qui sait *en général*. Si l'on s'en tient là, il n'y aurait plus lieu de parler d'un « art moral rationnel »; il n'y aurait plus de technique morale, mais seulement une série indéfinie de techniques spéciales. Par suite on ne pourrait pas non plus présenter la sociologie comme la base d'une telle technique. A-t-on éliminé *sociologiquement* ces différentes hypothèses? Et si on ne l'a pas fait, a-t-on établi que la morale doive et puisse être un art fondé sur la sociologie comme la médecine l'est sur la physiologie ? De ce que la moralité est un fait social, en résulte-t-il que la morale soit une technique sociologique? L'utilité du papier, sa fabrication et sa vente sont aussi des phénomènes sociaux; cependant ce n'est pas la sociologie, mais la chimie, la mécanique, etc., qu'il faut posséder pour fabriquer du papier.

Enfin la morale pourrait encore être sociale en ce sens qu'elle serait une règle *commune*. Elle serait sociale uniquement par sa *forme*, comme le sont les religions qui imposent à tous les *mêmes* croyances, les *mêmes* pratiques, sans que le bien de la collectivité soit nécessairement le *contenu* de ces prescriptions.

De ce que même le code moral serait *imposé par* l'autorité de la société, il ne s'ensuivrait pas que ce que la société impose ainsi soit son propre bien, tel qu'elle le conçoit ou le sent en chaque moment.

Si donc la morale est *sociale*, c'est sans doute à la sociologie de l'établir, mais celle-ci ne peut s'instituer d'avance bénéficiaire d'une telle démonstration sous pré-texte qu'elle doit en être l'instrument.

Qu'on écarte donc tout système qui prétendrait déter-miner *a priori* ce qui devrait être la morale, sans observer ce qu'elle est en fait, c'est un droit qui semble incontes-table dès qu'on veut se placer à un point de vue scienti-fique, mais cette règle de *méthode* ne saurait équivaloir à une conclusion de *doctrine*.

D'ailleurs lorsqu'on nous parle de fonder sur une science des mœurs un art moral rationnel, il faudrait, pour éviter à cet égard tout apriorisme et toute pétition de principes, nous dire ce qu'on entend par ces « mœurs ». Ce terme englobe-t-il tout ce que les hommes font ? Evidemment non, quoique, tout ce qu'ils font, ils le fassent en société. A quoi donc reconnaîtra-t-on ici l'objet propre qu'on a en vue, parmi les nombreux sys-tèmes, enchevêtrés les uns dans les autres, que forment les faits sociaux ?

Il ne nous semble donc pas qu'on ait suffisamment défini ce qu'*est* la morale, non dans les théories philoso-phiques, qu'on a de nouveau critiquées et que nous écar-tons aussi comme factices, mais dans la réalité sociale, ni démontré que l' « art social rationnel » fût ce qui, au point de vue d'une pensée positive, devait y correspon-dre et finalement s'y substituer. Cette double détermina-tion constitue bien un problème préliminaire où *la* morale avant de se fragmenter dans l'étude *des* problèmes moraux, trouve une première fois son unité, puisque par là serait défini *le point de vue* caractéristique de tout juge-ment spécifiquement moral.

*
* *

Mais demandons-nous maintenant ce que serait cette « science des mœurs » sur laquelle reposerait une telle technique. Il semble que nous nous trouvions encore ici en présence d'une obscurité et d'une ambiguïté.

Tantôt M. Lévy-Bruhl, et surtout dans la première partie de son livre (1) c'est-à-dire tant qu'il s'agit de donner une idée plausible de cette science, paraît avoir en vue une étude essentiellement historique et descriptive de cet ordre spécial de faits sociaux qu'on appelle les conceptions ou les institutions morales et juridiques d'une société ; tantôt au contraire, et surtout à la fin, c'est-à-dire quand il s'agit de faire concevoir l'utilité pratique d'une telle science, il songe plutôt à une science générale et analytique qui serait la sociologie elle-même, en tant que connaissance des lois élémentaires et fixes de la vie sociale. Or ces deux conceptions sont loin de s'équivaloir. Il semble bien que la seconde, si on la suppose réalisée pourrait, en effet, fonder une technique comme la physiologie fonde la médecine ; en revanche la possibilité d'une telle science paraîtra discutable, et en tout cas réservée à un avenir bien éloigné. L'autre au contraire est une étude de faits dont l'idée ne souffre pas de difficultés radicales, et qui semble même en très bonne voie d'exécution ; en semble bien que la seconde, si on la suppose réalisée, pourrait en tirer. Nous aurions donc à choisir entre une science utilisable si elle était faite, mais peut-être infaisable, et une connaissance historique certainement réalisable, mais incapable de fonder la moindre technique.

Que l'histoire ne puisse fonder aucune pratique et n'ait par conséquent avec la constitution d'un « art social rationnel » que des rapports indirects, c'est ce que nous voudrions mettre d'abord en évidence.

Autant il est nécessaire, si l'on veut comprendre les rapports de la théorie et de l'action en morale, de se référer d'abord, sauf vérification, à l'analogie que nous four

(1) V. en particulier *La morale et la science des mœurs*, p. 212.

nissent les techniques à base scientifique, autant cette analogie même nous détourne de l'idée d'une science historique et descriptive des mœurs. Nous ne voyons aucune technique mettre en usage une histoire et cette idée même est dépourvue de sens. Il y a plus : une telle notion de la science des mœurs tendrait, nous le verrons, plutôt à supprimer qu'à fonder une technique morale, puisque dans la mesure même où elle a une *histoire*, la société ne présente pas une *nature* fixe.

Quelles qu'aient été les institutions religieuses, juridiques, familiales des Grecs ou des Germains, quelles que soient celles des Kamilaroi ou des Bushmen, on ne voit pas que cela puisse nous fournir la moindre règle pratique applicable à *notre* société. Le médecin n'a que faire de savoir si l'homme a une origine simienne ; ce qui lui importe ce sont les lois physiologiques de la vie *actuelle* dans le corps humain. Celui qui veut utiliser l'astonomie à la prévision des marées, à l'orientation en mer, etc., n'a pas besoin de s'inquiéter de la *genèse* du monde solaire, mais seulement de sa constitution *présente*. Parler d'un art moral rationnel fondé sur la science des mœurs, entendue au sens que nous considérons, c'est donc un peu comme si l'on nous parlait d'une thérapeutique paléontologique.

Sans doute la complexité et la mobilité des faits humains rendent l'histoire et l'ethnologie indispensables à la science et l'on ne nous prêtera pas, nous l'espérons, l'idée de le nier (1). Il est clair pourtant que dans la mesure où je reste sur ce terrain sans aboutir à des lois

(1) Il reste cependant que le point de vue proprement historique et le point de vue de la science sont en antithèse. On ne *raconte* pas comment les triangles auraient acquis leurs propriétés, on ne *démontre* pas la chute de l'empire romain. On pourrait dire que dans la classification de Comte l'ordre des sciences marque l'importance que prend à l'égard de chacune d'elles, le point de vue historique (la « méthode de filiation ») aux dépens de la certitude scientifique.

vraiment générales, non seulement je n'obtiens aucune *règle* d'action pour un cas déterminé, mais je ne découvre aucun *moyen* d'action. Quand je saurai *pourquoi* les Chinois pratiquent les mariages précoces et aboutissent ainsi à la surpopulation, cela ne nous fournit pas plus un moyen d'empêcher cette surpopulation qu'un moyen d'accroître notre natalité ; et surtout cela ne nous permet pas de découvrir si cet accroissement serait désirable pour nous. De telles connaissances restent donc à peu près à l'état de pures satisfactions de curiosité.

C'est qu'en effet la technique ne prend pas la causalité pas le même bout que la science si surtout que l'histoire. Sans doute « vere scire, per causas scire », et c'est aussi la seule connaissance utilisable. Mais, sans même parler des nuances multiples du sens de l'idée de cause, il est clair qu'une technique se demande non quelles sont les *causes* de ce qui *est*, mais quels seront les *effets* de ce qu'elle *fait*. Les deux choses semblent se confondre quand il s'agit d'une science vraiment générale et analytique comme la physique, qui étudie les phénomènes, non des êtres ni des événements ; mais elles se distinguent d'autant plus qu'on s'approche des objets les plus complexes et qu'on les considère dans leur réalité donnée. Dans une technique sociale les origines des croyances et des institutions importent assez peu à l'usage que nous en ferons. Le criminaliste par exemple n'a guère à se demander d'où vient le fait de la vindicte sociale et quelles sont les *causes* de l'idée de sanction ; mais ce qui lui importe c'est de prévoir les *effets* de la sanction présente ; ce n'est pas de savoir en vertu de quoi la pénalité *existe*, mais quelles sont les *fonctions* qu'elle peut remplir, et si elle les remplit en effet. La sanction pénale est une institution qui lui est donnée. Ou il n'est pas le « technicien » qu'il doit être, ou la seule question qu'il se posera sera de savoir ce qu'il peut en faire. Visera-t-il et réussira-t-il, en punissant, à réprimer, à intimider, à corriger le coupable, à indemniser la victime? Voilà les questions que son « art rationnel » comporte. La finalité de la sanction pénale n'est pas pour lui l'objet d'une *hypothèse scientifique* (pourquoi la pénalité aurait-elle été établie?) mais d'une *hypothèse pratique* (à quoi peut-on utilement employer la sanction?)

C'est une des lois les plus justement formulées par M. Durkheim que les institutions se maintiennent souvent pour des raisons fort différentes de celles qui les ont fait naître. S'il en est ainsi, ce que importe dans la pratique, ce ne sont pas les causes premières, mais les raisons *actuelles* d'une manière d'agir. Que notre droit, notre morale, nos idées sur la propriété, la famille, etc., soient sortis d'idées religieuses, cela peut-être intéressant à connaître pour les mieux *comprendre* ; mais ce qui nous importe *pratiquement*, c'est de savoir, non d'où sont sorties ces idées et institutions, mais où elles vont, si elles produisent les effets que nous attendons, et si les *raisons* au nom desquelles nous les maintenons sont confirmées par les *résultats* obtenus ou sont des prétextes illusoires inconsciemment suggérés par le besoin instinctif de les conserver. Dans le premier cas seulement, en effet, elles seront à maintenir.

Il ne nous importe même pas absolument de savoir si elles se sont produites avec ou sans finalité. La technique avec sa finalité *actuelle* les prend comme simplement *données*, comme des choses *existantes* à utiliser. Pour bien voir, il m'est indifférent de savoir si l'œil est le résultat d'un mécanisme ou d'une finalité divine, ni de suivre son évolution ontogénique ou phylogénique. Il me suffit d'en connaître la structure, et d'admettre que sa *fonction actuelle* est de voir, pour être conduit à y adapter les lunettes convenables.

Quand nous saurons que telle institution est en corrélation avec telle croyance disparue et à peine représentable pour nous, quelle sera l'application d'une telle connaissance ? Quand nous apprendrons, par exemple, que l'exogamie était l'effet (à moins qu'elle ne fût la cause... ?) du tabou prononcé pour les hommes sur les femmes du même clan, et que ce tabou explique notre horreur de l'inceste, la belle avance pour la technique de notre organisation familiale! C'est comme si l'on voulait étayer la technique des chemins de fer sur l'histoire du chariot romain ou de la chaise de poste. Aussi, après avoir expliqué historiquement les origines de l'interdiction de l'inceste par ces causes *disparues* et plutôt propres, une fois connues, à nous faire trouver un non-sens dans cette interdiction, M. Durkheim (1) n'en peut-il justifier le *maintien* que par des prévisions toutes relatives à notre mentalité *présente*, et cela par une analyse tout à fait indépendante de la question des origines, et qu'aurait pu esquisser le moraliste le plus ignorant du *totem* et du *tabou*.

On peut même se demander si les causes ainsi relevées par la « science des mœurs » sont bien toujours les *vraies causes*. Car l'étude des croyances et des sentiments moraux des diverses sociétés ne nous apprend guère que la manière dont ces sociétés se représentaient leur propre activité. On se demande si cela importe beaucoup plus à une technique sociale que n'importerait à une industrie chimique de savoir quelle idée l'alchimie se faisait des « esprits » et de la transmutation. Serait-il bien conséquent d'admettre qu'il y a une « nature sociale » et d'expliquer des faits aussi objectifs et aussi généraux que l'exogamie par les idées fantastiques que peuvent s'en faire les Australiens ; et la seule connaissance utilisable ne serait-

____

(1) *Année sociologique*, I, 1898, p. 66 et suiv., Paris, F. Alcan.

elle pas celle des nécessités, inhérentes à cette nature sociale, qui auraient déterminé la pratique de l'exogamie et détermineraient aujourd'hui le rejet de l'inceste? De deux choses l'une : où il y a une véritable nature sociale, et alors la science historique des mœurs est peu utile, car elle ne nous fournit que des documents superficiels et sans objectivité en comparaison de ceux que l'analyse directe du présent nous offrirait; ou bien, si l'histoire est l'essentiel, si les véritables causes sociologiques sont les représentations plus ou moins fictives des hommes, c'est que la société n'a pas la fixité de constitution que comporte une véritable réalité naturelle, et l'idée d'une nature sociale permanente et générale ne se maintient pas ; mais alors, de nouveau, *a fortiori*, l'analyse de la société présente dans sa constitution passagère, pourra seule nous rendre pratiquement service.

Si, d'une autre manière encore, nos obligations morales n'ont aucune autre réalité que d'être la pression du « conformisme social », pas n'est besoin d'une connaissance sociologique pour les déterminer ; leur *existence* suffit ; leur *connaissance* est inutile. Si au contraire on prétend constituer une technique scientifique de la conduite, c'est qu'on peut déterminer des conditions *réelles* d'existence et de progrès des sociétés ou du moins d'une société donnée ; or ces conditions peuvent n'avoir qu'un rapport très vague avec l'idée que s'en font ces sociétés, y compris la nôtre même, quand elles nous imposent ces obligations.

Dira-t-on, comme on le fait souvent, que l'histoire nous rend le double service : 1° en nous faisant connaître les expériences du passé, de nous donner la mesure du possible ; 2° ou, en nous révélant la direction de l'évolution, de nous fournir une règle ? Ni l'une ni l'autre assertion ne résiste à l'examen.

Tout d'abord les expériences de l'histoire ne déterminent jamais la limite de ce qui est possible dans un milieu toujours très différent. On a maintes fois montré combien l'échec des expériences communistes, tentées en plein monde capitaliste est peu probant ; leur succès, avec une société composée d'un petit nombre d'adeptes convaincus, ne le serait d'ailleurs pas davantage. Et quant à la direction de l'évolution, comment l'interpréter ? Car d'abord toutes les tendances coexistent toujours dans une société donnée, autremen elles ne pourraient jamais lutter et triompher ; et ensuite la prédominance prolongée . d'une tendance particulière pourrait tout aussi bien être une raison de réagir, de craindre un excès, de rétablir l'équilibre, qu'une raison de continuer dans le même sens. Ce jeu de bascule n'est-il pas constant dans l'histoire ?

Soyons plus juste : la « science des mœurs » ainsi entendue peut nous rendre un service, mais il est tout négatif.Elle détruit les illusions et nous donne de l'autorité de notre conscience un sentiment plus exact et plus modeste. En nous montrant qu'on peut « être persan » elle nous aide à devenir autres que nous ne sommes. M. Lévy-Bruhl écrit (1) : « De nos propres sentiments moraux rien nous surprend ni ne nous choque, puisqu'ils sont nôtres ». Cela est loin d'être évident, et ne serait vrai que d'une conscience entièrement naïve et irréfléchie. Mais dès que la réflexion surgit, et la « science des mœurs » peut singulièrement y aider, l'étonnement commence. M. Lévy-Bruhl remarque lui-même avec justesse que « notre conscience morale, si nous la considérons objectivement, est pour nous un mystère (2) ». Rien de plus vrai. Que l'on songe à l'exclamation interrogative de Kant au sujet de la « racine de la noble tige » du

<hr>

1. *Op. cit.*, p. 239.
(2) *Ibid.*, p. 211.

Devoir, à l'espèce de scandale édifiant que constitue pour une morale intuitionniste le paradoxe d'une obligation qui s'impose à l'individu contre lui-même, au mot d'un Renan sur la « sublime absurdité » du sacrifice. Et dans le détail, quelle perplexité peut nous causer l'interdiction du suicide, de l'inceste, etc.

Supposons maintenant que la « science des mœurs » nous ait éclairés sur les origines de ces phénomènes et nous ait fourni une *explication* satisfaisante. L'étonnement cessera pour notre intelligence ; mais c'est alors que commencera le plus souvent l'étonnement pour notre sentiment et notre volonté. Nous avions de la peine à comprendre que cela *fût*, maintenant nous aurons de la peine à continuer de le *vouloir*. Si l'explication marxiste de l'intérêt par la plus-value et le travail impayé était avérée, et universellement admise, nous n'aurions pas la base d'une technique capitaliste perfectionnée. car le capitalisme aurait virtuellement disparu. Si l'interdiction de l'inceste n'avait d'autre explication que les rêveries totémistiques du sauvage australien, autant dire que cette interdiction tomberait aussitôt expliquée, et les meilleures raisons que l'on découvrirait pour la maintenir seraient même suspectes de n'être que des prétextes inventés par un inconscient misonéisme. « La morale d'une société est toujours provisoire, nous dit-on (1) ; mais elle n'est pas sentie comme telle. » Sans doute, si encore une fois cette société s'en tient à une moralité toute spontanée, mais non pas si elle se livre à la « science des mœurs », et il est contradictoire de vouloir instruire une société du caractère provisoire de sa morale, et d'espérer en même temps qu'elle ne s'en apercevra pas. Voilà donc une science qui pour rester vraie serait réduite à se taire! Mais si elle parle elle ne peut éviter, comme on

(1) *Ibid.*, p. 144.

s'en flatte, d'avoir une répercussion sur son objet même, la société.

La connaissance des lois de la nature, dit-on souvent, est un levier puissant. En fait de morale, la connaissance des origines historiques, c'est plutôt la pioche du démolisseur (1). Tant mieux peut-être ; car il y a des cas où il faut faire place nette et abattre ce qui est caduc. Mais qu'on n'imagine pas que cela nous donne de quoi rebâtir. L'histoire ne nous apprend pas à faire, mais plutôt à nous défaire. En plaçant crûment la réflexion actuelle en présence de l'irréflexion passée, la raison impersonnelle en face de la déraison collective, elle tend, et l'histoire des mœurs plus qu'aucune autre, à supprimer ce qu'elle explique. Sa baguette de vieille fée ne rajeunit pas ce qu'elle touche, mais plutôt le fait disparaître. Parce qu'elle étudie ce qui n'est plus, l'histoire n'est pas loin de désigner ce qui ne mérite plus d'être (2). Elle nous

1. Sous la réserve, bien entendu, des points sur lesquels l'histoire nous aide à reconnaître des conditions *permanentes* et actuellement existantes de la vie sociale. Quand on ne pense pas que la morale soit un don d'en haut, ni une révélation intérieure, on doit bien admettre que c'est la vie elle-même qui nous a appris à vivre, et que l'empirisme même de la morale courante ne saurait être absolument sans fondement ni sans valeur. Mais outre que les règles morales ainsi confirmées ne sont que les plus générales et le plus vagues, il reste que la *valeur* des prescriptions ainsi expliquées par leurs origines ne peut jamais être déterminée que par la comparaison de ces origines avec le *présent*. Car seule une telle comparaison nous fera voir si les conditions de vie sociale qui ont fait adopter ces règles subsistent encore.

Remarquons surtout que si nous admettons que l'histoire des origines puisse, et utilement, faire tomber certaines règles morales déterminées, nous n'admettrions nullement qu'elle puisse avoir pour effet de dissoudre le sentiment moral en général. Au contraire, la sociologie ne peut que le confirmer : 1° en montrant sa nécessité constante et son fondement réel ; 2° en permettant précisément de le dégager du contenu accidentel et souvent absurde qu'il présente. V. plus loin, *l'Utilitarisme et ses nouveaux critiques*.

(2) Comme on le voit, M. Lévy-Bruhl (*Rev. philos.*, juillet 1906, p. 16), présente bien inexactement mon argumentation lorsqu'il la confond avec celle de quelques critiques, qui « accusent » l'histoire ou la sociologie de « mettre en péril la moralité ». Je n'ai rien dit de semblable, puisque au contraire je constate que cette dissolution *partielle* des idées morales, en tant qu'elles sont

révèle l'irrationnel au moment où elle en rend raison,
Elle fait tomber les coutumes qu'elle retrouve et tue les
dogmes qu'elle ressuscite. Sa lumière fait fuir les ombres
qu'elle évoque et les replonge dans la tombe d'où elles les
a exhumées (1).

Elle nous découvre ce qu'il y a de passé dans notre
présent et dénonce ce qu'il a de mort dans notre vie. Une
survivance reconnue a quelque peine à survivre. La
grande leçon du passé, c'est qu'il est passé et que le présent doit passer aussi. Loin donc de nous fournir un
moyen d'agir ou une force pour vivre, cette science des
mœurs nous aide plutôt à mourir à temps : elle enseigne
au vieil homme qui est en nous l'euthanasie morale.

Tout le travail de la pratique positive reste donc à
faire. La science historique des mœurs y tourne le dos.

Il est vrai qu'on paraît disposé à s'en consoler assez
facilement. Prenant en effet les choses par un autre biais
(tant il est vrai que la portée *pratique* d'une connaissance

surannées et constituent de simples survivances, est un *service*
que la sociologie historique peut rendre rendre à la morale. Mais
je maintiens qu'alors cette histoire des mœurs est hors d'état de
fonder une technique morale, encore moins de maintenir telle
quelle la moralité existante. Il y a loin de là, on le reconnaîtra,
à une « préférence sentimentale » qui se contenterait, pour réfuter
une doctrine, de lui objecter que « si elle était vraie, les conséquences en seraient fâcheuses et qu'il vaut mieux qu'elle ne le
soit pas ». Mon argument n'a point ce caractère « indirect »
ni cette origine sentimentale, ni même cette portée toute négative
qui en légitimeraient le rejet. Je demande au contraire, directement, comment une histoire des mœurs pourrait déterminer une
technique morale. Je ne vois toujours pas qu'on me l'ait montré.
Et en tout cela je n'ai rien dit que ce que M. Lévy-Bruhl accorde
quand il écrit p. 24 : « Qui sait si l'une des formes du progrès
qu'on peut espérer de la science ne sera pas la disparition de
ces impératifs périmés et néanmoins respectés ».

(1) Cf. Andler, *Origines du Socialisme d'Etat en Allemagne*, p.
53 « Savigny avait espéré que la tradition comprise, suffirait à
conserver la tradition. Mais quand on comprend la tradition, elle
est déjà décomposée ». Le traditionalisme n'apparaît comme
doctrine qu'au moment où la tradition a perdu une partie de sa
force spontanée.

dépend du tempérament de celui qui s'en sert et n'est pas
inhérente à la connaissance même), on peut enlever à
l'histoire même cette efficacité toute négative. Si, en effet,
on remonte le cours de l'évolution, on peut être tenté de
s'en tenir à une sorte de fatalisme à rebours, se convaincre
que ce qui a disparu était condamné, et penser avec
Nietzsche que ce qui est, par cela même, a fait son temps :
la vie est ce qui tend à se dépasser soi-même. Descend-
on au contraire ce même cours de l'évolution, on sera
porté plutôt à penser que ce qui est doit être et qu'il n'y a
ni raison ni moyen de le modifier. Comment la réalité
sociale donnée pourrait-elle contenir de quoi la détruire,
ni même impliquer une idée de sa transformation possible? Quel idéal pourrions-nous lui opposer, puisque
les traits les plus précis de cet idéal sont tirés de cette réalité même (1)? Ainsi la science des mœurs, à ce point de
vue, nous persuadera volontiers de rester où nous en
sommes ; mieux que le doute de Montaigne, elle devient
un mol oreiller pour une tête sociologique bien faite (2).

C'est pourquoi, tandis que le disciple le plus pressé et
le plus aventureux de M. Lévy-Bruhl trouve dans sa
doctrine une occasion de jeter avec dédain par-dessus
bord toutes les idées traditionnelles sur le mariage, la
propriété, la responsabilité (3), M. Lévy-Bruhl lui-même

(1) Lévy-Bruhl, *op cit.*, p. 152.
(2) M. Lévy-Bruhl (Article cité p. 25 et 26) entrevoit une con
tradiction qu'il reconnaît d'ailleurs soluble entre cette argumentation et la précédente. Mais ce n'est pas notre argumentation qui est entachée de contradiction, c'est la doctrine discutée
qui présente quelque indétermination et nous avons eu soin de
distinguer les points de vue dont l'adoption aboutit aux conséquences inverses. Nous ne refusons nullement de « faire crédit »
à une science naissante, et encore moins lui imposons-nous de
se laisser diriger par des motifs pratiques, mais nous voudrions
seulement qu'on nous donnât d'une telle science et surtout de
l'usage qui en serait possible une idée qui eût quelque précision.
C'est ce que nous avons essayé de déterminer pour notre compte
dans ce qui suit.
(3) A. Bayet, *La Morale scientifique*. Paris, F. Alcan, 2ᵉ éd.,
1907. Voir sur ce point Darlu, *le Congrès d'Amiens et la morale
scientifique, Revue politique et parlementaire*, 10 avril 1905, p. 93.

aboutit à un véritable conservatisme. Et il y arrive d'une manière consciente et avouée, non pas seulement parce qu'il a plus d'âge, plus de modération dans les espérances ou de réserve scientifique que son jeune porte-parole, mais parce qu'en effet c'est une conséquence parfaitement naturelle de son attitude. Rigoureusement, on ne voit pas même pourquoi ce conservatisme ne serait pas absolu. Il y a, nous dit-on. solidarité entre les croyances et les pratiques irrationnelles (1). Pourquoi irrationnelle, historiquement, puisqu'elles existent ? Il est inutile de s'en prendre à des institutions que « le sentiment collectif qui y est attaché de temps immémorial rend pratiquement invulnérables ». Il est inutile d'autre part de s'attaquer aux croyances et aux sentiments qui sont une partie de la réalité sociale ; car ils font corps avec elle et il faudrait commencer par la supprimer pour les modifier. Notre morale « est, à un moment donné, précisément aussi bonne et aussi mauvaise qu'elle peut être ». D'ailleurs « la représentation de l'idéal moral provoque des sentiments de vénération et d'adoration tels que toute possibilité de critique se trouve exclue d'avance (2) ».

Il n'y a donc qu'à laisser les choses en l'état. On nous donne bien à entendre qu'il y a des inconsistances, des dissonances, des survivances, dans la réalité sociale, et que c'est là que se placeront les corrections à faire. Mais d'abord que devient la prétendue solidarité qu'on nous disait unir à un moment donné tous les éléments de la réalité sociale ? Puis ces dissonances sont peut-être, elles aussi, constitutives et essentielles, puisqu'elles sont. La

(1) Lévy-Bruhl, *op. cit.*, p. 238.
(2) *Ibid.*, p. 198. Mais alors comment l'auteur peut-il s'étonner que les critiques aient unanimement considéré sa doctrine comme comportant, au moins à un certain point de vue, des conclusions toutes conservatrices? Comment peut-il écrire : « ...au contraire, tant que la science n'est pas faite, nulle institution n'a de caractère intangible et sacré »? (Art. cité. p. 28).

réalité s'accommode fort bien de certaines contradictions.
Rétablira-t-on un nouvel impératif catégorique d'unification et de cohérence ? D'ailleurs, entre les éléments qui
sont en conflit, comment savoir lequel sacrifier? A quoi
reconnaître les survivances qui doivent survivre et les
survivances qui doivent disparaître, si ce n'est une vue
d'avenir qui nous permet d'en juger ? Comment savoir
quels changements seront une « amélioration »? Parmi
les tendances en présence, pourquoi et au nom de quoi
faire un choix, faire bon accueil aux unes et sacrifier les
autres? Comment enfin « notre raison », que M. Lévy-
Bruhl invoque plus d'une fois, jugerait-elle les produits
sociaux, si, comme le pensent M. de Roberty et M.
Durkheim (plus encore que Comte), notre raison n'est
elle-même qu'un produit social? L'idée de juger la « conscience collective » ni surtout celle de la condamner ne
sauraient être admises et ne devraient même pas surgir.
« A supposer, ce qui n'est guère vraisemblable, que le
philosophe recommandât des façons d'agir étrangères ou
odieuses à la conscience générale, sa doctrine serait aussitôt rejetée. Plus probablement elle resterait tout à fait
ignorée (1). » Il est vrai qu'ici la réalité dément la théorie
et que l'histoire proteste contre l'historisme. Un Socrate,
un Jésus, et même plus près de nous, le Socialisme ou
Tolstoï, M. Lévy-Bruhl le remarque lui-même ailleurs (2),
ont été sans doute combattus, mais enfin d'abord ils ont
pu apparaître, et ensuite ils ne sont pas, que je sache,
restés « tout à fait ignorés » ni même tout à fait impuis-
sants. Il reste cependant que l'historisme sociologique
actuel se trouve, comme l'était déjà celui de Savigny,
conduit à un conservatisme inévitable et avoué, dans
lequel on ne voit pas par quel côté pourrait être abordé

(1) *Ibid.*, p. 271.
(2) P. 143.

le problème de changer les choses. L'*idée* de les changer
ne devrait pas même nous venir (et pourtant, en fait, elle
nous vient) ; l'indication d'une *direction* à suivre dans ce
changement, la connaissance d'un *moyen* de l'opérer,
tout cela nous est également refusé par la science des
mœurs, qui est réduite à constater les règles existantes, à
constater l'autorité dont elles jouissent, comme un fait
contenu dans leur existence même (1), sans pouvoir ni les
justifier ni à plus forte raison les condamner (2).

Mais que devient alors la technique sociale, « l'art
moral rationnel », dont on nous parle sans nous donner
nulle part la moindre description, le moindre exemple de
ce qu'il pourrait être? Comment peut-il en être question
là où l'on paraît enlever toute prise à l'action, et supprimer jusqu'au désir même de rien faire ?

Dira-t-on que cette idée du changement viendra du progrès scientifique lui-même? Mais outre que la science
future ne sera pas plus normative que la science présente,
comment susciterait-elle cette indépendance critique, s'il
est vrai que « l'esprit humain se trouve toujours satisfait
de la conception intellectuelle du monde, quelle qu'elle
soit, qui lui est transmise (3) »? Si l'esprit scientifique
est aussi conservateur, aussi enchaîné à la tradition sociale
que les sentiments pratiques, d'où viendra l'autonomie

---

(1) P. 145. « Son autorité (celle de la morale d'un peuple donné)
est donc toujours assurée, tant qu'elle est réelle. » Cette formule
n'est peut-être que trop lumineuse.

(2) On remarquera l'interversion qui semble s'être produite dans
l'attitude des diverses théories. Il n'y a pas plus de vingt-cinq
ans, c'étaient les morales positives et scientifiques qui passaient
pour « subversives » tandis que les morales philosophiques et
rationnelles ne faisaient guère, en France du moins, que revêtir
l'intuition morale commune de formules plus ou moins abstraites.
Aujourd'hui, comme si un certain équilibre devait se maintenir
entre les forces sociales, c'est la morale aprioristique qui se tient
volontiers pour révolutionnaire (cf. Cantecor, article cité, p. 337)
et par compensation la morale à tendance scientifique qui fournit
un appui au conservatisme.

(3) *Op. cit.*, p. 30.

critique sans laquelle une technique sociale scientifique serait sans usage ?

On se défend, il est vrai (et cela même est presque un aveu), de tomber dans le fatalisme : « Admettre que cette réalité [sociale] a ses lois, analogues à celles de la nature physique, n'équivaut nullement à la considérer comme soumise à une espèce de *fatum* et à désespérer d'y apporter aucune amélioration. Au contraire c'est l'existence même de ces lois qui en rendant la science possible rend aussi possible le progrès social réfléchi... Quand les sciences sociales auront fait des progrès comparables à ceux des sciences physiques on peut penser que leurs applications seront aussi très précieuses (1) ». Fort bien ; mais on ne s'appuie ici que sur l'analogie de la « science des mœurs » et des sciences de la nature, pour conclure à l'analogue possibilité de techniques correspondantes. On n'a nulle part critiqué cette analogie présumée, et nous aurons à le faire plus loin. Or pour le moment, ce qui nous frappe c'est que jusqu'ici on nous a donné de la « Science des mœurs » une idée qui est en dehors de toutes ces analogies. Cette idée semble être surtout d'établir la *solidarité historique* des phénomènes sociaux soit dans la succession, soit dans le simultané. Or toutes les sciences de la nature ont pour méthode précisément de décomposer la réalité en ses facteurs relativement simples et fixes, de diviser le déterminisme toujours insaisissable comme loi synthétique de la réalité concrète, en *des* déterminismes partiels ou élémentaires. C'est à cette condition seule que nous pouvons *comprendre* les choses. C'est à cette condition aussi que nous pouvons obtenir des prédictions qui sont toujours conditonnelles, et non catégoriques, qui portent sur les effets *nécessaires* de

____

(1) Lévy-Bruhl. *op. cit.*, p. 154.

causes *supposées* et non sur des événements pris en bloc (1). C'est par là aussi que les techniques sont possibles, et que les lois du *réel* sont en même temps utilisables pour nos *fins*, parce que la position des causes est supposée dépendre de nous, les effets seuls dépendant à leur tour de ces causes par une nécessité naturelle. Mais aucune science de la nature, et à plus forte raison aucune technique ne se place, comme on le fait ici, à un point de vue historique, où la réalité concrète apparaîtrait comme un ensemble massif où tout se tient *dont fait partie l'action* elle-même qui est censée devoir la modifier, *dont font partie les fins mêmes* en vue desquelles on la modifierait (2). Or, à ce point de vue, c'est en effet dans une sorte de fatalisme que l'on retombe d'une façon presque explicite, sinon avouée. Puisque nos institutions et nos jugements moraux se reflètent réciproquement, ceux-ci « valent précisément ce que vaut la réalité sociale dont ils sont à la fois l'expression et le soutien (3) ». Disons mieux : rigoureusement, aucun jugement de valeur ne serait plus possible et (comme on nous l'a déjà dit) notre morale est précisément en chaque instant aussi bonne ou aussi mauvaise qu'elle peut être : son existence même nous enlève toute faculté de la juger.

A ce point de vue, on concevrait encore que le sociologue juge les sociétés passées ou étrangères, parce qu'il n'en est pas membre ; encore son jugement ne serait-il alors qu'en apparence un jugement de valeur, car il reviendrait simplement à dire que celui qui juge ne fait pas partie de ces sociétés et que s'il en faisait partie il jugerait autrement ; qu'enfin ces sociétés ne sont pas la

(1) Cf. notre article : Science et pratique sociales, *Rev. philosophique*, février 1895, p. 197 et suiv.
(2) Nous examinons ce point spécial dans le paragraphe 3.
(3) Lévy-Bruhl, p. 240.

nôtre et que leurs éléments constitutifs ne pourraient cadrer avec notre organisation, d'après laquelle nous la jugeons. Cet apparent jugement de valeur que nos sociologues porteront sur la morale chinoise ou sur les coutumes australiennes se réduit donc à ce jugement de fait: nous ne sommes pas Chinois ni Australiens. Aussi l'historien pur se refuse-t-il de plus en plus à juger, pour se borner à faire connaître, tout au plus à faire comprendre. Mais ce n'est pas la société chinoise ou australienne, c'est la nôtre que nous pourrions songer à « améliorer ». Or, c'est précisément celle-ci que nous ne pouvons plus *juger*, car notre jugement s'immobiliserait alors dans la formule : « nous sommes ce que nous sommes ». Notre raison, si l'on admet qu'elle est un produit social, ne peut juger le milieu d'où elle dérive. L'idée d'une *amélioration* ne saurait pas à ce point de vue ni se définir ni peut-être même surgir. C'est en se plaçant à ce point de vue d'une réalité sociale en quelque sorte compacte et formant un système solide que M. Spencer exprime si fréquemment cette idée, qu'en présence d'un mal social, au lieu de se demander ce qu'il faut faire, il faut se demander s'il y a lieu de faire quelque chose : que tous les remèdes proposés ne font que déplacer le mal ; que, puisque tout se tient, il faudrait tout changer pour changer quelque chose ; qu'enfin il ne faut rien changer artificiellement, parce que la société n'est pas « a *manufacture*, but a *growth* ». Lorsque M. Lévy-Bruhl signale les maux qu'a souvent produits une technique empirique et non scientifique (1), il semble bien indiquer, puisque nous n'aurons pas avant longtemps une sociologie scientifique, que nous serions condamnés jusque-là à faire bien des bêtises et que mieux

____

(1) *Op. cit.*, p 154.

vaut par conséquent agir le moins possible. Mais une science sociale plus parfaite ne changerait rien à la situation, tant que l'on continuerait à se placer au point de vue de l'universelle solidarité des éléments sociaux. Il semble au contraire que, si c'est là ce qui définit la condition de la science sociale, celle-ci deviendrait d'autant plus inutile qu'elle serait plus parfaite, ou inversement que la possibilité d'une telle science serait d'autant plus marquée, qu'elle aurait pour objet des sociétés moins modifiables et dans lesquelles l'action aurait moins de place (1).

Il y a donc bien une conception historique de la « science des mœurs » qui non seulement ne saurait fonder aucune technique, mais qui, à la limite, conduirait à la rendre inutile et impossible, et selon laquelle toute notre médecine sociale irait à peine constater la *vis medicatrix naturæ*.

§ 3. — LA PHYSIQUE SOCIALE ; EN QUOI LA MORALE EST ASSIMILABLE A UNE TECHNIQUE

Mais une autre conception sociologique est possible. La sociologie serait alors une science analytique et explicative déterminant les lois qui unissent les facteurs élémentaires de la vie collective ; lois naturelles, objectives, fixes au moins dans les limites de l'observation

(1) C'est ce que semble bien confirmer le texte que nous citons plus haut : « Tant que la science n'est pas faite, nulle institution n'a de caractère intangible et sacré. « La science supposée faite, rendrait-elle donc les institutions intangibles et sacrées? Comment la science établirait-elle de semblables *tabous?* Elle n'a guère ni cette vertu ni cette habitude; l'histoire, nous l'avons vu, encore bien moins. D'autre part, tant que la science n'est pas faite, le sentiment et la tradition rendraient aussi, d'après M. Lévy-Bruhl, les institutions et les coutumes intangibles (p. 87-9). Alors quand et comment pourra-t-on en faire la science et à quel moment la critique trouvera-t-elle sa place? La Société après avoir frappé la science d'un tabou, en serait frappée à son tour par la science!

possible. Une telle science serait alors vraiment analogue
à la physique. L'histoire, évidemment indispensable encore, n'aurait du moins plus d'autre rôle que de fournir
les documents, les *expériences* ; elle ne constituerait plus
la forme même de la science et de l'explication sociologique. Les lois que l'on cherchera à déterminer seront
alors des lois causales, non des *lois d'évolution* ou de
croissance spontanée .Nous chercherons alors, contrairement à ce qu'indique M. Lévy-Bruhl (1), non pas seulement à *connaître*, mais à *comprendre*, à la façon de toutes les sciences positives, en pénétrant aussi loin que
possible dans l'analyse des causes réelles, et de leurs
rapports nécessaires et internes avec les effets, au lieu de
nous en tenir à ces simples apparences tout extérieures
et toutes contingentes que nous fournissent les succes-
sions ou les concomitances historiques.

Dans la mesure où une telle science serait réalisable,
et dans cette mesure seulement, une technique morale
pourrait être alors nettement conçue et le savoir accroî-
trait réellement le pouvoir. Mais toute la critique d'une
telle notion reste à faire, pour savoir dans quelle mesure
et à quelles conditions l'objet propre de cette science et
de cette technique, la société, comporte l'application
d'une analogie tirée d'objets extrêmemnt différents: Ce
n'est qu'une hypothèse dont il faut examiner l'applicabilité, une définition formelle qu'il s'agit de transformer en description réelle.

Nous avons donc à nous demander maintenant jusqu'à
quel point la morale peut être strictement *sociologique*,
c'est-à-dire se réduire à l'utilisation d'une connaissance
analytique et causale des sociétés (ou peut-être simplement de la société où l'action prend place) et constituer

(1) *Op. cit.*, p. 120.

ainsi une technique qui soit à la sociologie ce que la médecine est aux sciences biologiques.

Peut-être ne pourrons-nous résoudre un telle question sans nous prononcer plus ou moins explicitement sur la nature et la valeur de la sociologie. Car si la sociologie pouvait acquérir en toute rigueur le caractère de précision, de généralité ,de fixité que comportent les sciences de la nature, on ne verrait pas pourquoi il serait impossible de s'en servir comme nous nous servons de ces dernières. Ce problème de la possibilité de la sociologie dépasse pourtant en un sens la question que nous nous sommes posée, et nous n'aurions aucun goût pour le reprendre : un débat préalable sur la possibilité de la méthode d'une science à ses débuts a toujours quelque chose de formel, de scolastique ou d'académique, contre quoi, non sans raison, l'on s'est inscrit en faux, en se mettant courageusement à l'œuvre. On a toujours mauvaise grâce à venir dire à des gens qui travaillent, et nous savons avec quelle conscience scientifique, qu'ils tentent peut-être l'impossible ou que le succès est douteux. Aussi ne voulons-nous nullement recommencer ici une discussion méthodogique un peu usée, ni aborder pour lui-même et directement le problème de la valeur de la sociologie.

Mais en nous confinant dans la question que nous nous sommes posée des rapports de la connaissance et de l'action en matière sociale, il nous sera impossible de ne pas reconnaître que si c'est peut-être en partie l'insuffisance du savoir qui gêne ici l'action, c'est encore bien plus le développement de l'action qui fait la difficulté et peut-être l'impossibilité d'une véritable science. Ailleurs la science domine l'action, au moins en ce sens qu'elle en détermine les conditions essentielles ; ici, au contraire, l'action régit sur la connaissance au point d'en détermi-

ner en partie les conditions, et même la possibilité ; en
sorte que nous retrouverons là, sous une forme d'ailleurs
entièrement positive, une sorte de « primat de la raison
pratique ». Ce n'est donc pas seulement la constante intervention des préoccupations pratiques, qui, suivant la
remarque courante, constitue un obstacle *subjectif* à la
conception d'une vérité scientifique en matière sociale,
et compromet l'impartialité, le désintéressement d'une
recherche méthodique. Mais c'est la réaction constante,
dans les chose mêmes, de la finalité sur la réalité, de ce
que l'on fait sur ce que l'on connaît, de la volonté et
de la pratique sur la nature, qui *objectivement* compromet la possibilité d'un pure vérité scientifique, empêche
que l'objet même de la science reste indépendant, dans
sa nature et dans son existence, de la connaissance qu'on
en acquiert et de l'action qu'on y applique. Ici comme
partout, nos sentiments et nos désirs peuvent altérer
notre clairvoyance scientifique ; mais cette difficulté,
quoique particulièrement marquée dans la recherche sociologique, ne lui est point propre et se résout à tout
prendre en une affaire de discipline mentale. Ce qui
constitue une difficulté toute nouvelle et toute spéciale,
un obstacle inconnu aux sciences cosmologiques, et qui
ne réside pas seulement dans de mauvaises habitudes
d'esprit, mais dans la nature même des phénomènes à
étudier, c'est qu'en matière de science sociale notre con-
naisance des faits, notre jugement téléologique, et la
pratique qui en est la conséquence, transforment, au
moins à la longue, l'objet même qu'il s'agissait de connaître et font changer la vérité qui serait à découvrir.

C'est bien là l'obstacle dès longtemps aperçu, auquel
se heurte l'idée même d'une science sociologique. Mais
c'est tout d'abord ce qui impose une limite trop complètement méconnue, ce nous semble, par M. Lévy-Bruhl,

à l'idée d'une technique sociologique, d'un « art moral rationnel », c'est-à-dire, dans l'esprit de cet auteur, un art qui reposerait exclusivement et directement sur une *vérité* bien établie, et non pas sur l'idéal pratique lui-même, qu'il s'agirait seulement d'organiser· Que si cet obstacle peut-être franchi, au moins aurions-nous aimé à voir comment il peut l'être : et s'il est illusoire, au moins souhaiterait-on qu'on le fît voir et qu'on ne tînt pas simplement pour non avenue une apparence qui s'impose à l'esprit avec une telle force, et qui ressemble même plus à un fait d'expérience banale qu'à un fantôme suscité par quelque délire philosophique.

**
* *

Il nous faut pourtant, en premier lieu, et pour bien circonscrire la portée de notre critique, montrer sur quel point et en quel sens la morale prend en effet l'aspect d'une technique sociale ; nous verrons mieux ainsi de quels faits d'observation, de quel aspect de la réalité une généralisation non critiquée a pu tirer une théorie beaucoup trop absolue et trop indéterminée.

Nous avons déjà fait voir comment, d'une part, la critique des conceptions morales métaphysiques ou abstraites, comment, d'autre part, la pratique même conduisaient à l'assimilation de la morale aux techniques ordinaires. Mais il nous faut maintenant analyser de plus près les conditions dans lesquelles cette idée se trouve réellement applicable.

Deux circonstances paraissent définir esentiellement l'activité correspondant à une technique scientifique.

La première consiste dans une attitude de l'agent et elle est en ce sens d'ordre subjectif : c'est que la volonté ne se détermine que par la considération du *résultat* à obtenir sans qu'il soit tenu compte de la *forme* de l'activité mise en jeu, ni de la valeur propre des moyens employés. Le chimiste qui veut obtenir de l'acide sulfurique chimiquement pur ne considèrera pas si les procédés employés sont onéreux. L'industriel, au contraire, qui ne fabrique d'acide sulfurique que pour le vendre, et vise en somme à fabriquer du profit plutôt que de l'acide, calculera le produit net de sa production plutôt que la pureté théorique du produit. Ainsi dans aucune de ces deux techniques, à certains égards opposées, l'on ne juge une telle activité à son *mérite*, mais à son *succès* au moins probable.

L'autre condition est plutôt d'ordre objectif : elle consiste en ce qu'un déterminisme naturel, à vrai dire toujours plus ou moins imparfaitement connu, mais assuré au moins pendant le cours de l'action, permette à celleci de se diriger et d'aboutir; il faut que l'agent puisse compter sur une *nature* ayant quelque fixité, indifférente en un certain sens à l'action qu'elle subit, et qui ne peut tomber sous sa dépendance que dans la mesure même où elle a une existence indépendante. Cette condition préside aux techniques même les plus modestes et les plus simples : le pâtre suisse qui de son grossier couteau sculpte un chamois dans un morceau de sapin doit pouvoir compter sur quelques propriétés durables du bois et de l'acier.

Dans quelle mesure ces deux conditions se retrouventelles réalisées dans l'activité morale ?

Que tout d'abord, sur le premier point, le kantisme ait pu soutenir que l'impératif moral se distinguait des impératifs techniques justement par son caractère formel, et résidait essentiellement dans l'observation d'une règle et non dans l'adaptation à un but, c'est ce dont une morale positive ne sera guère embarrassée. Sans reprendre ici la critique directe de l'idée de l'impératif catégorique, on trouvera bien des raisons d'ordre entièrement positif et pratique, des raisons psychologiques et sociales, pour expliquer l'apparence ainsi revêtue par l'impératif moral.

C'est d'abord, psychologiquement, l'intervention de l'habitude (1) qui surajoute aux motifs intelligents, tirés des fins même de l'acte, une impulsion étrangère, résultant d'une série d'actes passés plus ou moins analogues; motif tout subjectif, qui se ramène finalement à un principe de moindre effort. Ainsi ce caractère d'une activité qui fait de la forme, de la règle, son unique principe d'action, caractère qu'on nous présente comme la marque d'une véritable volonté et de la force morale, se trouve réalisé d'une manière approximative précisément dans l'activité psychologique mécanisée par l'habitude et qui suit la ligne de moindre résistance.

C'est ensuite et parrallèlement, l'influence de l'imitation sociale et de la coutume, qui impose à l'individu l'obligation ou même le besoin de faire « comme tout le monde », du moins selon la règle traditionnelle et proclamée par la collectivité. Là encore la forme d'activité qu'on nous présente comme essentiellement morale et autonome n'est justement imitée que par l'action la moins personnelle et la plus hétéronome, et la théorie kantienne de l'obligation se trouve plus près qu'elle ne le voudrait de l'explication empiristique qu'en peut fournir la sociologie. Inversement, le souci de l'imitation possible de nos actes par les autres, et de l' « universalisation » sociale des maximes qu'ils paraissent exprimer, pèse aussi sur chacune de nos décisions individuelles et les empêche de se régler toujours suivant ce que les Anglais appellent « *the merits of the case* » : motif de détermination très légitime sans doute et pratiquement es-

(1) On a signalé le rapprochement des mots allemands *Pflicht* et *pflegen*. Cf. Simmel, *Einleitung in die Moralwissenschaft*, p. 31.

sentiel, mais en somme tout extrinsèque, et qui disparaîtrait si tous les hommes agissaient vraiment par eux mêmes.

Enfin, et c'est ici ce qui nous intéresse le plus, si l'activité morale s'attache à une règle plutôt qu'elle ne vise un résultat, et si en cela elle s'écarte de l'activité technique, c'est peut-être surtout à cause de l'insuffisance de nos connaissances et de l'impénétrable complexité des conditions auxquelles les résultats sont suspendus. N'étant pas assez certains des effets que nous obtiendrons, nous jugeons que le plus simple et le plus sûr est encore de nous conformer à des règles fixes, et surtout aux règles établies, qui à tout prendre ont pour elles une longue et vaste expérience ; le seul fait qu'elles se maintiennent atteste qu'elles peuvent fonctionner et leur donne une autorité qui n'est pas seulement la force subjective de l'habitude ou de la force sociale de l'imitation, mais repose objectivement sur l'épreuve qu'elles ont subie. Seulement cette épreuve est tout empirique et ne correspond à aucune science véritable ; de sorte que, ici encore, ce que la morale kantienne nous donne comme la forme supérieure de la rationalité pratique ne se trouve, dès qu'on sort des abstractions, vérifié approximativement par les faits, que comme le résidu d'un empirisme inévitable peut-être, mais à coup sûr peu satisfaisant.

A tous ces points de vue, par conséquent, non seulement les apparences « formelles » de l'impératif moral s'expliquent aisément et sans mystère métaphysique, mais on voit qu'elles correspondent principalement aux imperfections de la pratique morale, loin d'en exprimer l'essence ni la limite supérieure et idéale. Ainsi c'est *d'abord* à diminuer cet écart entre la technique et la moralité qu'il y aurait véritablement progrès, et que le moraliste devrait travailler.

C'est ce que l'on pourrait d'ailleurs essayer de prouver d'une autre manière en suivant l'évolution de l'obligation morale soit dans la collectivité, soit chez l'individu. Elle se manifeste d'abord par un « *sic jubeo* » complété par le « *sit pro ratione voluntas* » sur lequel Kant fait ses réserves. Dans la société, c'est l'autorité de la coutume et l'impératif religieux; chez l'enfant, c'est, indépendamment même de la crainte, le prestige de celui qui commande, l'entraînement d'une sorte de suggestion. A un niveau supérieur, l'obligation cherche à se justifier déjà par une raison de « principe », par la perception d'une convenance de l'action, non à certaines fins, mais à certaines règles et formules admises. Il suffit d'entendre raisonner certains juristes purs, se référant à des textes, à des précédents ou à des axiomes de droit, véritables théologiens du Digeste ou du Dalloz, pour avoir l'impression du caractère scolastique et formel de leurs preuves; les raisons de leur décision rappellent parfois celles du grammairien : *Pourquoi* faut-il accorder le participe? *Parce que* le complément précède. La règle tient lieu de justification. De même l'autonomie de l'enfant grandissant qui commence à raisonner, mais manque encore d'expérience, qui peut avoir des formules et des habitudes, mais ignore encore les choses, consiste principalement à savoir faire rentrer un cas donné dans la règle qu'on lui a fournie; et son jugement se réduit ainsi à une appréciation quasi logique de conformité ou de disconvenance. C'est à ce stade que nous nous arrêtons le plus souvent. Mais cependant au fur et à mesure que s'étend et se précise l'expérience de la vie, et qu'elle fournit une plus riche matière à la réflexion, nous jugeons de ce que nous avons à faire par ce qu'il nous est possible de prévoir des résultats de notre conduite, par l'adaptation de chacun de nos actes aux fins

dont nous avons pris conscience et que nous avons accep-
tées· De la même façon, socialement, nous voyons que
le droit et la jurisprudence elle-même ont une tendance
à devenir moins formels, et à décider d'après des prévisions concrètes plutôt que d'après des formules préalables ; l' « individualisation » de la peine et des arrêts
tend à s'accentuer et cette tendance n'est limitée en
somme que par le danger de l'arbitraire, c'est-à-dire
encore, remarquons-le bien, par une raison toute négative tirée des imperfections humaines.

L'homme qui agit vraiment par lui-même, comme
celui qui juge par lui-même, c'est celui qui prend le
contact le plus direct avec la réalité, sans laisser s'inter-
poser entre lui et les choses le prisme commode des formules toutes faites. Là est la véritable autonomie, soit
du jugement soit de la volonté, alors que le formalisme
kantien, — dès que l'on en considère, non la définition
abstraite absolue, mais les approximations empiriques,
les traductions psychologiques et sociales réelles, sous
la forme de règles générales et d'habitudes acceptées au
préalable, — n'aboutit qu'à une autonomie partielle et
souvent même tout illusoire. Ce formalisme de « la
règle » peut être une utile précaution, Comte le reconnaissait, contre le danger de certains entraînements de
la sensibilité. Mais il est plutôt le remède à l'insuffisance
de notre volonté, à son incapacité de se mettre en harmonie directe avec le réel, qu'il n'exprime l'essence
même et la perfection du vouloir.

Ainsi tout converge, dans l'observation directe des
faits comme dans la critique des théories, vers cette conclusion que la forme de l'activité morale doit gagner, au
moins par un certain côté, à s'approcher de celle des
activités techniques. Si surtout le principal obstacle à
leur assimilation réside dans l'incertitude qui pèse sur

les effets de nos actes sociaux, et dans l'infinie complication de leurs répercussions à travers le temps et l'espace, il est naturel qu'on songe à dissiper cette incertitude à l'aide d'une connaissance sociologique mieux assurée, et qu'on espère résoudre ainsi la question. L'ancienne médecine, elle aussi, faute d'une science physiologique exacte, était réduite à agir par « principes », c'est-à-dire d'après des formules résultant d'un singulier mélange d'empirisme brut et de théories en l'air; on devait soigner et on devait guérir conformément à *la règle*. Ne semble-t-il pas que notre activité morale soit en grande partie aujourd'hui dans une situation toute comparable, et ne peut-on espérer que grâce à une connaissance plus scientifique, elle puisse, comme la médecine, dépaser ce stade de son développement?

Elle le pourra dans la mesure où sera vérifiée la seconde condition dont nous avons parlé, l'existence d'une « nature sociale » qui puisse fournir à la connaissance un objet défini, fixe, soumis à des lois, et par conséquent fournir aussi à l'action un point d'appui sûr et ferme.

À un certain point de vue cette condition semble également nous être donnée.

Si, en effet, l'on considère une action particulière d'un individu dans un milieu social déterminé, on peut dans une très large mesure considérer ce milieu comme obéissant à certaines lois dont le jeu est assuré. Sans doute il pourra encore être très difficile de prévoir les effets réels de l'action parce que ces lois s'enchevêtrent d'une manière extrêmement complexe et réagissent les unes sur les autres à l'infini. Mais une telle difficulté n'est pas, pour le moment, d'un autre ordre que celle à laquelle se heurte le médecin ou même le météorologiste. Il reste que, analytiquement, les effets propres de chacune de

ces lois pourraient être déterminés; toute technique doit
ainsi opérer la combinaison des éléments que lui fournit la connaissance scientifique.

On pourrait être certain, par exemple, que si, actuellement, on restreignait à l'excès l'encaisse métallique de la
Banque de France relativement à l'émission des billets,
ceux-ci se trouveraient discrédités. On peut prévoir que
si l'on frappe certains capitaux d'un impôt trop lourd,
on en amènera l'exode, que si l'on majore les droits sur
l'alcool ou les droits de douane au delà d'une certaine
mesure, on développera la fraude, que si l'on attache
à certains diplômes une exemption de service militaire,
on verra affluer les candidats.

C'est qu'en effet, par rapport à l'action individuelle
en un moment déterminé, le monde social et l'ensemble
des forces qui en constituent la vie sont un *donné* qu'on
peut connaître avec quelque précision, qu'il faut connaître si l'on veut agir avec quelque chance de succès,
et dont on peut aussi escompter les réactions, avec presque autant de sûreté, au moins dans les cas les plus simples, que celles de la nature extérieure. La société, pour
chaque agent, est constituée avant son action et en dehors
d'elle. Il la trouve toute faite, et il s'agit pour lui, tout
d'abord, non de la faire, mais de la connaître et de l'utiliser suivant ce qu'elle est. Son action, d'autre part, est
trop faible et trop limitée, *en général*, pour influer sensiblement sur cette réalité dont elle fait cependant partie.
C'est ainsi que j'achète « au cours » certaines marchan-
dises de production et de consommation courantes, tant
que ma propre demande est assez faible pour être négligeable par rapport à la consommation totale, et reste
par suite sans effet appréciable sur le niveau des cours.

C'est d'ailleurs, actuellement, l'économie politique qui

fournit, malgré ses imperfections, l'exemple le plus approché de ce que peut être une science sociale capable de servir de base à une technique. Etant donné un régime économique — réel ou hypothétique — on peut, avec l'approximation que comporte la complexité des phénomènes, prévoir ce qui s'y produira si notre action économique prend telle ou telle direction. L'économie politique ne me dit pas si je dois être libre-échangiste ou protectionniste, mais elle me permet de me faire une idée des effets probables de l'un ou l'autre régime. Elle ne m'enseigne pas si je dois préférer la sécurité du capital à l'importance du revenu; mais elle m'indique qu'un intérêt très élevé n'est guère offert que là où il y a des risques sérieux à courir. Le tort de l'économie dite classique réside beaucoup moins, suivant nous, dans sa méthode analytique (1) que dans une sorte de foi qui n'a rien de scientifique, et qui lui fait volontiers prendre des hypothèses méthodologiques pour l'expression de la réalité, et le mécanisme d'un régime économique actuellement dominant pour des lois éternelles et nécessaires des relations humaines.

C'est donc par rapport à une organisation sociale présente et à l'ensemble des formes d'existence qui y sont actuellement données, institutions politiques et juridiques, croyances religieuses, état de la mentalité et de la moralité elle-même que des prévisions pratiques sont possibles et doivent entrer en ligne de compte dans l'acti-

---

(1) Une science, surtout quand elle veut fonder une technique, ne peut faire autrement que de distinguer les différents facteurs d'un phénomène, et si, dans cette analyse, elle s'aide de l'hypothèse, sauf à vérifier ensuite, — elle ne fait rien encore que les sciences les plus rigoureuses ne fassent constamment. Je crois donc excessive la sévérité d'un des collaborateurs de M. Durkheim, M. Simiand, pour cette méthode en économie (*Année sociol.*, VIII, p. 572 et suiv.). En tout cas je ne vois pas comment une technique pourrait utiliser une science qui conserverait un caractère purement synthétique et essentiellement historique.

vité morale. C'est là une vérité aujourd'hui tellement évidente, tellement imposée par la nécessité des choses, quoique méconnue encore partiellement par les théoriciens, qu'on ne peut vraiment pas s'attarder à l'établir. H. Spencer a dès longtemps signalé les erreurs pratiques déplorables que d'excellentes intentions, mal éclairées sur le mécanisme social, ont trop souvent fait commettre. La statistique, la démographie, la science financière sont aujourd'hui les auxiliaires indispensables d'une Morale. La philanthropie, dans laquelle la générosité des sentiments et la sainteté des intentions ont longtemps paru la chose essentielle, ne peut plus se régler aujourd'hui que sur la valeur des résultats qu'une observation plus attentive des faits permet d'en attendre, soit pour ses bénéficiaires directs, soit pour la société tout entière. Toute une technique de la bienfaisance apparaît aujourd'hui comme possible et comme nécessaire, et l'on pourrait déjà citer quelques-uns de ses plus habiles « ingénieurs».

Il y a plus. Ces connaissances sociales, lorsqu'elles viennent en contact avec les sentiments moraux existants, les besoins généralement éprouvés dans une société, font surgir l'idée de devoirs nouveaux et modifient les frontières des droits. Une analyse plus précise des conditions de la valeur a déjà changé et changera encore notre idée du droit de propriété, et cela au nom même de la notion préexistante de la justice. Notre patriotisme pourra s'émouvoir des constatations démographiques relatives à la dépopulation. Ainsi les connaissances sociologiques, si elles ne font pas naître la conscience, la déterminent et la précisent, parfois même la transforment en changeant son point d'application.

Peut-être même aurait-on à ce point de vue le droit d'écarter provisoirement, sinon le moyen de résoudre une des questions qui, nous le verrons, restent les plus embarrassantes pour la théorie qui assimile la morale à une technique : je veux dire la question des fins. Car enfin si une technique se contente d'établir sur une connaissance scientifique un système de moyens, c'est parce que les fins èn sont posées en dehors d'elle et mises hors de toute contestation. Lorsque la médecine s'empare de la physiologie, elle sait déjà en vue de quoi elle l'utilisera, et que c'est en vue de la guérison. Mais à quel usage, demandera plus d'un critique, va-t-on faire servir la science sociale, dès que par hypothèse elle sera acquise? C'est une question que M. Lévy-Bruhl, et pour cause, évite de susciter et de trancher; et le·reproche ne pouvait manquer de lui en être fait, car la question semble essentielle en morale et inévitable. Nous croyons, nous aussi, que la critique porte. Cependant on peut encore, en se tenant sur le terrain étroit où nous nous sommes momentanément placé, parer pour un instant le coup.

En fait ,comme nous l'avons montré antérieurement, le débat moral, dans un cas déterminé, soit à l'intérieur d'une même conscience, soit entre plusieurs consciences contemporaines, porte beaucoup moins sur les fins que sur la valeur et la portée des moyens. Les fins sont immanentes à la société et l'on s'entend à leur égard beaucoup plus que ne semblent le supposer les traités de « morale théorique ». Elles changent même d'âge en âge beaucoup moins qu'on ne serait porté à le croire. En un sens une morale positive peut donc, tant qu'il ne s'agit que de régler l'action présente, se désintéresser en très grande partie de ce problème. Comme on peut être assuré qu'en général c'est la santé que nous voudrons et non la maladie, on peut espérer que, dans l'ensemble de la société, la volonté du bien ne fera pas défaut. La tâche est plus urgente de nous apprendre à le faire que de nous apprendre en quoi il consiste. Et d'ailleurs peut-on en toute rigueur concevoir une science des fins? Nous avons déjà établi, d'accord ici avec M. Lévy-Bruhl, que cela n'avait pas de sens. Une fin, c'est ce qu'on veut ou ce qu'on désire, et cela ne saurait être l'objet de preuve. La paix n'est pas plus scientifique que la guerre. Mais en établissant plus exactement, comme elle le peut, le bilan de la guerre, le coût d'une campagne même victorieuse, la science sociale peut fortifier notre désir de paix; et si au lieu de trancher la question de la paix ou de la guerre au nom de sentiments de gloire, d'honneur, d'ambition, nous la résolvons à l'aide d'une connaissance précise et réfléchie des conséquences, on pourra dire à bon droit que notre décision aura un caractère scientifique.

D'ailleurs, avons-nous vu, l'individu, au moment de l'action, trouve devant lui un état de choses organisé que son action ne changera pas d'emblée. Par exemple, l'intérêt du capital *existe*. L'individu peut sans doute, au nom de certaines conceptions de la justice, d'un certain idéal social, critiquer ce régime et souhaiter sa disparition. Toutefois, dans sa conduite actuelle, il est obligé d'en tenir compte, d'en prévoir les effets, de les accepter dans ses calculs. Personne, si ce n'est peut-être je ne sais quel tolstoïsant sentimental, n'aura la naïveté de croire que c'est en cessant de placer son argent ou en refusant simplement ses dividendes qu'il arrivera à modifier le régime capitaliste, et l'on sait que plus d'une entreprise philanthropique, par exemple le système anti-alcoolique dit de Gotheborg, et certaines œuvres d'habitations à bon marché, n'a réussi qu'en acceptant très modestement et très franchement le terrain fourni par ce régime, en offrant un placement solide et en distribuant des dividendes.

Le problème qui se pose à l'action immédiate est donc tout d'abord de bien connaître le système social actuel et l'ensemble des forces qu'il met en jeu. A ce point de vue — d'ailleurs très limité — on peut se dispenser de répondre à la question : Que fera-t-on de cette connaissance? A quelle fin la fera-t-on servir? Car la réponse serait simplement : On en fera *ce qu'on voudra*. La physique, la physiologie, toutes les sciences d'autant plus solidement constituées qu'elles le sont en dehors de toute préoccupation pratique, se mettent à la disposition des techniques possibles, sans avoir pour tâche de prévoir, de limiter ni de diriger les besoins qui les feront surgir. De la même manière, la connaissance du régime social, peut être mise au service de nos divers besoins sociaux et moraux et elle leur est nécessaire. Mais elle n'a pas à les définir ni à les régenter. Renouvier pensait déjà que la nature, l'instinct, les besoins de toutes sortes suffisaient bien à susciter l'action, et que la raison n'avait qu'à la régler, non à la provoquer. L'attitude que nous expliquons ici est assez analogue, sauf qu'à l'idée d'une raison régulatrice, abstraite et formelle, dotée d'une autorité absolue et supra-expérimentale, on substitue l'idée d'une science concrète et positive, capable de fournir, non pas sans doute une règle générale (d'ailleurs bien précaire), mais des règles particulières précises en même temps que des moyens d'action. Quant aux fins, c'est-à-dire aux besoins, aux aspirations, aux formes diverses de l'idéal, on peut admettre qu'elles préexistent et qu'elles se feront jour enfin selon leur valeur dans la mesure même où la connaissance, d'une part leur fournira des instruments, et d'autre part aidera à mieux distinguer le possible de l'impossible. On peut compter, surtout, sur l'espèce d'instinct de conservation des sociétés, qu'on n'a jamais vues renoncer volontairement à l'existence ni se suicider consciemment, pour être assuré qu'elles tendront toujours avec assez de force à éliminer de leur sein les éléments qui leur apparaîtraient comme destructeurs. Elles risquent seulement, si la connaissance d'elles-mêmes leur fait trop complètement défaut, ou de se faire illusion sur les dangers qu'elles croient reconnaître, ou de se tromper sur les meilleurs moyens d'y parer.

Il semble donc que, au niveau du moins où nous nous sommes tenus jusqu'ici, l'analogie de la morale avec les techniques pourrait être maintenue même sur ce point essentiel, déjà aperçu, nous l'avons vu, par Aristote, que les fins n'auraient pas à être démontrées. Cette attitude n'étonne au premier abord qu'en raison de notre habitude toute philosophique, ou plutôt scolaire, de demander à la morale une affirmation des devoirs et une *preuve des fins*. Mais une telle preuve est d'abord rigoureusement impossible, et d'autre part l'attitude que nous avons définie n'est, comme nous venons de le voir, ni inintelligible, ni si éloignée de celle qu'on observe dans la réalité.

Nous retrouvons ainsi, par une autre voie, une vérité déjà mise en évidence, une vérité qui semblerait une simple affirmation de sens commun, si nous n'avions vu combien une critique était nécessaire pour la rétablir et lui donner toute sa précision : c'est que la connaissance sociologique qui intéresse la pratique et permet de fonder une technique morale, c'est celle du système social *présent* au milieu duquel l'action prend naissance. Nous l'avons établie par opposition à une conception tout historique ou ethnologique de la science des mœurs, qui, toute tournée vers le passé ou vers les formes élémentaires de la vie sociale, ne nous a paru comporter aucune application à la pratique. Il nous faut aujourd'hui la maintenir contre une sociologie plus ambitieuse qui, partie de cette connaissance purement historique et descriptive, espèrerait embrasser l'avenir même de l'humanité, en posant des lois permanentes et universelles de la vie sociale. Plus ambitieuse, disons-nous, et pourtant par cela même d'autant plus timide au point de vue pratique : car elle ne nous laisse espérer que pour un avenir lointain (et cette simple espérance est-elle bien justifiée ?) cette connaissance scientifique des sociétés sur laquelle se fonderait une morale vraiment rationnelle. Elle abandonne ainsi l'action présente, qui pourtant ne peut attendre, au plus complet empirisme, et aux impératifs irréfléchis de la conscience traditionnelle. On a commencé par compromettre l'autorité de ces impératifs, nous l'avons vu, en les présentant comme des survivances sans adaptation à notre présent ; et maintenant on nous met en demeure de continuer à vivre provisoirement (ce provisoire peut singulièrement se prolonger) sur ce fonds discrédité, parce qu'on n'est pas encore prêt à lui substituer une connaissance proprement scientifique.

Ainsi tandis que l'art social dont on nous propose l'idée supposerait une science très éloignée de nous, mais aussi une science permanente et fixe, il nous semble qu'une telle idée est surtout valable dans l'actuel, et par rapport à un moment déterminé de la vie mobile de chaque société.

§ 4. — POURQUOI LA MORALE NE PEUT SE RÉDUIRE A UNE TECHNIQUE SCIENTIFIQUE

Il est temps de le remarquer en effet : pour justifier l'idée d'une morale conçue comme une technique, pour la montrer intelligible et applicable, nous avons dû la restreindre à des limites très étroites, et, ce faisant, nous avons singulièrement et sciemment altéré la doctrine qui nous était proposée. Nous avons dû considérer simplement l'action individuelle en face d'une masse sociale organisée qui n'est pas immédiatement modifiée par cette action même ; d'autre part nous avons dû réduire la connaissance sociologique utilisée par cette action à celle d'un mécanisme social plus ou moins déterminé, plus ou moins durable, mais en somme contingent en ce sens qu'une autre organisation, qu'un autre *régime* serait également compatible avec les conditions les plus générales de la vie en société. Or, d'une part, ces mécanismes sociaux dont il s'agit de mettre en œuvre les réactions, sont éminemment divers et variables, et surtout ils varient en fonction de la masse des actions individuelles elles-mêmes qui les mettent en jeu, et de l'usage qu'elles en font.

Ce que le sociologue ou plutôt le *sociologiste* espère, au contraire, ce qu'il demande comme base d'une morale positive, ce serait la science générale d'une « nature sociale », fixe et permanente comme la nature physique, indépendante comme elle de l'action qui s'y applique. Or c'est ici qu'il nous devient impossible de suivre et même de bien comprendre la doctrine exposée par l'auteur de *La Morale et la Science des mœurs*. Elle nous paraît substituer à une vue très simple et très claire des rapports entre la pratique et la connaissance sociales un insoutenable paradoxe, et se réduire, alors qu'elle ambitionne d'être positive, à une énonciation toute verbale dont on ne nous montre nulle part l'équivalent possible dans le concret.

Tout d'abord escompter la constitution d'une science des lois élémentaires de la « nature sociale » et surtout compter sur une telle science pour fonder une technique morale sûre, c'est méconnaître et la *variabilité* des organismes sociaux et l'importance de leur *spécificité*.

S'il y a une « nature sociale », elle est quelque chose de tellement général et de si indéterminé qu'elle ressemble fort à cette « nature humaine » qu'on a tant reprochée, surtout parmi les sociologues contemporains, aux philosophes du xvıııᵉ siècle. Il ne faudrait pas, après avoir écarté comme arbitraire et chimérique le postulat de l'unité de la nature humaine (1), rétablir le postulat tout à fait analogue et encore plus difficile à accepter de la fixité et de l'universalité de la « nature sociale », ni, après avoir peut-être abusé de l'histoire, oublier ce qu'il y a d'irréductible à la science pure dans la donnée historique. C'est précisément aux sociologues et aux historiens que nous sommes surtout redevables de cette vérité, que rien n'est plus divers, plus imprévisible que les formes de la mentalité et des institutions humaines. Déjà, au point de vue purement scientifique ce serait, semble-t-il, se confiner dans d'assez pauvres généralités que de se donner pour objet cette « nature sociale » sans l'infinie variété des spécifications qu'elle comporte ; mais sans même préjuger de l'étendue de la science ainsi conçue, toujours est-il qu'au point de vue des applications pratiques, elle serait assez stérile. Ce qui importe le plus à ce point de vue, ce sont précisément les *formes spécifiques* de la mentalité et de la socialité. Déjà le même fait s'observe en biologie. Sans doute, on peut dégager quelques lois biologiques générales. Mais ce qui entre surtout en ligne de compte dans la pratique du cultivateur, de l'éleveur, du médecin, ce sont les aptitudes les dispositions, les caractéristiques propres des organismes déterminés auxquels ils ont affaire. Deux variétés

---

(1) Lévy-Bruhl, *La Morale et la Science des mœurs*, ch. ııı, § 1.

d'une même espèce se comportent très différemment. Tel animal est réfractaire à tel virus, tel autre, pourtant voisin, y est très sensible. La médecine n'a guère à faire appel aux lois biologiques générales, mais repose presque tout entière sur la connaissance de la structure et des fonctions spéciales de l'organisme humain. C'est ce système biologique spécifié qu'il lui importe d'étudier. De même, l' « art moral », pédagogique ou politique, aura surtout à tenir compte du tempérament, du génie national, des traditions, des institutions propres au milieu social où il s'exercera. C'est surtout de cette synthèse spéciale que les effets se feront sentir dans l'action. A cet égard, il y a déjà une différence énorme entre les techniques qui mettent en œuvre les lois physiques ou mécaniques simples, et celles qui s'appliquent à des systèmes organisés, à plus forte raison s'il s'agit de ces systèmes extraordinairement complexes et plastiques que sont les sociétés humaines. L'ingénieur qui combine une machine, aménage une chute d'eau, construit un pont, n'a affaire qu'à des *éléments* et à des lois générales qu'il peut *composer* d'une manière à peu près sûre : l' « ingénieur social », éducateur, législateur, financier, philanthrope, agit sur des *êtres* véritables, qui sans doute ne réagissent pas d'une manière fortuite, indéterminée, mais réagissent cependant beaucoup plus en vertu d'une nature acquise et de *lois secondes*, qu'en vertu d'une nature primitive et de lois élémentaires dès longtemps recouvertes par une énorme superstructure. De plus, tandis que les techniques physiques ou mécaniques peuvent prévoir avec quelque sûreté les résultantes des actions mises en œuvre par elles, parce que les diverses lois utilisées peuvent se composer sans s'altérer mutuellement, toute modification introduite dans un être organisé réagit sur l'ensemble et l'on ne peut plus procéder par simples additions ou compositions de forces. C'est une banalité de dire que dans le monde des êtres organisés le rapport de cause à effet apparait bien rarement comme unilatéral, mais plutôt comme réciproque. Une industrie plus intense, par exemple, requiert et obtient des débouchés plus étendus, mais aussi l'ouverture de débouchés nouveaux sollicite une production plus abondante.

Il est assez singulier qu'après avoir exagéré l'interdépendance des fonctions sociales, jusqu'à risquer de paralyser l'action, la nouvelle sociologie semble méconnaître sur ce point la différence profonde des techniques physiques et de la technique sociale, et compter sur la découverte de lois élémentaires et fixes de la vie sociale, sans réaction les unes sur les autres, et sur l'usage d'une causalité sociale simple et unilatérale. Il y a bien là, comme nous l'avons déjà montré, deux conceptions successives très différentes, et sous certains rapports opposées, de la science sociale, que l'on met alternativement en avant. Tantôt on insiste, au point de vue historique, sur la solidarité des fonctions sociales, tantôt, au contraire, au point de vue pratique sur la pluralité des problèmes moraux ; mais ces deux idées ne se limitent-elles pas mutuellement? Lorsqu'il s'agit de faire entrevoir la réalité de la science sociologique et de ses résultats, on nous montre une science historique et descriptive qui serait comme la Zoologie des sociétés ; mais lorsqu'il s'agit de fonder une technique sociale, on suppose au contraire, sans pouvoir d'ailleurs lui donner consistance, l'idée d'une sociologie analytique et générale, qui serait une Biologie ou même une Physique sociale.

L'idée d'une telle « physique » de la « nature sociale » amène aussi à méconnaître la variabilité de cette prétendue nature. La sociologie qu'aurait pu élaborer un

Aristote au milieu d'une société universellement esclava-
giste ne pourrait être ni scientifiquement vraie, ni pratiquement utilisable dans nos sociétés. Comment, malgré
l'étendue de nos investigations, la sociologie que nous
pouvons construire dans l'ignorance profonde où nous
sommes des formes des sociétés futures, ne serait-elle
pas aussi incomplète et aussi inapplicable pour ces sociétés lointaines, dont nous ne sommes pas moins incapables de nous représenter l'organisation et le fonctionnement que le Stagirite pouvait l'être de concevoir notre
système industriel et capitaliste ? Déjà, quand il s'agit
d'actions toutes proches, c'est avec une extrême pru-
dence qu'il nous faut user de la connaissance sociale.
Par exemple les données de la statistique constituent un
des meilleurs points d'appui de la pratique sociale, comme une des bases les plus nécessaires et les plus sûres
de la connaissance sociologique· Et cependant on sait
qu'il n'en faut jamais tirer de conclusions que pour des
périodes très limitées. et qu'il faut user d'une extrême
réserve quand il s'agit d'extrapoler quelques points de
courbes statistiques. Si l'on prolongeait ces courbes au
delà d'une certaine région, sans égard pour les phénomènes qu'elles représentent, on leur ferait vite dire des
absurdités. Sans même aller jusque-là, qui ne sait combien est précaire l'usage de statistiques trop tardivement publiées ? Pendant le temps qu'on les établit, elles
ont cessé d'être vraies ; du moins elles ne le sont plus
que comme fait purement historique et passé, mais non
comme expression du mouvement actuel et utilisable de
la vie sociale présente. C'est qu'en effet la courbe statistique ne peut se prolonger suivant la même allure que
pendant le temps très limité où le phénomène qu'elle
traduit n'a pas trop sensiblement altéré le milieu social
lui-même dans lequel il se produit, et n'a pas ainsi mo-

difié les conditions de son propre développement. Ne
pourrait-on pas dire de même que la science sociale
qu'on nous promet, pendant le temps considérable (des
siècles peut-être !) qu'elle mettrait à se constituer, aurait déjà cessé d'être vraie, ou pour parler plus exactement, qu'elle courra sans cesse après son propre objet
sans pouvoir jamais le rejoindre ? Elle le pourra d'autant moins, qu'*elle-même* contribue à le modifier et que
la connaissance et la réalité s'entraînent mutuellement
ici dans leur mouvement ·l'une vers l'autre.

C'est que, en effet, il n'y a pas là simplement une mobilité et un progrès, mais un progrès d'une nature bien
particulière qu'il nous faut maintenant mettre en évidence. C'est ce que nous appellerons la *récurrence* (1)
de l'action et de la connaissance sociales. Il y a là une
différence aussi évidente que capitale entre les techniques ordinaires et les techniques sociales, et l'on est assez
étonné de voir M. Lévy-Bruhl en faire si complètement
abstraction.

Tant que nous considérons les techniques qui se fon-
dent sur la mécanique, la physique et même jusqu'à un
certain point celles qui reposent sur la physiologie, nous
avons affaire à une nature extérieure, posée en dehors
de la finalité et de l'action humaines. Les lois consta-
tées par ces sciences sont en elles-mêmes étrangères aux
besoins humains. Elles ne sont modifiées ni par l'usage
qu'on en fait, ni, à plus forte raison, par la connaissance qu'on en acquiert. En ce sens elles nous sont transcendantes, et c'est pour cela même que nous pouvons

(1) M. Delbœuf a appelé jugements *récurrents* des jugements
qu'on peut juger à l'aide de leur propre énonciation : par exemple la règle « qu'il n'y a pas de règle sans exceptions » comporte-
t-elle elle-même des exceptions? Nous ne trouvons pas de meilleure expression que celle de récurrence pour exprimer le rapport
de réaction sur soi-même que nous allons constater dans les choses
sociales.

les utiliser avec sûreté. Elles nous servent dans leur fonctionnement justement parce qu'elles nous ignorent. Le
rêve antique d'une nature combinée à souhait pour nous
servir et faite en quelque sorte à la mesure de nos besoins
n'était pas seulement un contre-sens au point de vue
scientifique ; c'en était peut-être un au point de vue des
intérêts de la pratique. Une telle nature, si l'on pouvait
sans contradiction la concevoir, avec sa finalité anthro-
pocentrique, serait peut-être plus gênante qu'utile. Elle
ne satisferait certains de nos besoins qu'en nous y asser-
vissant et ne nous laisserait pas la liberté de changer nos
désirs. En y restant indifférente, elle nous laisse plus de
latitude pour la faire servir aux fins les plus diverses, à
condition que nous sachions nous y prendre. Elle ne
limite que nos moyens, mais elle ne nous fixe pas nos
fins. Une nature trop providentielle nous enchaînerait
plus étroitement qu'une nature inhumaine. Mais comme
la nature ne nous consulte pas sur ce que nous désirons,
nous sommes tout à l'aise pour ne pas la consulter non
plus sur ce point. Nous nous servirons d'elle comme d'un
instrument relativement passif et indifférent. C'est *sur
elle* et au moyen de ses lois, mais c'est *pour nous* que
nous agirons.

Cette extériorité mutuelle des moyens et des fins cesse, non pas absolument ni aussitôt, mais disparaît cependant, en dernière analyse, lorsqu'il s'agit de la « nature sociale » et de la technique correspondante. Ici,
c'est l'homme, considéré il est vrai sous des rapports
divers, qui se trouve être l'objet de la science et le point
d'application de l'action, mais c'est lui aussi qui élabore
la connaissance et qui pose les fins. C'est lui qui agit,
c'est sur lui qu'il agit, c'est pour lui qu'il agit. Et en
même temps qu'il agit selon ce qu'il est, il est aussi selon
ce qu'il fait.

C'est pourquoi l'analogie entre l'art social et les autres techniques est strictement bornée à ce domaine moyen et relatif où nous l'avons reconnue, mais confinée aussi ; c'est-à-dire au domaine de l'action particulière et présente qui trouve devant-elle un vaste système de relations sociales préétablies. C'est là seulement, et sous ce rapport, que nous pouvons traiter une société comme une « nature » actuellement donnée et réagissant suivant des lois indépendantes de cette action même. Mais quittons-nous ce terrain relativement étroit, la sociologie oscillera forcément entre deux limites opposées, où nous voyons au contraire disparaître l'analogie avec les techniques. Et elle sera en effet entraînée hors de ces limites.

En se concevant comme science, elle tend à ramener toute la vie sociale à des lois nécessaires, à exclure tout jugement de valeur, à considérer toute prescription comme un simple fait, et par conséquent à renoncer en réalité à toute prescription. Mais en même temps cette science a pour principal objet précisément les désirs, les besoins des hommes, les jugements de valeur que les sociétés ont formulés, les prescriptions et les interdictions qu'elles ont prononcées ; l'humanité lui apparaît comme agissante, et si l'on prétend constituer une technique sociale, c'est encore parce que l'on considère cette action, et une action réfléchie, comme possible et indispensable. Ainsi, la sociologie comprend, comme un élément essentiel de son *objet*, les *fins* humaines elles-mêmes, ce qui est un cas absolument unique dans toute la série des sciences et des techniques.

Dès lors suivant qu'elle sera dominée par l'idée de Nature ou par celle de Finalité, ici inséparables, ou bien elle inclinera à considérer les aspirations humaines elles-mêmes comme de simples faits nécessaires, et tendra vers une sorte de fatalisme ; ou bien, envisageant les lois mêmes de la vie sociale comme les résultats plus ou moins consolidés des actions exercées, et comme l'expression condensée des fins poursuivies, elle tendra à ne plus voir que l'autonomie humaine posant peu à peu sa propre nature en vertu de son action même. De part et d'autre s'effacera l'idée d'une technique.

Si d'abord la société peut être l'objet d'une science vraiment analogue à une physique, si l'on peut y découvrir des lois générales et immuables, si elle est une *nature* donnée et inaltérable, c'est que la volonté humaine est inefficace et illusoire comme celle de la girouette de Bayle; c'est que les fins en apparence poursuivies par les hommes, loin de déterminer l'ordre social, ne sont que le reflet inactif de ce qu'il est. Mais alors la technique sociale n'a plus de sens, et la société, réduite à *être* ce qu'elle est, n'a que faire de le *savoir*. Une technique ne suppose-t-elle pas que celui qui la met en œuvre pose les fins auxquelles il la fera servir et que cette finalité n'est ni illusoire ni inefficace ? Ainsi la technique qu'on nous promet est la négation même de la science mécaniste sur laquelle on la fonde.

Est-on frappé au contraire du fait que l'action qui s'exerce à l'aide de la société s'exerce aussi sur la société et la transforme ; remarque-t-on que l'agent lui-même est partie composante de la société dans laquelle il agit, en sorte que malgré la petitesse des transformations qu'il lui fait subir hors de lui, elle devient pourtant autre par le seul fait que lui-même, en agissant, a changé ; prend-on garde que cette modification sociale, à la fois interne et externe, peut et doit s'étendre précisément au fur et à mesure qu'un plus grand nombre d'individus agiront, comme précisément on le suppose, avec la réflexion et l'initiative exigées par une technique ; observe-t-on que, grâce à une suffisante convergence des consciences et des efforts, la masse agissante cesse d'être négligeable par rapport à la masse sur laquelle s'exerce l'action et que ces deux masses tendent au contraire à coïncider ; — alors on verra la structure de la société et le mécanisme des réactions sociales profondément modifiés par les activités mêmes qui les mettront en usage, et la « nature sociale » tendra à s'identifier avec la volonté commune; c'est peut-être par cette limite même que se définit vraiment la démocratie. Mais alors l'idée d'une technique scientifique cesse encore de s'appliquer telle quelle à l'action sociale. Car les lois sociales ne sont plus dans ce cas de simples lois naturelles extérieures à la pratique qui les utiliserait comme des *moyens* ; elles deviennent des lois, au sens humain et prescriptif du mot, condition et expression des *fins* mêmes de la société.

Toute réalité sociale observable est située entre ces deux limites extrêmes : une nature brute soumise à une causalité toute mécanique et une vie spirituelle où tout serait finalité. C'est pourquoi nous avons assigné une place moyenne et relative à la technique sociale, qui suppose à la fois un donné sur lequel une activité puisse avoir prise, et une activité en partie indépendante de ce donné.

Dès qu'on prétend l'étendre en dehors de ces limites, l'idée d'une technique sociale apparaît donc comme inintelligible et peut-être contradictoire : elle suppose la société active en tant qu'elle utilise la science sociale, et inerte en tant qu'elle en est l'objet; autonome et douée d'initiative puisqu'on prétend lui fournir des moyens d'action pour satisfaire ses besoins, pour atteindre ses fins *quelles qu'elles soient*, et hétéronome, puisque ces fins mêmes semblent comprises dans le déterminisme

qu'elles sont censées utiliser. Elle agit intelligemment et
réagit mécaniquement. Elle peut prévoir ses propres réactions et en disposer, et elle ne peut cependant les modifier. Elle est composée d'ingénieurs et elle est en même
temps composée de machines.

Tant qu'on envisage ces termes antithétiques au point
de vue relatif et provisoire que nous avons défini, on
peut bien en effet comprendre qu'ils soient compatibles
dans le réel; car l'individu, en tant qu'agent, est capable
de certaines initiatives, et en même temps il fait partie
du système compliqué d'engrenages sociaux auquel il
ne peut complètement se soustraire, si surtout il veut
voir son action efficace. Il est clair pourtant que cette
distinction ne peut se maintenir jusqu'au bout et que les
oppositions précédentes deviennent de véritables contradictions lorsqu'on vient à parler d'une science sociologique aussi ferme que les sciences de la matière, et d'une
technique sociale aussi sûre que les techniques physicochimiques. Alors devient flagrante la disparition de cette
condition de toute technique : que les lois naturelles
mises en usage restent indépendantes de la connaissance
qu'on en a et de l'usage qu'on en fait. C'est ce qui nous
reste à montrer, si certaine que soit cette vérité, puisqu'on paraît l'avoir méconnue, en sacrifiant, au nom
d'une conception soi-disant positive, l'évidente réalité
des choses à la clarté schématique d'une formule.

*
* *

Tout d'abord la seule connaissance que nous acquérons de nous-mêmes nous transforme et ne nous laisse
pas tels que nous étions avant cette connaissance. Si la
société, écrivions-nous plus haut, n'est qu'une « nature » elle doit se contenter d'*être*, elle n'a que faire de se

connaître. Mais si elle se connaît, et c'est bien ce que la sociologie nous promet, elle ne reste plus ce qu'elle était. Tel est le premier aspect de ce caractère de *récurrence* de la connaissance sociale dont nous parlions plus haut ; et qu'est-ce autre chose que le fait original de la réflexion consciente ? Lorsque nous savons ce que nous sommes, nous ne sommes déjà plus ce que nous étions, et ainsi nous ne nous connaissons jamais intégralement, non plus que nous ne pouvons épuiser les images de deux miroirs qui se réfléchissent (1). Celui qui se saurait fou, ne le serait plus tout à fait et celui qui aurait nettement conscience qu'il est en colère serait bien près de jouer une simple comédie de la colère. Cette difficulté déjà banale pour le psychologue n'est pas moins réelle dont le domaine sociologique et il y a contradiction à imaginer une humanité en possession d'une science sociale parfaitement sûre et qui continuerait à agir avec une absolue spontanéité et sans aucun calcul. On est obligé de supposer cet automatisme dans *l'objet* de la science sociale, pour la rendre possible, mais le *sujet* qui acquerrait cette science et la mettrait en service dans une technique correspondante ne peut plus rester sous ce régime d'inconscience. Or ici ce sujet et cet objet se confondent à la limite et l'on arrive à constater cette singulière situation de la sociologie conçue comme physique sociale, qu'elle cesserait d'être valable le jour où on la posséderait, et qu'inversement elle n'est applicable que là où l'on ne peut la posséder.

Il est à remarquer en effet que la conception mécaniste d'une « nature sociale » est d'autant mieux vérifiée qu'on remonte à des âges plus primitifs et à des sociétés plus rudimentaires. La sociologie d'un banc de

____

(1) Cf. Remacle, *Revue de Métaphysique et de Morale*, mai 1893 et nov. 1894.

harengs serait assurément plus simple et plus rigoureuse que celle d'une ruche d'abeilles et celle-ci plus encore que celle d'une société australienne. Dans l'humanité, c'est le monde sauvage qui est le monde de la tradition et de l'instinct collectif. C'est là que le réalisme social semble le plus près de se vérifier, encore qu'il puisse y avoir là, Tarde l'a montré, quelque illusion de perspective. C'est là qu'il y a le plus de fixité et, comme l'a fait voir Cournot (1), le moins d'*histoire*. C'est là que l'unité sociale domine le plus absolument la médiocre variété des individus et que l'autorité sociale est la plus forte contre leur faible initiative. Et ainsi une telle sociologie trouve une matière d'autant plus favorable à sa constitution que l'on s'écarte davantage des sociétés qui peuvent la constituer. Si nous étions une tribu de Patagons ou un banc de harengs, nous serions sans doute un excellent objet d'études pour la physique sociale : mais nous serions assurément incapables de la faire.

Lorsque nous sommes avertis que nous sommes *ceci*, nous commençons à devenir capables d'être *cela*, et même nous avons souvent, par une sorte de réaction contre le donné, une tendance à le désirer. Si nous avions prévu à temps nos désastres de 1870, nous ne les aurions pas subis, parce que notre politique, notre diplomatie, nos armements, et jusqu'à notre tempérament, eussent été modifiés par cette prévision même. Elle serait devenue fausse, si on l'avait connue comme vraie et les prédictions du Colonel Stoffel ne sont devenues vraies que parce qu'on les a crues fausses. « Les crises, a-t-on remarqué, ne sauraient être longtemps périodiques sans être généralement prévues, ni être prévues sans être prévenues, c'est-à-dire sans cesser d'être périodiques » (2).

(1) *Matérialisme, Vitalisme, Rationalisme*, p. 232.
(2) **P. Clerget,** *Revue gén. des Sciences,* 30 nov. 1907, p. 910.

Une science et une technique physiques sont possibles parce que la nature nous est étrangère. C'est parce qu'elle nous ignore que nous pouvons la connaître. Si la nature était affectée par cette science que nous avons d'elle, si elle connaissait que nous la connaissons, nous ne pourrions plus au même degré compter sur elle; elle pourrait nous échapper et se plaire à nous décevoir, comme le malin génie cartésien. Mais notre travail scientifique et industriel la trouve indifférente et passive : « l'univers n'en sait rien », et c'est notre garantie· La véracité divine, chez Descartes, est au moins autant l'affirmation de l'inconscience, de la matérialité du monde physique que celle des droits de l'esprit, de la validité de la raison ; et ces deux affirmations se tiennent. Mais l'humanité n'est pas transcendante à elle-même, absolument, et nous avons déjà vu combien la transforme l'intelligence qu'elle acquiert de ses instincts obscurs : approcher le flambeau de l'ombre, comme l'a dit quelque part M. Fouillée, ce n'est pas la mieux faire voir, c'est la faire disparaître. Quand les philosophes du xviiie siècle, sans même avoir eu besoin pour cela d'une observation sociologique bien étendue ni d'une méthode historique bien sûre, ont entrevu à quel point les causes réelles des institutions sociales et l'origine des autorités sont différentes des prétextes dont les couvraient les croyances et les traditions, ils ont cessé de respecter ces croyances et de soutenir ces institutions.

Mais si l'effet récurrent de la seule connaissance sociale est déjà si important, combien plus considérable ne sera pas celui de l'action sociale elle-même! Ici encore la différence entre les techniques ordinaires et la pratique sociale est évidente et capitale. En me livrant à une fabrication chimique ou à une industrie physico-mécanique je n'altère pas les propriétés des corps. J'en use, et elles persistent, de sorte que j'en userai toujours de la même manière et avec la même sécurité. Du moins si, à la rigueur, on peut supposer qu'elles se modifient, cette supposition, dans l'état de nos connaissances, n'a d'intérêt que comme réserve critique de pur philosophe; pratiquement elle ne se vérifie pas et reste en somme une hypothèse possible, mais gratuite. Déjà, dans l'ordre biologique, la variation de la nature sous l'influence du traitement qu'on lui fait subir est beaucoup plus volontiers supposable et même en partie appréciable. L'usage de certains médicaments, de certains aliments, de certains vaccins modifie à la longue les propriétés de notre organisme et les réactions dont il sera capable sous certaines influences. Il n'est pas vrai, en raison du *mithridatisme*, que telle dose de morphine tuera toujours, comme il est vrai que j'obtiendrai toujours la même réaction chimique en mettant les mêmes substances en présence les unes des autres dans les mêmes conditions physiques. Nos dispositions psychologiques elles-mêmes favorisent ou gênent notre activité vitale. La volonté de vivre, si bien dramatisée en un de ses contes par le grand psychologue intuitif qu'est Edgar Poe, n'est pas un vain mot, et l'on cite nombre de cas de mourants qui semblent avoir attendu pour mourir un événement, une nouvelle qui leur tenait à cœur; on dirait qu'ils abandonnent la vie juste au moment où elle vient de perdre le dernier intérêt qui les y rattachait. Le médecin augmente les chances de guérison du malade en le persuadant qu'il va guérir et diminue sa force de résistance s'il lui laisse comprendre qu'il est perdu. Si nous croyons à notre succès, nous sommes mieux en état de réussir, et si, d'avance, nous sommes persuadés d'un échec nous le préparons par cela même. Quand la presse entretient la conviction qu'un conflit international est inévitable, elle peut arriver à le rendre tel. De là cette théorie que les psychologues américains ont appelée *Pragmatisme*, et qui est fondée sur cette relation singulière, inconnue dans les techniques de la matière brute, en vertu de laquelle ce qu'on croit *devient vrai*, parce qu'on le croit, et même ce que l'on fait devient bon parce qu'on le fait.

C'est que, en faisant d'une certaine manière, nous nous faisons nous-mêmes et transformons la société, nous modifions les limites du possible et de l'impossible. Nous n'obtenons pas seulement tels *résultats présents* (ce que considère essentiellement une technique), mais les conditions *futures* de toutes sortes de résultats; en employant certains moyens nous modifions profondément les conditions de l'action future. C'est ainsi qu'une pédagogie purement *technique* obtiendrait assez facilement, par des réactions à peu près sûres, une certaine conduite de l'enfant ; elle n'aurait qu'à faire usage du mécanisme de la crainte ou du désir, de la vanité ou de la gourmandise. Mais une pédagogie vraiment *morale* calculera en outre les inconvénients ou les dangers qu'il peut y avoir à faire appel à tels ou tels sentiments, parce qu'en les mettant en œuvre comme simples moyens, on les consolide, on les développe, on semble même les justifier ; on ne les laisse pas tels quels; la nature même de l'enfant s'en trouve profondément modifiée. Un problème analogue se pose constamment en politique et en droit. Tout pouvoir politique travaille, instinctivement ou consciemment, à développer autour de lui la mentalité qui le légitimera et le rendra nécessaire. Un gouvernement autocratique, étant d'autant plus justifié que le peuple est plus incapable et plus ignorant, tendra à maintenir cette ignorance. Un gouvernement d'opinion ne valant que si l'opinion est éclairée, tâchera de répandre l'instruction. Ainsi certaines institutions, certains systèmes de pénalité sont appropriés

à une certaine forme de caractère, à une certaine culture
de la nation, et par suite, au point de vue purement technique on serait amené à les déclarer satisfaisantes parce
qu'ils sont efficaces. Et cependant une *morale* plus idéaliste peut les réprouver parce qu'ils tendent précisément à
maintenir ce niveau de culture et cette forme de civilisation, au-dessus desquelles on rêve quelque chose
de mieux. On allègue alors certains *principes*, et
l'on oppose la morale des *principes* à celle des résultats. Peut-être est-on parfois victime ici d'un abus
d'abstractions et de formules métaphysiques. Mais
ces abstractions et cette métaphysique sont en grande
partie l'expression inadéquate de cette intuition, qu'au
delà des résultats directs immédiats à obtenir par des
moyens plus ou moins appropriés, il y a la série indéfinie
des modifications qu'apportera à la nature même, et par
conséquent à la technique sociale future, l'emploi même
de ces moyens. C'est pourquoi les moyens semblent acquérir une excellence propre, et, passant à la limite, on parle
de bien *en soi*. C'est pourquoi inversement des pratiques
qui semblent profondément inutiles et que l'on qualifierait d'ascétiques, ont toujours trouvé des défenseurs. Ici
encore, on peut être victime d'un abus de l'abstraction,
interpréter de travers une intuition et croire que la douleur est en soi un bien et l'effort une dignité. Mais ce
contre-sens n'est encore que l'exagération et la déviation
d'une intuition juste : on aperçoit la réaction de ce que
nous faisons sur ce que nous sommes, et que le sacrifice
nous fortifie. (1)

On voit quel écart se manifeste ici entre les techniques
ordinaires et la morale. Supposons, pour le mieux comprendre, que l'ingénieur, en établissant par exemple des

____

(1) Cf. Fogazzaro, *Le Saint*, trad. Hérelle, p. 38.

chutes d'eau, modifie la pesanteur elle-même par cela seul qu'il l'utilise. Supposons qu'il l'a consomme et qu'il fatigue la terre; ou supposons au contraire qu'il l'exerce et qu'il l'encourage à mieux attirer. Quelle infinie complication de répercussions ne devrait pas entrer en ligne de compte dans ses calculs! Il ne lui suffira plus de savoir si sa chute d'eau fera marcher sa turbine et lui donnera la force que requièrent ses dynamos. Il éprouvera une grande incertitude, en comparant les usages innombrables et infiniment variés de cette pesanteur qu'il tend à supprimer, ou les obstacles non moins divers qu'elle oppose à nos actes, et qu'il tend à aggraver. Il s'efforcera d'en mesurer l'importance relative. Ainsi naîtraient pour lui des problèmes de *valeur*, des questions de *tendances*, des *scrupules* insondables analogues à ceux qui caractérisent d'une manière si marquée les problèmes moraux quand on les compare aux problèmes purement techniques. Que sera-ce donc s'il s'agit de modifier cette nature essentiellement plastique et complexe qu'est la nature de l'homme et des sociétés!

Ainsi pour les sciences du monde extérieur, c'est à l'usage même qu'on en éprouve la *vérité* et la solidité. On a dit que leurs lois ne sont que des *définitions* ou des *recettes*. Mais si des définitions et surtout des recettes sont possibles, c'est à condition qu'il y ait des lois, de sorte qu'il n'y a pas de preuve, sinon plus rigoureuse, du moins plus frappante, de l'existence de lois fixes ou de la vérité relative de leur énoncé, que la réussite pratique de leurs applications. Ces sciences sont utiles parce qu'elles sont vraies, et elles sont vraies indépendamment des succès de la technique.

On pourrait dire presque le contraire de la sociologie. D'une part, en effet, c'est l'action, c'est le développement de la pratique réfléchie qui limite la *science* et la possi-

bilité d'énoncer des lois véritables, et comme nous l'avons
vu, cette forme de connaissance s'applique d'autant mieux
aux sociétés que leur activité est plus instinctive et comporte moins d'*art*. Mais aussi, inversement, à un autre
point de vue, la vérité n'est plus ici donnée tout entière
avant l'action; elle en est en partie le produit; ce n'est pas
alors le *savoir* qui fonde le *pouvoir*, mais au contraire
c'est dans la mesure où l'on *se fait* que l'on *se connaît*
mieux. Ainsi l'*artificialisme* extrême est, nous le verrons plus loin, une condition de connaissance et de pré
visions sociales, comme le *naturalisme* extrême, quoique
d'une manière bien différente.

C'est pourquoi, à côté de tant de pratiques morales qui
relèvent de l'idée de technique et d'adaptation, il en est
d'autres qui se présentent sous un aspect tout à fait
inverse. Ce sont des *anticipations* sur un état de choses
qui n'existe pas encore, mais qui ne se réalisera jamais
mieux que si, à certains égards, on commence par agir
comme s'il existait. Si la conscience, comme on nous en
avertit avec justesse (1), n'est pas plus tenue de se soumettre à l'avenir qu'au passé, c'est surtout parce que cet
avenir n'est pas, comme une prévision astronomique,
déterminé d'une façon entièrement indépendante des décisions de la conscience, qui contribuent à le faire. Une
bonne partie de la moralité consiste, pour l'individu, à
agir moyennant un effort et un sacrifice personnels,
comme il serait normal et facile d'agir dans la société
meilleure qu'il imagine : et il travaille ainsi à la réaliser;
c'est de cette manière qu'on pourrait rendre un sens concret et relatif à la théorie kantienne du Symbolisme, suivant laquelle nous devons, dans nos déterminations morales, feindre, pour ainsi dire, que nous habitons un monde

______

(1) F. Rauh, *Rev. de Métaphysique et de Morale*, janvier 1904,
p. 55.

de Raison pure. Par exemple la charité n'est sous ses meilleures formes qu'un moyen de proclamer indirectement une plus parfaite justice, et on la jugera mal exercée, si elle risque d'en retarder l'avènement. L'assistance par le travail est une expression provisoire du droit au travail. La société elle-même affirme souvent des obligations qui la supposent meilleure qu'elle n'est, et tend par là à s'imposer des devoirs correspondants. C'est ainsi qu'elle interdit la mendicité et condamne le vagabondage, alors que, dans bien des cas, on peut dire que ce sont ses propres vices d'organisation qui les ont provoqués ou rendus inévitables. Comment s'expliquer autrement que, en dépit de l'affaiblissement des motifs religieux de la condamnation du suicide, et de la complète disparition des anciennes sanctions de cette condamnation, notre société continue à faire peser sur le suicide une générale et instinctive réprobation, et à rejeter ce qu'on a appelé hardiment le droit à la mort?

Enfin, c'est par l'exercice que toutes nos facultés se forment. Dès lors, tandis que toute une portion de l'activité sociale ressemble à une technique en ce qu'elle fait appel aux forces existantes, il en est une autre qui tend à susciter des forces nouvelles en mettant les hommes en demeure et en mesure de les exercer. On nous dit que le monde ouvrier n'est pas mûr pour la coopération. Mais comme aucune logique ne pourra valoir l'exercice de la réflexion ou la pratique de la science, aucune étude ni aucune technique économique ne rendront les coopératives viables, tant que l'on n'aura pas fait dans les coopératives mêmes l'apprentissage de l'initiative et de la discipline nécessaires à leur bon fonctionnement. Ainsi de beaucoup d'institutions et de droits. Il ne sera jamais temps de les établir, si on ne les établit pas avant le temps; et c'est en devançant l'heure qu'on l'avancera.

Qui oserait dire que nous sommes mûrs pour le suffrage universel? Mais comment le deviendrons-nous jamais, si nous ne sommes mis en situation de le pratiquer? Il en est de même de presque tous nos droits : nous n'en deviendrions jamais dignes, s'ils ne nous étaient conférés, j'allais dire imposés, avant que nous les méritions (1). Nous voyons aujourd'hui que l'intérêt social requiert le développement de toutes les individualités, l'accessibilité de tous à toutes les instructions et à toutes les fonctions. Mais comment l'aurait-on vu, si l'on n'avait commencé par en faire l'expérience, et comment l'aurait-on faite si l'on n'avait tout d'abord proclamé comme un « principe » ce droit des personnes? On peut dire en ce sens qu'il y a une sorte d'*a priori* pratique. Les idéalistes du droit ne sont peut-être pas les théoriciens utopistes qu'on les accuse d'être; ils se comportent plutôt, sans calcul d'ailleurs, comme des « pragmaticiens » très avisés, qui compteraient sur l'action même pour rendre vraies leurs conceptions.

La morale est donc dans cette situation singulière, comparée à celle d'une technique proprement dite, de placer l'homme dans des conditions adaptées à ce qu'il n'est pas pour qu'il le devienne, et de se régler non sur ce qu'il est, mais sur ce qu'il pourra être en vertu de cette règle même. C'est ainsi que, sous une forme toute positive, on retrouve quelque chose du « Primat de la Raison pratique ».

Notre morale n'est donc jamais un simple *état*, elle est un mouvement. Elle n'est jamais, tant s'en faut, « précisément aussi bonne et aussi mauvaise qu'elle peut l'être ». Cela ne serait approximativement vrai que d'une morale

(1) Cf. Rauh, *L'Idée de justice*, Congrès de philosophie, (1902) t. II, p. 218 : « On n'attend pas que les hommes soient égaux pour les traiter comme tels ; on les traite beaucoup plutôt comme tels pour qu'ils le deviennent », et p. 222 : « La conscience du droit donne la force de le conquérir, et ainsi il faut toujours, en fin de compte, en revenir au témoignage des idéalistes bien informés. ».

absolument spontanée, irréfléchie, exempte de toute interprétation superposée à la réalité des rapports sociaux.
Mais une pareille hypothèse n'est jamais entièrement réalisée, et elle se conçoit à peine, puisqu'une morale consciente est précisément un fait social nouveau surajouté
aux faits sociaux préexistants, et consiste dans l'aperception, le sentiment et l'interprétation de ces faits par
des consciences. En réalité la morale d'une société lui
est sans doute en très grande partie ajustée ; mais elle
est aussi, par certains côtés, en retard et, par certains
autres, en avance. Et par là on peut dire que toute morale
est à la fois pire et meilleure que la société qui l'adopte.
Elle est pire, car elle contient des survivances gênantes,
des interprétations aberrantes qui s'écartent de la réalité
sociale présente et en compromettent les adaptations. Mais
elle est meilleure aussi par certains éléments, puisqu'elle
nous demande d'être ce que nous ne sommes pas encore,
puisqu'au lieu de s'adapter simplement à notre présent elle
s'adapte plutôt à notre avenir, et qu'elle fait l'homme et
la société au moins autant qu'elle les emploie. Elle travaille sans doute à mieux savoir manier l'homme, mais
aussi à le rendre plus maniable. Elle n'a pas seulement
à *le découvrir*, mais pour ainsi dire à *l'inventer*. Quelque
limitée que soit cette faculté d'invention et quelque bornée que soit notre puissance de nous créer nous-mêmes,
il paraît impossible de les méconnaître absolument. Et si
de l'invention il est impossible de formuler les règles, si
elle échappe à la rigueur de la logique et de la preuve, si
elle reste par là nécessairement en dehors de la pure
science et de la simple technique, est-ce une raison suffisante pour en méconnaître le rôle et lui refuser l'existence ? Une telle négation ne pourrait être que tout *a priori*
mais, en présence des faits, elle reste sans valeur pour
qui veut s'en tenir à l'expérience positive.

C'est pourquoi en dernier lieu se posera, malgré tout, cette question des *fins* que M. Lévy-Bruhl prend visiblement le parti d'éviter, et que l'on ne peut écarter que d'une manière toute provisoire. S'il y a pour la morale invention et création d'une nature nouvelle, comment se contenter de constater, d'analyser, d'expliquer ce que nous sommes, sans rien nous dire de ce que nous voudrions et de ce que nous pourrions être ? Comment se refuser à nous dire comment on conçoit et à quels signes on reconnaît ce « mieux » dont on n'a pu d'ailleurs éviter de nous parler sans cesse ?

§ 5. — CONCLUSION

Il y avait, croyons-nous, un réel intérêt, en réaction contre les morales abstraites, contre les interprétations métaphysiques ou religieuses de la moralité, contre les définitions idéologiques qu'en donnent des systèmes plus ou moins plausibles, mais arbitraires, contre toutes les théories qui prétendent *construire* la moralité sans commencer par se rendre compte de ce qu'elle *est*, à montrer dans le fait moral un fait naturel, un produit spontané de la vie sociale, qu'il faut commencer par bien connaître et par bien comprendre au point de vue de l'observation, avant de le prendre comme norme pratique..

Il y avait intérêt ensuite, après avoir ainsi rétabli les droits de la méthode scientifique, et plus particulièrement la juridiction de la sociologie, à montrer que la morale est essentiellement sociale quant à son contenu pratique propre, comme elle l'est par ses origines, comme fait donné. Autrement il serait illégitime de présumer que, parce que la moralité est évidemment un fait révélé par l'observation sociologique, la morale est du même coup assimilable à une technique fondée sur la sociologie. Et peut-être, nous l'avons vu, a-t-on tendance à passer trop rapidement de la première de ces thèses à la seconde.

Il était enfin tout à fait utile de montrer, comme nous l'avons essayé nous-même plus d'une fois, qu'il n'y a pas une hétérogénéité absolue entre l'activité morale et les activités proprement techniques. Contre des morales trop subjectives, trop attachées à des principes et pas assez aux résultats, contre ces conceptions bâtardes et aussi peu pratiques que peu scientifiques, qu'on appelle des « morales théoriques », il fallait montrer que, pour une grande part au moins, la morale était une science de moyens et comportait, entre la connaissance et l'action, le rapport très intelligible et très familier à la fois dont les différentes techniques scientifiques nous fournissent l'exemple.

Mais cela dit, il faut reconnaître qu'on est loin d'avoir, en établissant ces diverses thèses, ni épuisé la définition de ce que, d'après l'observation même, est la moralité, ni seulement fourni une idée bien claire de ce que pourrait être la morale. Il faudrait, au contraire, une excessive faculté de simplification, une dose de confiance dans les analogies, qui ne sont guère le fait d'un esprit vraiment scientifique, un abus de l'abstraction, qui nous enlèverait tout droit d'être sévère à l'égard des métaphysiciens, une méconnaissance des conditions concrètes des problèmes, interdite à qui se présente comme partisan d'une méthode positive, pour se contenter d'une comparaison verbale de la morale avec les techniques, sans en essayer aucune vérification concrète, sans tenter une seule fois de fournir un exemple de son application, sans s'apercevoir, par suite, des restrictions qui s'imposent à cette assimilation, sans examiner enfin d'une manière critique s'il n'y a pas quelque chose de tout à fait original dans la situation d'une technique dont l'homme est à la fois la matière, l'agent et le but.

Nous avons essayé de montrer que cette situation imposait des limites précises et assez étroites à l'idée de la morale conçue comme technique. En rendant ainsi à la morale son caractère distinctif, il se trouve que nous lui avons en même temps rendu son unité finale, provisoirement effacée au profit de la positivité des solutions particulières. Assurément, tant qu'on se place au point de vue de la technique sociologique, il est vrai de dire qu'il y a des problèmes moraux plutôt qu'un problème moral, et qu'il est nécessaire de les séparer pour les résoudre pratiquement. Sans doute, comme on ne résout pas le problème de la fabrication du sucre en résolvant celui de la construction d'un pont, on ne tranchera pas la question de la justice gratuite en s'attachant à celle de l'héritage; l'intérêt de la pratique veut que l'on divise et que l'on série les difficultés pour aboutir. Mais qui ne sent pourtant qu'il y a là entre les solutions une interdépendance dont les techniques ordinaires ne fournissent pas d'exemple, et qui ne sait que c'est souvent en abordant les difficultés sociales par des côtés tout à fait inattendus et par des voies en apparence très indirectes qu'on arrive le mieux à s'en rendre maître ? Et comment une sociologie qui exagère plutôt qu'elle ne méconnaît l'unité de l'Etre social et la solidarité de ses fonctions, pourrait-elle en rester à cette idée de la multiplicité des problèmes moraux ?

Et, en effet, si toutes les techniques sont diverses et indépendantes par leurs procédés, ne convergent-elles pas toutes par leur fin dernière, qui est la satisfaction de l'homme ? Dès lors la coordination de toutes leurs fins particulières est, elle aussi, un problème. N'est-ce pas à l'art social de le résoudre, et cet art n'est-il pas, comme le disait Aristote en parlant de la politique, éminemment « architectonique » par rapport à toutes les autres techniques auxquelles, par suite, il n'est pas simplement juxtaposé, mais superposé comme arbitre et organisateur?

Mais s'il en est ainsi, au-dessus de tous les problèmes particuliers de la pratique morale, on ne pourra éviter de s'en poser un dans lequel tous les autres se coordonnent, qui est bien le problème moral proprement dit, et qui pourrait se formuler ainsi : *faire exister une société.* Ce qui fait le privilège de la morale, ce qui constitue sa suprématie, ce qui permet de retrouver en elle, sous un aspect parfaitement positif, l'équivalent aussi exact que possible des « impératifs catégoriques », des formes théologiques ou métaphysiques de l'absolu moral, c'est qu'en définitive non seulement la société est le milieu où se meut toute activité humaine, mais que *la vie en société est la condition qui s'impose à l'ensemble de toutes les fins spéciales de l'homme et les organise.* Il est absurde et illogique, avons-nous vu, de *démontrer une fin* et l'on ne prouve jamais un devoir-faire qu'en s'appuyant sur un vouloir antérieur. Une fin suprême est donc à tout jamais indémontrable. Mais nous avons l'équivalent de cette démonstration impossible, si nous remarquons que la fin la plus élevée s'identifie ici avec la *condition* la plus fondamentale et la plus universelle, avec le *moyen* le plus puissant et le plus général de toute activité : la vie en société. Faire exister ce moyen sous sa forme la plus solide et la plus complète sera donc l'exigence tacite de toutes les techniques spéciales, y compris surtout les techniques sociales particulières. Comment une sociologie, qui a surtout emprunté au comtisme l'idée de l'impuissance et pour ainsi dire de l'inexistence de l'individu sans le secours de la société, pourrait-elle récuser cette conclusion ?

Mais alors une remarquable interversion se produit dans la position de la question, et qui explique, sans la justifier entièrement, l'attitude de certaines morales (les « morales de principes ») dont nous nous sommes écarté. Si les lois de la nature se présentaient à nous sous une forme tellement complexe et si enchevêtrées les unes dans les autres que la connaissance en dût reculer indéfiniment et l'utilisation en rester précaire; mais si, en même temps, nous avions quelque pouvoir pour transformer ces lois mêmes dans le sens de nos besoins, au fur et à mesure que nous les connaîtrions en gros et que nous les utiliserions empiriquement, nous n'hésiterions pas à suivre cette dernière voie, comme la plus praticable et la plus économique; nous nous appliquerions à rendre la nature plus sûre et plus maniable ; et la question se poserait à nous de savoir dans quel sens agir pour obtenir ce résultat fondamental et général. Or n'est-ce pas précisément à peu près le cas où se trouvent la science et l'art sociologiques, puisque l'homme et les sociétés sont ici l'objet de la connaissance, et simultanément, la matière, le moyen, l'agent, et le but de l'activité ? Modifier la nature interne de l'individu humain de manière à la mieux adapter à la vie sociale ; transformer l'organisation des sociétés de manière à en rendre les réactions plus faciles à prévoir et à provoquer, voilà quel sera le double problème qui se posera ; et l'on y reconnaîtra aisément, élucidé, nous l'espérons, par les analyses qui précèdent, le problème que se pose intuitivement la morale courante.

A ce point de vue la moralité est définie, non par telle ou telle règle particulière de conduite, mais *comme la condition générale d'un art social possible*. Si, en effet, notre art social est imparfait, ce n'est pas seulement parce que la société est imparfaitement *connue;* on pourrait dire avec plus de vérité encore que c'est principalement parce qu'elle n'*existe* pas encore, du moins sous la forme où la technique en serait réalisable.

Demandons-nous, en effet, dans quelles conditions la régularité et la certitude des réactions (du moins une régularité susceptible d'être formulée et une certitude susceptible d'être utilisée) atteignent leur maximum chez un être vivant. Nous verrons que ce maximum est aux deux pôles extrêmes de son développement : au pôle de l'activité purement réflexe et au pôle de la volonté tout à fait intelligente. Certaine et régulière est la réaction de l'enfant qui crie sous une excitation douloureuse; certaine et régulière la réponse du mathématicien à qui l'on demande la mesure de la circonférence.

Un art social parfaitement sûr arriverait donc à se constituer dans deux cas extrêmes, qui ne sont sans doute que des limites, mais des limites qu'il importe de bien apercevoir si l'on veut comprendre la position du problème. Il pourrait d'abord se constituer à l'égard d'une société qui serait pour ainsi dire à l'état de pure *animalité* et dont toutes les actions seraient comparables à des réflexes; et c'est toujours, on le sait, à ce point de vue que se place la sociologie de M. Durkheim. Dans ce cas, en effet, faute de prévision, les conséquences futures de l'action n'en modifient pas la détermination, qui reste purement causale et mécanique. Mais ce cas, d'abord, n'est approximé que dans les sociétés les plus rudimentaires ou sur certains points très restreints de la vie des sociétés plus avancées. Dès aujourd'hui, sommes-nous certains, par exemple, que, sur le point où l'épiderme des sociétés (la théorie excusera ce langage) est resté le plus sensible et la réponse la plus automatique, lorsqu'il s'agit de l'offense de l'étranger à l'honneur ou au droit de la nation, la réaction, ordinaire, la guerre, se produirait? Mais surtout, comme nous l'avons montré, cette hypothèse est ici peu intéressante, puisque si l'on suppose un *art* social, on suppose par cela même une *prévision* des résultats, ce qui exclut l'automatisme chez celui qui prévoit· Nous prévoyons les mouvements d'un automate, parce que nous ne sommes pas lui.Mais il cesserait d'être automate s'il prévoyait. Là où l'art social serait développé, l'automatisme aurait donc disparu. Il faut, dans ce premier cas, que cet art reste extérieur à son point d'application : tel le machiavélisme d'un homme supérieur et cynique qui jouerait à son gré des instincts d'un peuple enfant. L' « art social » correspondant à cette sociologie naturaliste serait tout au plus l'art de la tyrannie, ou l' « art royal » du *Politique*.

A l'autre limite, les réactions sociales auraient leur plus haut degré de sûreté et de maniabilité là où la conduite sociale serait le plus généralement réfléchie, le plus parfaitement intellectualisée. C'est cette situation qu'on peut déjà entrevoir dans certaines relations économiques et juridiques dans lesquelles chacun peut savoir avec précision quelles sont les conditions et quelles seront les suites de ses actes, parce que des lois explicites et certaines ont défini le terrain sur lequel l'action peut se mouvoir, en ont limité les répercussions, en ont assuré l'intégration harmonique dans le système de l'ordre collectif. Et l'art social correspondant serait, comme on le voit, celui d'une démocratie autonome, éclairée, parfaitement disciplinée au respect de la loi qu'elle-même aurait faite.

C'est qu'en effet la société réelle a une double *existence*. En un sens elle *est* dans la mesure où elle est *nature* et spontanéité pure. Son unité organique est alors faite d'inconscience. L' « âme collective » doit sa réalité relative à l'effacement des individus, à cette unanimité irréfléchie qui atteste qu'aucun n'a réellement *pensé* ce que tout le monde admet, et qui ne résulte que de l'entraînement et de la contagion imitative. Mais la société *existe* aussi et surtout en tant qu'elle est *association* consciente et systématique, fondée sur le consentement et le contrat; et alors son unanimité est au contraire faite, non de contrainte, mais d'entente, non d'imitation et d'inconscience, mais de pensée commune à tous; elle résulte de la claire vision par tous des mêmes vérités et de la participation aux mêmes biens; elle consiste non en une soumission aveugle à une tradition pesante, mais en efforts convergents vers un avenir conçu et désiré d'une seule âme.

C'est quand elle développe en elle cette seconde existence que la société est vraiment société (1). Mais dans cette mesure même elle a cessé d'être une « nature » au sens où l'entendait M. Lévy-Bruhl, une *chose* qu'on connaîtrait et qu'on utiliserait comme les vents et les chutes d'eau. Elle est, suivant l'admirable vue de Kant, comme un monde nouveau, qui imite sans doute la nature par la régularité et la sûreté de son fonctionnement, mais que la volonté humaine a superposé à la nature brute, et qui se conforme à nos fins parce qu'il en émane. Ce n'est plus alors la sociologie qui rend la morale possible, c'est au contraire la morale qui tend à fonder une société que l'homme puisse *penser* et dont il puisse *disposer*. L'esprit établit son règne sur l'*animalité sociale* : « *et creabuntur et renovabit faciem terræ* ».

Deux conditions, qu'on démontrerait facilement être au fond homogènes, s'imposent à la constitution progressive de ce nouveau monde social : le développement de la rationalité dans l'individu et celui de la contractualité dans la société. Par là nous retrouvons encore la vérité concrète incontestablement enfermée dans la morale *formelle*, dont

(1) Voir plus loin, p. 184 et suivantes.

le double tort est seulement de méconnaître d'abord que la
morale a une première assise sociale plus immédiate et
plus matérielle, de présenter ensuite cette vérité même du
formalisme comme posée *a priori* et dans l'abstrait, au
lieu de la fonder sur les raisons d'expérience qui y con-
duisent très sûrement.

La rationalité dans l'individu (1) : car aucune réaction
sociale ne sera assurée ni précise, aucun ordre social
stable ne pourra s'organiser tant que les individus seront
sous le régime de la passion, de l'instinct, de l'hétéronomie, à moins qu'on ne redescende dans cette direction
au-dessous du niveau où il n'y aurait plus même d'humanité. L'idée kantienne d'une norme supérieure d'universalité se trouve ainsi aisément justifiée à un point de
vue positif. Mais d'une part cette norme qui domine
en effet, par son extension, la variété indéfinie de ses
contenus contingents, n'est cependant fondée que sur le
résultat d'ensemble qu'on peut en attendre : de permettre, avec la réalisation d'un ordre social, celle de toutes
nos fins en général. Et la valeur de la Raison n'est pas
tirée de sa généralité abstraite; elle résulte d'un pouvoir
de *compréhension* et non d'un caractère *d'extension*.
D'autre part cette même règle, sociale surtout par ses
fins, implique, loin de l'exclure, la critique individuelle
à l'égard des opinions issues de la tradition collective ;
et la valeur de la Raison ne lui vient pas, comme pour
le positivisme extrême, de ce qu'elle serait un produit
social, mais de ce qu'elle tend à produire la véritable
société. L'expérience est faite dès longtemps pour nous,
et d'autres la renouvellent douloureusement, de ce qu'il
y a d'instable et de caduc dans une discipline tout extérieure faite d'inégalité, de soumission sans examen et

(1) Cf. Bouglé, *La Démocratie devant la science*, p. 298.
(F. Alcan) M. Bouglé rappelle en particulier l' « Habeas animum »
qu'Ostrogorski assigne comme devise à la Démocratie.

d'autorité sans contrôle. La critique, quoi qu'en ait pensé Comte, n'est que superficiellement et provisoirement anarchique, elle est en réalité organisatrice.

La contractualité sociale : l'organisation artificielle, législative ou contractuelle, est ici la mesure de la perfection possible de notre connaissance comme de notre art. Nous ne connaîtrons jamais bien la société que dans la mesure où nous l'aurons *faite* (1). Une nature qui nous est *donnée* nous restera toujours par quelque côté impénétrable, et par conséquent, au point de vue pratique, féconde en surprises et en déceptions. Et cela est au moins aussi vrai, M. Lévy-Bruhl nous le fait très justement sentir, de la réalité morale que de la réalité physique. Elle a beau nous être familière, elle ne nous en est pas moins obscure. Mais tandis qu'à l'égard du monde physique nous n'avons, pour dissiper l'obscurité, qu'un seul moyen, l'observation patiente et rigoureuse, à laquelle d'ailleurs il se prête mieux, nous avons, à l'égard de la réalité sociale, une autre ressource, celle de la transformer systématiquement de manière à bien connaître au moins ce que nous y aurons mis. L'artificiel n'est d'ailleurs pas l'arbitraire, puisqu'il est en chaque instant conditionné par l'ensemble de la réalité sociale ou naturelle déjà donnée en même temps qu'il est guidé par la forme générale d'une organisation sociale rationnelle et contrac-

___

(1) M. Lévy-Bruhl trouve « ingénu l'aveu » que nous ferions ici de notre « répugnance à accepter jusqu'au bout l'idée d'une nature morale ». Mais il n'y a ici ni aveu, ni répugnance; et s'il y a de l'ingénuité, c'est celle de l'observateur qui aime mieux reconnaître un fait original que de maintenir « jusqu'au bout » un système qui s'en accommode mal et ne se vérifie qu'en deçà de ce fait. Si nous admettons que les sociétés *se font* elles-mêmes en partie, ce n'est pas de notre part « une croyance ». Oui ou non les hommes établissent-ils des constitutions, font-ils des lois, fondent-ils des institutions? Et fonctionnent-elles, sinon à notre entière satisfaction et en remplissant toutes nos prévisions, du moins de manière à réaliser nos fins avec quelque approximation ? Il faut bien l'admettre, à moins d'avoir une certaine « répugnance » à « avouer » les faits. V. plus haut § 1 p. 59.

tuelle. Par là encore l'artifice ne se réduit pas à un simple
« acte de volonté » et suppose au premier chef, comme
nous l'avons montré avec insistance, l'emploi de moyens
appropriés. Il n'en reste pas moins qu'il transforme la
réalité en y introduisant quelque chose de mieux connu.
La sociologie naturaliste s'est bien souvent inscrite en
faux contre la « manufacture » sociale : l'évolution,
qu'elle aime à invoquer, ne semble pas ratifier cette condamnation; et l'art social, qu'elle prétend fonder, a des
exigences qui ne permettent pas davantage de la maintenir.

*
* *

Résumons-nous et concluons :

Que la morale soit *sociale* et purement sociale dans
toutes les acceptions du mot, c'est une opinion dans
laquelle ce nouvel examen de la question ne peut que
nous confirmer. Cela ne suffit certes pas pour qu'elle
puisse être dite scientifique, ni qualifiée de science. Mais
c'est peut-être une condition nécessaire pour qu'elle devienne positive.

Dirons-nous maintenant qu'elle doit devenir proprement *sociologique*, et peut-on la définir comme une technique dont la sociologie serait la base scientifique? Ici
une réponse simple ne suffit plus.

La morale nous apparaît comme comportant deux niveaux superposés, deux aspects qui d'ailleurs, dans la
réalité, ne se séparent jamais entièrement. Il y a la
morale faite et qui assure le présent; et il y a la morale
qui se fait, celle qui prépare l'avenir, non sans parfois,
en effet, compromettre la parfaite stabilité du présent, ni,
par suite, sans paraître immorale, lorsqu'on la juge aux
critères que peut fournir la morale faite.

Celle-ci, et celle-ci seule, présente, dans la plus large

mesure la *forme* d'une technique en tant que la société *donnée* se comporte comme une *nature*. Mais la connaissance qu'elle utilise n'est point une connaissance scientifique générale et fixe, analogue à la physique. C'est une connaissance objective, sans doute, mais limitée, relative et changeante comme son objet. Si cette notion d'un « art moral rationnel », comparable à une technique scientifique, est valable, ce n'est donc pas, suivant nous, pour un avenir lointain et même problématique, où l'on supposerait réalisée une véritable « physique sociale » ; c'est au contraire pour le présent et par rapport à l'action immédiate. Non seulement cela, et cela seul, semble possible, mais cela semble nécessaire. Ne serait-il pas bien étrange de reconnaître, en principe, l'excellence et la valeur positive d'une certaine attitude pratique, et d'en reculer indéfiniment l'adoption ? D'autant mieux que, conformément aux vues du « pragmatisme », c'est peut-être en commençant par l'adopter qu'on en accroîtra la validité. Si nous devions un jour agir en ingénieurs sociaux au moyen d'une science véritable des sociétés, nous devrions, dès à présent, en user de même avec la connaissance empirique dont nous disposons.

Mais, d'autre part, ce n'est là qu'une partie et qu'un aspect de la morale. Car l'action contribue à organiser la société et à la faire autant qu'à l'utiliser. La sociologie purement naturaliste se présente sur ce point comme un *système* aussi *a priori* et aussi simpliste que bien d'autres, quand il oppose à la naïve observation des faits la rigueur d'une méthode et l'étroitesse d'une théorie dont ils s'accommodent mal. A ce niveau supérieur la morale cesse visiblement d'être comparable aux techniques physiques, chimiques, et même biologiques. Les rapports entre le *savoir* et le *faire* s'y intervertissent et c'est *l'action qui soumet alors la société aux formes de la pensée rationnelle, pour mieux assurer l'action elle-même.* Est-ce

à dire que l'action, à partir de ce moment, serait arbitraire
et sans règles? Nous ne le croyons pas, mais c'est une
tâche entièrement nouvelle que d'essayer de déterminer
d'une manière critique et rationnelle ces règles que les
métaphysiciens pensaient trouver toutes faites dans une
intuition supérieure. Seulement il faudra savoir se rési-
gner ici à de simples probabilités et accepter la nécessité
du risque. Nous sommes aujourd'hui assez habitués à
l'idée que la nature n'est pas sortie toute faite d'un acte
créateur unique et définitif, mais qu'elle a du elle-même, dans ses créations, tâtonner longuement et faire de
multiples essais avant d'arriver à des œuvres viables.
Comment, dans cette création supérieure d'une société
rationnelle et harmonique, l'homme pourrait-il éviter de
tenter quelques épreuves sans issue et d'esquisser quelques ébauches sans avenir?

III· — LA CONSCIENCE

Un problème final autrement embarrassant que le pré-
cédent se présente donc à nous : puisque nous modifions,
en agissant, notre nature même, psychologique et sociale,
dans quel sens devons-nous agir, dans quel sens devons-
nous transformer cette nature éminemment plastique que
jusqu'ici nous considérions seulement comme une donnée
toute faite du problème? Et pourquoi, *en vue de quoi le
devrions-nous?* Notre option va porter sur les fins elles-
mêmes et nous aurons à découvrir, peut-être en un certain
sens à créer les motifs mêmes qui les justifieront. Et
qu'est-ce que justifier dans de pareilles conditions? Ne serons-nous pas réduits à proposer un idéal qui ne devra
sa valeur réelle qu'à la force même avec laquelle nous
saurons le faire accepter et le faire triompher, comme
d'autres auraient pu faire un idéal différent? « C'est tou-

jours à contre-cœur que j'ai demandé mon chemin. Cela
me fut toujours contraire. J'ai toujours préféré interro-
ger et essayer les chemins eux-mêmes.... Cela est maintenant mon chemin — où est le vôtre? Voilà ce que je
répondais à ceux qui me demandaient « le chemin ». Car
le chemin n'existe pas. Ainsi parlait Zarathoustra (1). »
Notre liberté n'est plus alors simplement un pouvoir dont
nous usons avec plus ou moins de sûreté. Elle est réellement choix, libre affirmation d'un meilleur; c'est un
vouloir dont nous nous décidons à faire l'épreuve ;
nous créons une valeur; nous ouvrons *notre* chemin en
invitant d'ailleurs les autres à s'y engager. S'ils s'y engagent, ils le frayeront sur nos traces, et pour un temps
ce sera désormais *le* chemin.

§ I. — LE PROBLÈME

Le problème ainsi posé est évidemment un problème-
limite, qui, pris absolument, ne comporterait pas de solution, puisqu'il exprime, en fin de compte, le droit imprescriptible et même l'inévitable disposition de la réflexion a opposer un « non » à ce qui est donné.

Dans le jugement prononcé par l'esprit en tant qu'il
pense est forcément impliquée la possibilité, la présence
même de ce *non*. Une affirmation qui précède toute négation, qui n'est pas au moins accompagnée de l'idée d'une
négation possible, est à peine une affirmation; ce n'est
assurément pas un véritable jugement, puisque la faculté
critique en est absente. C'est une idée, une représentation; c'est encore si l'on veut une croyance réduite à une
absence de négation; ce n'est pas encore une affirmation
positive.

(1) Traduction française de H. Albert, p. 283.

De la même manière, dans le jugement prononcé par
la réflexion pratique, la faculté de préférer implique toujours la faculté de repousser. Mais, voici la différence :
dans le domaine de la connaissance, la faculté de nier
n'est qu'une méthode pour mieux définir et mieux contrôler le donné, et le jugement vrai est celui qui se rallie finalement au donné ainsi découvert; dans la sphère
du jugement de valeur, le « non » peut avoir autant et
plus de droits que le « oui »; il n'est pas destiné seulement à éclairer et à établir le « oui », mais parfois au
contraire à le détruire et à le remplacer.

Il y a donc, *à la limite*, une évidente illusion dans l'espoir, affiché ou tacite, de la plupart des systèmes de
morale, que l'on puisse, par un procédé quelconque,
obtenir qu'un devoir s'impose au jugement pratique
comme s'impose à la connaissance un donné; et c'est
cette illusion, signalée au début de notre recherche critique que nous retrouvons au terme. Même si le *donné*
se présente sous la forme d'un *vouloir*, dès qu'il se *connaît* lui-même comme donné, il acquiert la faculté de se
nier.

Un bouddhiste pourra toujours préférer la non-vie à la
vie, un hédoniste, la non-raison à la raison, un stoïcien
le non-plaisir au plaisir, un Nietzschéen, le surhomme à
l'humanité.

Mais à ce niveau, où il ne comporte pas de réponse
décisive, le problème n'est guère aussi que la forme
abstraite ou toute théorique de la difficulté. Il convient donc de montrer que ce même problème
surgit sous une forme relative dans le réel, et
qu'il n'est par conséquent en aucune façon un
pur jeu d'esprit, — qu'en même temps une
solution peut alors en être fournie, par approximation du
moins, et que notre option, pour n'être pas alors dictée

par une connaissance certaine à une volonté arrêtée (ainsi qu'il arrive au niveau de la Technique morale) n'est pas pour cela absolument affranchie de toute règle ni privée de toute méthode.

La question ramenée sur le terrain de la réalité et de la pratique revient en somme à celle-ci : N'y a-t-il pas pour tout homme un moment où, quoi qu'il fasse, il en est réduit à consulter sa « conscience » ? Dans ce cas que doit être cette conscience qu'il consulte et dans quelles conditions s'assure-t-elle à elle-même son maximum d'autorité; comment peut-elle contrôler son droit à prononcer et surtout à mettre en œuvre une affirmation morale qui peut se trouver en opposition avec celle de la société environnante; comment peut-elle, à défaut d'un assentiment quant au fond de cette affirmation, obtenir au au moins des autres, ce qui serait précieux, le respect dû à la loyauté de son effort?

Qu'il y ait d'abord un moment où la conscience doive prendre par elle-même une décision, c'est ce que personne ne peut guère contester, ni ceux qui croient à des règles morales absolues et données toutes faites, qu'elles soient d'ailleurs édictées par un Dieu, par une Raison, ou même par une Tradition ; ni ceux mêmes qui font une place plus ou moins étendue à l'idée d'une science morale.

Dans le premier cas il y a d'abord pour la conscience une option initiale à faire, une décision à prendre, consistant dans la reconnaissance même du principe accepté. Sans doute cette option est d'ordinaire instinctive et sans critique. Il est cependant presque impossible de la concevoir absolument aveugle, et elle s'accompagne nécessairement d'une plus ou moins vague aperception des autres options possibles, qu'elles rejette. L'autorité, par le prestige qu'elle implique, nous dissimule trop qu'une autorité n'existe que par le fait d'une acceptation plus ou moins tacite.

Mais l'appel à la conscience trouve ensuite place nécessairement à la partie inférieure de la pensée morale, lorsqu'il s'agit d'appliquer à des cas particuliers des règles générales acceptées en principe. Cette affirmation, automatique et immédiate dans les cas les plus usuels, rencontre toujours, à un moment donné, quelque difficulté non résolue par l'expérience antérieure et par l'habitude. Ainsi nous voyons très clairement, aux deux extrémités de l'échelle des décisions morales, l'inévitable rôle de la conscience.

C'est en vain qu'on espérerait jamais le réduire à néant par la constitution d'une science morale, et lire directement dans les choses rien qui ressemble à une « vérité morale ». Nous avons montré par une analyse précise des conditions d'une technique sociale scientifique, l'impossibilité, même théorique, de déterminer sûrement et entièrement notre vouloir d'après la connaissance *de ce que sont* l'homme et les sociétés, puisque l'homme et les sociétés seront en partie *d'après ce que nous aurons voulu*. A plus forte raison dans la pratique, alors que l'action presse, et que, nos facultés de réflexion et d'information restant toujours limitées, nous sommes pourtant obligés de prendre un parti, l'intervention directe de la conscience est-elle inévitable. Et de même qu'aucune science, aucune méthodologie, ne dispensera jamais l'homme, non seulement dans la vie usuelle, mais même dans le travail scientifique proprement dit, d'avoir du bon sens, du tact et du jugement personnel, de même on ne conçoit pas une théorie ni une science morale qui puissent jamais dispenser l'homme d'avoir une conscience. S'il en est ainsi, peut-il sans absurdité, sans manquer pour ainsi dire à un premier devoir, se contenter de la conscience que lui font le milieu, la tradition, les circonstances, et se dispenser de *se faire consciemment une conscience* ? (1).

Mais alors il y a donc place en morale pour une méthode de la conscience, de sa préparation et de son intervention. Il s'agit de définir les conditions d'une «certitude morale » valable, de faire la théorie de cette compétence de l'homme de bien, qu'Aristote (2) considérait déjà comme un complément nécessaire de sa définition de la vertu. Ce travail est, si nous ne nous trompons, celui dont le livre de M. Rauh sur l'*Expérience morale* fournit l'essai le plus récent et peut-être le plus complet, en tout cas c'est peut-être là que le problème auquel nous sommes parvenus est le plus directement et le plus consciemment abordé.

*
* *

Il est clair tout d'abord que ce n'est pas à la conscience toute spontanée que nous nous adresserons.

Sous la forme courante et commune, la conscience spontanée ne peut guère être qu'un assez vague reflet du milieu social avec tous ses préjugés, et sans une per-

---

(1) Opposer Kant, qui considère comme absurde l'idée d'un devoir de se faire une conscience. *Metaph. der Sitten*, Hartenstein, VII, 204.

(2) *Eth. Nic.*, III, ɪᴠ. 4 (Ed. Grant) Ὁ σπουδαῖος γὰρ ἕκαστα κρίνει ὀρθῶς καὶ ἐν ἑκάστοις τἀληθὲς αὐτῷ φαίνεται. Καθ' ἑκάστην γὰρ ἕξιν ἴδιά ἐστι καλὰ καὶ ἡδέα καὶ διαφέρει πλεῖστον ἴσως ὁ σπουδαῖος τῷ τἀληθὲς ἐν ἑκάστοις ὁρᾶν ὥσπερ κανὼν καὶ μέτρον αὐτῶν ὤν. **Cf. sa définition bien connue de la vertu** *Eth. Nic.*, II. ᴠɪ, 15 : Ἔστιν ἄρα ἡ ἀρετὴ ἕξις προαιρετική, ἐν μεσότητι οὖσα τῇ πρὸς ἡμᾶς ὡρισμένῃ, λόγῳ καὶ ὡς ἂν ὁ φρόνιμος ὁρίσειεν.

ception distincte de la véritable nature de ce milieu, sans intelligence des besoins qui se manifestent ainsi en elle-même. Le temps n'est plus où nous pouvions considérer cette conscience comme une sorte de révélation fondamentale et divine. Nous savons trop aujourd'hui comment elle se forme et combien elle est variable, suivant les temps, suivant les milieux et les classes sociales mêmes. Elle est un produit contingent, un résidu subjectif de la réalité, encore exposé à se corrompre par l'inévitable contact avec les intérêts et les passions de l'individu. C'est précisément pour l'interpréter et la rectifier que l'analyse sociologique peut être utilement mise à contribution. Nous savons à combien de déviations sont exposées les impulsions, à combien de contresens les idées de la conscience spontanée (1). Les méprises de l'honneur et de la charité sont peut-être les plus connues et les plus souvent dénoncées. Mais on pourrait en signaler de plus graves et de plus générales. Ne peut-on pas voir, par exemple, dans l'importance pharisaïque attachée au *Mérite*, dans ce fait qu'on érige le mérite en critère de la moralité, qu'on l'identifie même à la moralité, l'indice d'une véritable déformation de la conscience, d'une dégénérescence profonde qui en corrompt les racines mêmes ? Pour savoir si la moralité est satisfaite, nous sommes, en vertu de cette disposition, habitués à *regarder en dedans* et ce que nous cherchons dans la moralité, c'est une sorte de perfection interne, moins que cela, une sorte de satisfaction de nous-mêmes, alors qu'une telle satisfaction ne peut attester que l'étroitesse du champ de notre conscience, la briéveté de nos vues, l'absence d'objectivisme de notre volonté et de notre pensée morales.

Tout près de ce contresens on peut en reconnaître un

____

(1) Cf. Rauh, *op. cit.*, p. 22.

autre qui n'est ni moins général ni moins profond, c'est
ce *formalisme* (1) (nous ne prenons pas ici le mot au
sens exactement kantien) qui consiste à condenser le
devoir dans les formules très simples et peu nombreuses
où volontiers on le croit tout entier enfermé. Cela est
commode pour l'esprit, mais cela est trop commode aussi
pour la conscience. Elle se trouve dispensée par là de
chercher la voie du devoir dans le labyrinthe complexe
et confus de la réalité. Elle se satisfait à bon compte par
l'examen en quelque sorte tout logique de la conformité
d'un acte à une formule. Elle se garantit aussi (et c'est par
là que le formalisme touche au pharisaïsme) contre le
reproche des autres et contre ses propres scrupules.
Qu'on veuille bien relire l'opuscule de Kant *sur un prétendu droit de mentir par humanité* (2), où Kant applique à un cas particulier la thèse que nous avons dési-
gnée sous le nom de « Morale des principes » et qui interdit de soumettre les règles au contrôle de la prévision
des conséquences. Si l'on examine, sans prévention et
sans préconception philosophique l'argumentation parfois
un peu puérile de Kant, il est impossible de ne pas sentir
que la préoccupation esentielle qui détermine ce respect
étroit de la règle, c'est celle de se prémunir, quelle que
soit l'issue des événements, contre tout *blâme* ; ce n'est
pas le souci de notre autonomie, ni le désir de prévenir les
sophismes de l'intérêt, c'est celui de nous mettre à cou-
vert et de soulager notre jugement et notre décision du
poids des événements plus ou moins fâcheux qui pourtant en dépendent partiellement. En termes vulgaires,
cela porte un nom : cela s'appelle la *peur des responsabilités*.

Ainsi faute de vouloir regarder en dehors vers les

(1) Cf. notre conférence dans *l'Education morale dans l'Université*, p. 224, Paris, F. Alcan.
(2) *Ueber ein vermeintes Recht*, etc., Hartenstein, t. VII, p. 305.

réalités au milieu desquelles se meut la conduite, on est amené à regarder au dehors vers les *jugements* qu'elle peut provoquer. Le blâme et l'approbation des autres (phénomène social d'ailleurs si directement associé à la moralité et à sa formation, et dont les moralistes anciens avaient déjà fait, non sans doute un critère, mais un signe de jugement moral), prend une place excessive dans notre conception de la moralité. Nos consciences, au lieu de juger par elles-mêmes, c'est-à-dire de juger par leur contact direct avec la réalité, s'observent et se guettent mutuellement pour savoir comment elles jugeront. Au lieu de nous demander où est le bien, où est le mal, nous nous demandons si tel agent est estimable ou blâmable. Nous devrions nous demander par exemple si le suicide est un mal ou l'indice d'un mal social, — question qui se résoudrait presque évidemment par l'affirmative — et quels sont les moyens d'extirper ce mal, — question complexe, et délicate, mais au moins utile et féconde ; mais point : nous nous demandons si le suicidé est ou n'est pas coupable, si nous devons le blâmer ou le punir (?), question aussi subtile et obscure que vaine et stérile.

Notre morale est semblable au vieux pédagogue « orbilien » qui, au lieu de se demander quelles sont les facultés de son écolier et par quels moyens les développer, ou comment les fins de l'éducation déterminent la nature de sa tâche, abandonne à l'empirisme le plus grossier ou aux préférences les plus arbitraires la définition de sa fonction, et tourne toute son attention à donner de bonnes ou mauvaises notes, à distribuer des couronnes ou des pensums (1).

(1) Un des nombreux sophismes que renferme la réfutation kantienne de l'Eudémonisme (c'est une « nichée ») est peut-être apparenté à cette conception. Bien que Kant ne formule pas expressément cette idée, il transparaît dans son argumentation que si l'Eudémonisme est à ses yeux inacceptable, c'est parce qu'il

Il y a, il est vrai, une autre conscience spontanée que celle dont nous venons de parler, et d'une nature bien différente. C'est celle de ces rénovateurs de la conscience commune, de ces génies moraux qui semblent apparaître de loin en loin dans l'humanité. Celle-là n'est pas le reflet plus ou moins confus et déformé de la moralité vulgaire ; elle est au contraire l'initiatrice d'un idéal nouveau qu'elles paraissent créer selon une inspiration aussi indéfinissable qu'irrésistible. Elle décide non pour un homme ni pour un peuple, mais pour l'humanité, non pour le moment présent, mais pour un avenir indéterminé. Ces grands semeurs ignorent d'où vient le grain qu'ils jettent d'une main aussi confiante que téméraire sur une terre mal préparée, et jamais ils ne verront lever une moisson qui doit mettre des siècles à mûrir. Mais ce n'est pas pour le génie que l'on cherche une méthode, et il n'a pas coutume de se demander quels sont ses droits ni sur quoi se fonde son autorité.

Quant à la conscience commune dont nous avons parlé elle ne nous offre aucune garantie. Nous n'avons pas le *droit* de nous y fier, bien qu'il faille y recourir si toute autre ressource nous est enlevée. Prise en ce sens, l'idée de l'infaillibilité de la conscience serait insoutenable. « Pour professer une pareille opinion, écrit Höffding (1), il faut vouloir de gaîté de cœur fermer les yeux devant un des plus tragiques conflits de la vie. La conviction la plus pure et la plus sérieuse peut reposer sur une complète erreur. Pas plus dans le domaine moral que dans les autres nous ne possédons de signe immédiat et infailli-

serait absurde de *punir* un homme pour n'avoir pas réussi à être heureux, et de le *récompenser* pour y être parvenu. En effet; mais pourquoi supposer que la fonction essentielle de la morale soit de punir ou de récompenser? Cela est, il est vrai, inhérent au formalisme ou « légalisme » kantien; mais n'est nullement conforme à l'esprit de l'Eudémonisme qui est une doctrine de finalité pratique.

(1) *Morale*, IV, 3, p. 75 de la traduction française.

ble de la vérité... Ceux qui crucifièrent le Christ n'ont-
ils pas pu agir d'après leur meilleure conviction ? Kant
a-t-il eu raison de dire qu'un inquisiteur ne *pouvait* pas
avoir une bonne conscience ? N'est-ce pas de bonne foi
qu'Aristote a soutenu la légitimité de l'esclavage, que
Calvin avec l'assentiment de Mélanchton livra Servet
au bûcher, que Sand tua Kotzebue, le traitre à son
pays ? »

Sans doute les théories de Kant et de Fichte sont peut-
être plus défendables qu'il ne semble ici à Höffding
parce que ce n'est pas à la conscience complexe de l'individu et du moment qu'ils attribuent l'infaillibilité, mais
à quelque chose de plus simple et de plus profond. Kant
par exemple reconnaît bien que je puis me tromper en
croyant entendre « la voix de la conscience » et à plus
forte raison lorsque je décide « si ceci ou cela est un
devoir ». Mais je ne pourrais pas me tromper sur la
question de savoir « si j'ai comparé ma conscience à la
raison pratique en vue du jugement (1) », car sans cela
« il n'y aurait plus de jugement moral de tout ». Notre
certitude morale porterait donc sur ce fait subjectif :
avons-nous conféré notre conscience réelle avec notre
raison pratique ? et il semblerait qu'une erreur soit impossible sur le point de savoir si nous avons accompli
cette opération mentale.

Mais qui ne voit combien serait pratiquement insuffisante une pareille certitude, combien illusoire, même
en principe, est une pareille infaillibilité, puisque d'une
part la raison pratique n'est pas une norme toute faite
qu'il n'y ait qu'à confronter avec notre état mental réel
et personnel ; puisque d'ailleurs nous pouvons aussi
bien nous tromper sur l'existence et la nature de nos
opérations mentales que sur n'importe quel objet ? Est-

(1) Kant, *Tugendlehre, Einleitung*, Hartenst., VII. 204.

ce que, sous cette apparence scolastique d'une confrontation de facultés, ne se cache pas en réalité toute une méthode infiniment complexe à l'aide de laquelle nous devrons scruter et critiquer notre conscience ? L'opération subtile et profonde que définit Kant n'est pas accessible à tous et ne peut prétendre à aucune infaillibilité.

Plus solide semble la théorie de Fichte (1) qui ramène en somme l'infaillibilité de la conscience à la confiance dans la raison, à cette certitude, dirions-nous, qu'on a toujours raison d'avoir raison, et à cette conviction intime que notre moi concret et empirique est bien en harmonie avec notre moi véritable. Plus précisément nous avons de la légitimité de notre conscience un double critère :

1° Notre affirmation est-elle vraiment autonome et n'est-elle le produit d'aucune suggestion étrangère ?

2° Notre action elle-même tend-elle essentiellement à réaliser la liberté, qui est notre véritable fin ?

Doctrine admirable, dont nous aurons à tenir grand compte. Mais si elle nous indique une direction à suivre, si elle nous montre en quel sens chercher la méthode dont nous avons reconnu la nécessité, elle ne saurait la remplacer. On admettrait volontiers que la raison est infaillible en proposant de tels critères. Mais quelle infaillibilité peut-il en résulter dans l'application de ces critères ?

Ainsi entre la conscience actuellement faite, complexe, variable, éminemment faillible, mais qu'il faut bien consulter au moment de l'action, et le principe général, profond, accepté d'avance en notre moi le plus intime, mais qui reste immanent à toute notre activité morale, sans

(1) *Sittenlehre*, § II. Œuvres, t. IV, p. 201 sqq. Cf. X. Léon, *Phil. de Fichte*, p. 277 et 360.

presque jamais apparaître clairement dans une décision
particulière, il y a un large intervalle où se meut précisément la *réflexion morale pratique* à l'aide de laquelle
nous nous faisons une conscience à la fois légitime aux
yeux de notre raison et utilisable dans la vie réelle. Entre
le chant accidenté et parfois improvisé qui se déroule à
la surface, dans le rythme mobile de l'action, et la basse
fondamentale qui donne à la vie morale sa tonalité, il y
a le chœur des idées et des tendances réfléchies, dont la
structure équilibrée et consistante, mais pourtant riche et
diverse, peut seule assurer à l'œuvre sa solidité et son
harmonie. Ici donc, au point de vue du sujet moral, comme nous l'avons déjà vu en examinant le contenu même
des problèmes moraux, c'est dans la région moyenne de
la vie morale que nous rencontrons les véritables problèmes. Aux deux extrémités où nous l'avions d'abord
soupçonnée l'option morale ne semble pouvoir donner
lieu à aucune méthode vraiment précise. C'est par la
solide préparation du système de nos idées et nos habitudes que nous pourrons à la fois prendre une plus nette
conscience de notre tonalité morale irréductible et rationaliser nos décisions particulières.

2. — L'EXPÉRIENCE MORALE

Dans la recherche d'une semblable méthode ,comme
on travaille en vue de la constitution d'une morale *positive*, il est assez naturel qu'on songe à s'inspirer des méthodes qui seules ont réussi à fonder une science positive, aux méthodes expérimentales. Telle est essentiellement la portée de l'idée qu'on a formulée sous le terme
d'*Expérience morale*. Il s'agirait de soumettre la conscience morale à une « épreuve » aussi variée, à une « enquête » aussi étendue et aussi approfondie que possible, de

lui faire subir la « vérification de la vie ». Les tendances, les *fins*, l'idéal seraient ainsi, comme les faits, comme le réel, objet d'une expérience et d'une vérification *sui generis*. Elle a essentiellement pour objet de déterminer quelle est ma volonté profonde, celle qui prime pour moi toutes les autres, et de m'apprendre, à l'user, « qu'est-ce que je veux en définitive plus que tout au monde quand je me place dans une attitude impersonnelle (1) ».

A cette première conception d'ensemble se joint une double théorie de la certitude morale et de son objet. Tout d'abord la certitude morale, comme une certitude expérimentale, n'a pas besoin d'être une certitude universelle ni de porter sur des principes généraux. « L'affirmation de la présence de ce livre est aussi certaine que celle du principe de causalité (2). » De la même manière nous pouvons avoir d'un devoir ou plutôt de l'affirmation qu'une chose est à faire, qu'un parti est à prendre, une certitude absolument valable, quoiqu'elle soit individuelle à la fois quant à l'objet sur quoi elle porte, et quant au sujet qui la ressent. C'est une certitude valable pour nous, sans qu'elle soit nécessairement valable pour d'autres, et valable sur ce point particulier sans qu'il soit nécessaire de l'encadrer dans tout un système. Les vérités morales comme les vérités scientifiques sont « sporadiques (3) ». Prise en elle-même cette certitude n'est rien de plus que « l'irrésistibilité » d'une croyance. « Il suffit, pour qu'un sentiment soit « rationalisé », qu'il occupe tout le champ de la conscience (4) ».

(1) Rauh, *op. cit.*, p. 14, 15, 32.
(2) *Bulletin de la Société française de philosophie*, janv. 1904, p. 8. Cf. *L'expérience morale*, p. 65. « L'honnête homme veut l'évidence actuelle, celle qui jaillit de la chose même : *præsens evidentia*.
(3) *L'expérience morale*, p. 71. Paris, F. Alcan.
(4) *Bulletin*, etc., p. 24.

La tentative avait son intérêt, de rapprocher les conditions d'un jugement moral valable de celles de la connaissance expérimentale scientifique, et ce n'est certes pas l'ingéniosité, la pénétration, ni le sentiment de la complexité de la vie qui ont manqué à l'auteur pour mettre cette idée en valeur.

Remarquons tout de suite combien elle se différencie d'un simple intuitionisme ou d'une morale du sentiment. L'ancien intuitionisme croyait précisément que le sens moral s'observait en quelque sorte comme une chose toute faite. Il correspondait dans le domaine de la conscience, à ce qu'était dans le domaine de la science objective l'ancien empirisme, qui semblait croire que l'observation brute était ce qui nous rapprochait le plus de la vérité. Au contraire toute la doctrine que nous venons de rappeler en quelques mots n'a de raison d'être que parce que l'on abandonne cette position, parce qu'on sait, par l'exemple du travail scientifique, combien l'expérience brute est peu instructive, combien la vérité la plus positive est complexe et éloignée des apparences immédiates. Elle sait qu'il ne suffit pas de voir, et qu'il faut savoir regarder ; à vrai dire même, sous le nom d'expérience morale, c'est moins d'une observation que d'une sorte d'expérimentation qu'il s'agirait ici (1).

Mais cette justice une fois rendue aux intentions et au véritable esprit de cette méthode, nous doutons que l'idée en soit nette et précise.

L'expérience, au sens scientifique du mot, nous paraît

(1) Rauh, *Bulletin*, etc., p. 11. On peut voir (*Ibid.*, p. 15) que nous jugeons moins étroitement que nous le faisions alors la théorie de M. Rauh. Mais si notre critique ne portait pas tout à fait juste, c'est que l'idée de l'expérience morale nous était restée obscure. Nous croyons la mieux saisir aujourd'hui, mais elle nous paraît encore présenter quelque confusion.

avoir essentiellement deux fonctions connexes ; établir par un contact plus précis avec le réel l'accord des esprits, en substituant à des opinions personnelles et subjectives une donnée irrécusable des *faits*, ou du moins en les subordonnant à cette donnée ; — décider ensuite (et n'est-ce pas au fond la même chose ?), pour un même esprit, entre deux ou plusieurs hypothèses.

Il serait difficile d'attribuer à l'expérience morale la première de ces deux fonctions, car elle a un caractère essentiellement individuel et même intérieur. Le professeur qui fait une expérience devant un auditoire, le savant qui dans un mémoire décrit une expérience et en indique le manuel opératoire, prouvent la *vérité* d'une affirmation. Par « l'expérience morale », qu'est-ce que pourra prouver celui qui l'aura faite ? Il se prouve simplement à lui-même qu'il croit solidement à un certain idéal, et c'est seulement la résistance subjective de sa croyance qu'il aura établie à ses propres yeux. Sans doute on peut dire qu'en prouvant sa bonne foi, en la mettant en évidence aux yeux d'autrui, il donne auprès d'eux un réel crédit à l'idéal qu'il proclame. Il est plus fort pour les convaincre s'il adopte une politique que ses intérêts personnels déconseilleraient, une religion qui l'astreint à d'austères devoirs, etc. Par là il prépare sans doute l'extension de sa croyance. Que dirait-on pourtant de celui qui l'adopterait uniquement au nom de cette *autorité*, sinon qu'il manque précisément à cette même méthode sans laquelle il n'y a pas de jugement moral valable ? Voilà donc une expérience qui a ce singulier caractère de ne valoir que pour celui qui la fait ; une expérience qui me permet de m'assurer de *ma* volonté la plus essentielle, mais qui ne peut rien pour la faire accepter par les autres !

Sur le second point on serait plus disposé à accorder

à l'expérience morale le rôle de l'expérience scientifique. Celui qui s'y livre cherche en effet un moyn d'opter raisonnablement entre plusieurs directions possibles de sa conduite. Mais comment le peut-il ? Justement par un procédé plus analogue à celui du savant qui construit une théorie qu'à celui du savant qui constate un fait, ou vérifie la conformité du fait avec son hypothèse. Dans l'expérience scientifique nous comprenons cette évidence particulière propre au fait considéré, la *prœsens evidentia.* Le fait décide de mon hypothèse. Mais en quoi peut consister l'évidence morale d'un idéal, si restreint qu'en soit l'objet, sinon dans son aptitude à organiser la vie ou une portion plus ou moins définie de la vie ? M. Rauh luimême exige une « enquête » aussi étendue, aussi variée que possible, il demande ensuite qu'on « situe » la conception morale, à laquelle on se rallie, dans l'ensemble des autres. Mais alors où est la *prœsens evidentia* de cette conception prise en elle-même? Que peut bien être l'évidence *propre* de l'héritage ou de sa suppression ? du divorce ou du mariage indissoluble ? du conservatisme ou de l'esprit démocratique ? Nous admettons volontiers que pour reconnaître la justesse ou la légitimité d'une solution dans ces problèmes spéciaux, il n'est pas nécessaire d'établir un système philosophique ou même social complet. Nous avons nous-même soutenu dans une large mesure, avec M. Lévy-Bruhl, la pluralité et l'indépendance relative des problèmes moraux, et contre lui (ce qui nous parait impliqué pourtant par cette thèse) l'indépendance relative et plus ou moins provisoire des fonctions sociales. Mais il n'en résulte en aucune manière qu'il y ait là dedans aucune *prœsens evidentia* analogue à celle du fait expérimental. Une affirmation morale pour ou contre l'héritage, le divorce, etc·, n'est pas un *fait* qui présente par lui-même une clarté décisive capable de nous dicter notre jugement en faveur de toute une *théorie* de la propriété, de la famille. C'est le contraire qui arrive : entre les raisons opposées qui se présentent à nous avec autant de force pour ou contre l'héritage, pour ou contre le divorce, considérés en eux-mêmes, nous serions fort empêchés de décider, tant que nous n'aurons pas aperçu quel système économique, quel système familial ou politique se trouve en connexion avec ces institutions particulières. On ne trouverait donc ici rien d'analogue à une évidence de fait, sinon dans ces *intuitions du sentiment* moral dont tant de consciences et même tant de moralistes se contentent, dans les convictions des gens qui trouvent très évident par soi-même qu'un fils doive recueillir une fortune toute faite à la mort de son père, ou qu'un époux ait une mainmise permanente sur la liberté de son conjoint. Mais c'est précisément ce genre d'évidence intuitive, que, à bon droit, on considère comme sans valeur ,et qu'on veut soumettre à un contrôle méthodique.

Aussi bien est-il assez singulier de définir la rationalité d'un état mental par le fait qu'il « occupe tout le champ de la conscience (1) ». A notre sens ce serait plutôt l'opposé. Une obsession, une idée fixe, une tendance impulsive sont précisément ce qu'il y a de plus irrationnel parce qu'elles occupent toute la conscience. Un état est rationnel au contraire si tout en occupant peut-être *par lui-même* une assez petite place, il préside à une synthèse étendue de pensées ou de sentiments. De même, ce qui détermine la valeur d'une institution spéciale, ce qui permet de la juger rationnelle, c'est surtout son aptitude à cadrer avec une systématisation sociale relativement étendue ou même à la déterminer.

Ainsi, il est bien difficile de ne pas être arrêté dès le

_____

(1) *Bulletin*, etc., p. 24.

début par l'obscurité, disons-le franchement, l'impropriété
du terme d' « expérience » ainsi appliqué. Le centre de
cette obscurité est peut-être dans cette formule risquée par
M. Rauh : *expérimenter un idéal*. Dans la science je contrôle (on ne pourrait guère dire : j'expérimente) la validité de mon jugement en le confrontant avec les faits. Ce
sont les faits qui sont l'objet de mon expérience; et mon
jugement est mis à l'épreuve des faits. Ici au contraire,
c'est mon jugement même qui est l'objet mis en ex-
périence. Alors à quelle épreuve est mis mon jugement?
A l'épreuve des faits? Mais il est lui-même le fait expérimenté, le fait qui doit par conséquent décider, et alors
où est le contrôle? Ou bien mon jugement moral cesse-
t-il d'être l'objet de l'expérience pour être alors soumis,
comme ailleurs, au contrôle des *faits extérieurs?* Mais
comment l'admettre en toute rigueur puisqu'il s'agit de
juger un idéal et que c'est justement l'idéal qui juge
les faits? La vérité, c'est que, en effet, le problème est ici
non de soumettre des faits à mon jugement, ni de soumettre mon jugement aux faits. Il s'agit de *juger mon*
jugement; et que le véritable nom d'une semblable opération est *Critique* et non *Expérience*.

En employant ici le mot expérience, M. Rauh ne s'ex-
pose-t-il pas à commettre, en le transportant sur le terrain de la psychologie, le contresens qu'il condamne si justement quand il le rencontre chez certains sociologues,
et qui consiste à conclure du fait au droit? Si un idéal
était, rigoureusement parlant, un objet d'expérience, ne
se réduirait-il pas à un fait? (1) S'il n'y a rien de plus,

(1) On ne résoudrait donc pas la question en admettant comme
M. Durkheim l'a professé depuis notre première édition, que
l'Idéal émane de la conscience collective. On peut d'abord se demander si l'initiative en fait d'idéal n'appartient pas toujours à
la conscience individuelle. Mais en tout cas la thèse en question ne
ferait nullement disparaître l'hétérogénéité entre le fait et le
droit, entre un donné et un vouloir. Le fait qu'un idéal est pensé
— que ce soit par une conscience individuelle ou par une cons-

dans mon expérience morale, que la *constatation* de « ce
que je veux par-dessus tout » en quoi cette volonté, en
somme toute individuelle, serait-elle plus respectable que
la volonté essentielle des sociétés, dégagée par le sociologue ?

Essayons donc de mettre en lumière et de distinguer
les idées valables qui peuvent être confondues dans ce
vocable obscur « d'expérience morale ». Nous passerons
du sens le plus extérieur et le plus éloigné du problème
auquel nous étions arrivé au sens le plus intérieur et
qui nous rapprochera de la réponse cherchée.

*
* *

Nous ne nous arrêterons pas sur un premier sens qui
pourtant serait peut-être celui que les mots suggéreraient
le plus naturellement : mettre un idéal en expérience,
c'est le mettre en œuvre, le faire passer dans la réalité,
voir comment il s'y comporte et s'il donne ce qu'on en
attendait. Il répugne à nos sentiments humanitaires de
sacrifier déblibérément une existence humaine : suppri-
mons la peine de mort. Il nous paraît odieux de faire
porter à une personne la peine d'une faute étrangère :
effaçons les règles juridiques qui dépriment la situation
de l'enfant naturel; et attendons alors les événements
pour voir si en donnant ainsi satisfaction à un sentiment
ou à un « principe » dont la *præsens evidentia* nous a
fait agir, nous n'allons pas susciter des contre-coups propres à blesser ces mêmes convictions. A vrai dire il
s'agirait alors plutôt d'expériences sociales que d'une ex-

cience collective, peu importe, — est sans doute un fait, mais ce
n'est pas expliquer la *valeur* qu'on lui attribue que de constater
simplement ce fait. Et nous verrons justement que la conscience
individuelle peut parfois, s'inscrire en faux contre l'opinion commune, qu'elle le peut en fait, qu'elle le peut en droit, et qu'enfin
elle le peut avec quelque succès.

périence morale. C'est là cependant une sorte d'*épreuve*, et la plus grave de toutes, à faire subir à nos idées morales. Dès que nous renonçons à faire résider la moralité dans un simple mérite intérieur, dans la seule vertu subjective, il faut bien que la conscience morale, directement ou indirectement se donne une œuvre à faire et risque quelque *hypothèse pratique* que l'expérience peut, dans une certaine mesure confirmer ou infirmer. Et cette vérification ne reste pas si extérieure à la moralité même : car, d'une part « la foi qui n'agit point, est-ce une foi sincère? » et d'autre part un commencement de réalisation est parfois nécessaire à la diffusion de certaines convictions morales. Celui qui est persuadé, vérifie, et, en vérifiant, persuade. Seulement, il faut l'avouer, il persuade d'ordinaire plutôt par l'acte même de vérification que par le résultat, même heureux de cet acte. C'est-à dire que sa conviction, mise en valeur par cet effort vers la réalisation se propage et s'impose, alors que l'insuccès même ne pourrait démontrer absolument qu'il ait eu tort. En pareil cas l'échec prouve peut-être seulement l'écart entre l'idéal et le réel. Mais cet écart est bien avoué d'avance, puisque sans cela l'idéal ne serait pas l'idéal et dès lors, on peut conclure non à sa condamnation, mais à la nécessité de nouveaux efforts. Ainsi le pacifisme a subi et subira sans doute encore de la part des événements plus d'un refus douloureux. Mais un refus n'est pas un démenti, et les échecs de l'idéal pacifique ne seraient point pour le convaincre de « mensonge »; et ce dernier mot est même dépourvu de sens puisqu'il ne s'agit point ici d'une vérité, mais d'un bien. L'abolition de la peine de mort pourrait aujourd'hui être suivie d'une recrudescence de crimes sans qu'il cessât d'être vrai qu'un jour ou l'autre, on devrait la faire disparaître et qu'il y faut tendre. Dans tous les cas de ce genre l'insuccès n'a d'autre portée que de nous avertir des difficultés extérieures et de nous montrer que les chemins les plus directs en apparence ne sont pas toujours les plus sûrs. Mais comme on le voit, de telles « expériences » ne jugent pas notre idéal, et le laissent parfois entièrement intact. Ce n'est donc pas encore là ce que nous cherchions et c'est ce qu'on pouvait prévoir dès l'abord : car sans une critique préalable de notre idéal, qui légitime à nos yeux l'autorité de nos convictions morales, comment aurions-nous le droit de le faire passer à l'action?

On se rapproche du but si l'on prend le mot « d'expérience morale » dans un sens déjà plus psychologique auquel conduit l'expression vulgaire : *avoir de l'expérience*. Il faut que la conscience, avant de juger et de choisir, s'instruise et s'enrichisse. Tout jugement, jugement de valeur ou jugement de connaissance, implique un travail de comparaison et d'intégration, et la justesse des vues suppose tout d'abord l'étendue des perspectives. Nulle part les *idola specus* et les *idola fori* ne sont plus fréquentes, plus décevantes, ni plus redoutables que dans le domaine moral. Nous avons pu constater que sur cinquante jeunes gens de la bourgeoisie auxquels on propose d'examiner la valeur de l'institution de l'héritage, il n'y en a peut-être pas un qui voie autre chose que les avantages et la légitimité de l'héritage, *pour ceux qui en ont un à recevoir*, qui sache se demander s'il n'est pas inexistant pour le plus grand nombre, et si l'institution même ne contribue pas à priver ces *capite censi* des avantages et des droits que l'héritage confère aux autres. Connaître tous les milieux, connaître toutes les théories, savoir qu'il peut exister des aspirations ou des croyances autres que celles qui nous sont familières, voilà la première condition d'une conscience saine. Il faut la nourrir, et d'aliments suffisamment variés. Elle n'en assimilera qu'une partie, elle se portera mieux pourtant qu'avec le régime étroit et exténuant auquel notre éducation actuelle nous paraît la soumettre. M. Rauh nous semble avoir excellement indiqué comment d'une part les théories pouvaient être employées moralement et psychologiquement, en dehors de toute acceptation dogmatique, à cette information de notre conscience et à ce développement de notre vie morale, — comment d'autre part les théories n'y suffisent pas, parce que la vie morale complète suppose des sentiments actifs au delà des idées pures, et comment il faut entrer en contact direct avec l'action et les milieux agissants (1).

Dans cette culture préalable de la conscience il n'est peut-être pas d'éléments absolument inutilisables; il n'en est pas, en tout cas, que nous soyons en droit d'écarter *a priori*. Aucun idéal n'est d'avance disqualifié, non plus que justifié par ses origines. Comment atteindre notre but « sans nous servir de toutes les lumières capitalisées de la tradition aussi bien que du présent? Serons-nous jamais trop pour y voir clair? Nous est-il permis de mépriser aucun concours? (1) » L'absurdité pure ne trouve pas place dans l'esprit humain. L'esprit religieux qui se défie des origines laïques ou révolutionnaires de certaines idées ne doit-il pas cependant concevoir d'abord son Dieu comme un simple « honnête homme »? Mais comment à son tour le libre-penseur pourrait-il sans contradiction récuser une conviction morale ou répudier une vertu sous pétexte qu'elles sont « chrétiennes », comme s'il croyait à leur origine surnaturelle, que précisément il nie, et comme si pour lui elles étaient placées sur un autre plan que les autres? Elles sont chrétiennes, donc elles sont humaines et comme aucun homme n'a le droit de les mo-

(1) *Op cit.*. ch. II et III.
(2) Ch. Wagner, dans la *Revue (des Revues)*, 15 fév. 1906, p. 466.

nopoliser, aucun non plus n'est exhérédé de ce qu'il croit devoir recueillir du patrimoine de l'humanité (1).

Nous arrivons enfin à ce travail critique, à ce moment décisif de la vie de la conscience où nous a conduit toute notre étude antérieure du problème moral. Il s'agit maintenant d'opter, de prendre parti, de choisir des fins, à ce niveau de la moralité où elle n'est plus comme nous l'avons expliqué, comparable à une simple technique; et puisqu'il serait absurde de supposer cette option arbitraire, puisqu'il n'est pas moins contraire au bon sens de compter sur un *critère*, c'est, comme M. Rauh l'a si vivement senti, toute une méthode qui seule peut satisfaire à la question posée. On ne s'étonnera pas, puisque nous avons montré qu'elle doit affecter non la forme d'une expérience, mais la forme d'une critique, de nous voir nous rapprocher de Kant, dont les thèses étaient surtout compromises par ces deux circonstances : qu'elles se présentent sous une forme abrupte au lieu d'être situées dans l'ensemble du problème moral dont la plus grande partie se trouve méconnue; et qu'elles manquent par suite de communication suffisamment précise avec le réel, qu'elles ont commencé par négliger.

§ 3. — La critique de la conscience. — Conclusion

Peut-on d'une semblable critique proposer un principe général acceptable en lui-même, et qui, par quelque côté, nous ramène à l'idée d'une morale positive?

(1) Ce monopole comme cette répudiation ne seraient fondés que dans la mesure où ces affirmations morales seraient déduites directement et in abstracto des croyances théologiques que l'on accepte ou que l'on rejette. Mais nous avons dit combien en général est illusoire cette dépendance. En fait, les croyances métaphysiques du christianisme actuel, issues pour la plupart d'origines non chrétiennes diverses, se sont greffées après coup sur des idées morales qui ne leur devaient rien, ou bien peu de chose.

Le problème, on s'en souvient, était celui-ci : lorsqu'une conscience est mise en demeure de contribuer soit par une option, soit même par une innovation, à *faire* et non pas seulement à *conserver* la société humaine, à quelles conditions doit-elle satisfaire pour acquérir vis-à-vis d'elle-même et des autres le droit de décider, l'autorité morale?

Or partant du social, et parvenus au seuil de cette question (1) nous avons déjà nettement aperçu qu'une *société pensable, selon les formes de la science*, ne se réaliserait que par la rationalité et la contractualité· N'avons-nous pas simplement à reprendre cette conclusion sous une autre forme, et à dire que cette rationalité est précisément le caractère fondamental d'une conscience qui socialement mérite d'être écoutée? Il y a aussi pour le savant une *autorité*, qui ne lui vient pas seulement de son instruction antérieure ni de ses découvertes effectives, ou de son instruction générale, mais qui lui vient de sa méthode, ou mieux de ce qu'on a reconnu en lui l'esprit scientifique, le sens des conditions d'une science véritable. De la même manière la compétence de la conscience morale, au delà des conditions d'information acquise dont nous parlions tout à l'heure. ne résiderait-elle pas essentiellement dans son *attitude* et cette attitude ne serait-elle pas comparable, sauf à différer par le but, à l'attitude du savant (2)? Nous avons vu dès le début, combien était confuse l'idée d'une morale vraie, ou positive. Mais si l'on peut dire qu'une morale est vraie ou positive, parce que son contenu est d'ordre vérifiable, et que sa matière (la vie sociale) lui est imposée par l'observation et l'induction, on peut dire aussi qu'elle est positive par sa forme, si elle est subjectivement dominée par la même Raison qui règle l'attitude du savant. On dira même qu'elle

- (1) 2ᵉ Partie de cette étude, fin, p. 143.
- (2) Rauh, *op. cit.*, p. 245.

est scientifique, non sans doute en ce qu'elle serait elle-même science, mais en ce qu'elle serait issue du même esprit qui fait la science, et qui par là se reconnaîtrait d'une manière peut-être inattendue dans la conscience réfléchie de l'honnête homme. Voilà la Raison dans son usage pratique.

*
* *

Le problème ainsi posé comporterait, si l'on voulait le traiter intégralement, une longue analyse. Il s'agirait de déterminer quels sont les principaux caractères de cette rationalité dont nous venons d'indiquer le rôle. Mais la plupart des éléments en sont tellement connus qu'il nous paraît inutile de reprendre ce travail. Kant, Fichte, Renouvier ont si abondamment et si profondément formulé les principes d'une morale définie par la rationalité qu'il serait aussi vain que téméraire de recommencer leur œuvre nous contentant de l'adapter à la position que nous avons prise (1).

L'essentiel était de montrer à quel moment, pour quelle raison et sous quelle forme la rationalité réapparaissait en morale comme un principe fondamental, tandis que si on la présente directement, *ex abrupto*, et dans sa seule forme, comme l'essence même de la moralité, on l'expose aux objections que nous avons essayé de renouveler.

Le désintéressement, l'adoption des règles à la fois générales comme principes des actes du sujet, et universelles en tant qu'elles peuvent être adoptées par tous, l'impersonnalité et en somme *l'objectivité*, si caractéristiques de l'attitude de l'esprit scientifique, voilà en deux

(1) Pour le surplus on trouvera dans le livre de M. Rauh une abondance de fines observations sur le désintéressement, sur la liberté d'esprit, sur les fonctions logiques que comporte la « conscience qui compte », et une continuelle comparaison entre ses méthodes et celles du savant positif.

mots les aspects les plus frappants et les plus banals de cette rationalité.

Mais il nous semble nécessaire d'insister sur un caractère peut-être plus profond encore, parce qu'il va nous mettre en présence d'un grave problème et peut-être d'une véritable antinomie surgissant entre le point de départ et le point d'arrivée de notre recherche. Nous voulons parler de l'autonomie du jugement moral, condition et caractère essentiel de sa rationalité.

Nous avons établi au début de ces études que nous ne saurions définir arbitrairement la moralité, dont le contenu, rigoureusement spécifique et original, n'avait point à être inventé de toutes pièces, comme les morales *a priori* auraient, théoriquement au moins, la prétention de le faire. Nous sommes donc obligés de consulter les faits, l'expérience historique ou sociologique, pour déterminer inductivement en quoi consiste la moralité. Quel est le résultat auquel aboutit une semblable méthode ? On pourra en donner assurément des formules diverses ; mais en dépit de ces variantes, on est incontestablement conduit à définir surtout la moralité par une subordination de l'individu à une discipline dont les origines et les fins sont essentiellement sociales. A ce point de vue, il semble, et c'est bien ce qui se dégage de l'emploi usuel des termes de *loi*, d'*obligation*, de *sacrifice*, etc., que la moralité consiste essentiellement à s'incliner devant une autorité supérieure — qui, en définitive serait l'autorité de la société. La soumission aux règles, quelles qu'elles soient, imposées à l'individu par la collectivité, voilà bien ce qui paraît, *en fait*, avoir toujours été jugé moral par chaque société.

Mais voici qu'au terme de notre travail nous arrivons, par une autre voie, à proclamer que la conscience vraiment morale est celle qui dans son jugement adopte une attitude comparable à celle du savant cherchant la vérité.

Or la première démarche de cette recherche n'est-elle pas
« Doute méthodique »? La première condition d'une Critique n'est-elle pas : rejet de toute autorité? Quelle confiance mériterait le savant qui s'inquiéterait, non de ce
qu'est la vérité, mais de ce qu'en pense son voisin? Quelle
« compétence » morale serait non plus reconnue à l'homme qui ferait ce qu'on lui commande, uniquement parce
qu'il reconnaît une autorité qui le lui commande? Pourrait-on même dire qu'il a une conscience morale? Juger
par soi-même sans prévention, sans préférer que la vérité soit ceci plutôt que cela, parce qu'alors on ne pourrait dire que nous préférons la vérité à l'erreur, voilà le
caractère essentiel d'une pensée qui compte. Une conscience ne compte pas si elle ne prend la même attitude.

Et c'est bien ainsi que, pour des motifs dont l'expression a pu varier, mais dont le fond reste identique, toutes
les grandes consciences ont compris leur propre vie
morale. « Je ne puis autrement », c'est ainsi qu'un Socrate, un Jésus, un Epictète, un Luther, un Fichte ont
pensé et senti le devoir. Il serait vraiment prodigieux que
sous prétexte de méthode scientifique nous définissions la
moralité sans tenir compte de ces consciences-là. Quelle
méconnaisance d'une expérience peut-être *cruciale!* Nous
ferions masse, contre ces grands témoins, de la foule
anonyme des consciences boschimanes ou mélanésiennes!
Nous ferions prévaloir ces ténèbres contre cette lumière!
Il y aurait là quelque chose de si étrange et de si cho-
quant qu'avant toute analyse, nous serions immédiatement avertis d'une erreur ou d'une mauvaise position
de la question.

Ainsi une morale peut être dite *vraie* en ce sens que la
matière en est observée dans la réalité, ou bien en ce
qu'elle est définie, dans sa forme, par les conditions d'une
pensée qui cherche le vrai. Et ces deux définitions loin de

cadrer ensemble formeraient, à la limite, une antinomie radicale.

C'est cette même difficulté qu'on pourrait formuler d'une autre manière plus précise et plus particulière. Si la moralité est tout entière discipline sociale, toute dissidence est un crime, le crime est défini essentiellement par le non-conformisme, et même au fond par cela seul. Au point de vue de l'induction, cela peut évidemment se soutenir encore. *En fait*, Socrate, Jésus, Luther, et même Galilée ont été criminels pour leurs contemporains. Et comme les sociétés ne peuvent cependant éviter ces dissidences, qu'elles sont même nécessaires à leur progrès et à leur vie, le crime est nécessaire, il est normal. On connaît cette doctrine. Mais elle plonge notre conscience dans une stupeur qui doit nous avertir. N'y a-t-il donc aucun moyen de discerner les écarts qui sont des crimes et ceux qui n'en seraient pas? C'est bien le problème qui se pose à nous : comment la conscience individuelle jugeant d'une manière autonome, peut-elle légitimement prononcer, sans consulter la conscience collective existante, et même quelquefois contre elle?

*
* *

Il ne faut pas s'attendre à ce qu'une solution définitive et complète d'un pareil problème-limite puisse être donnée. Un vieux dogmatisme nous incite plus ou moins inconsciemment à demander à une morale un critère absolu, une réponse décisive à toutes les difficultés, une solution quasi mécanique qui détermine une certitude pour notre esprit sans le concours de notre esprit, un devoir pour notre conscience sans le concours de notre conscience. Il faut y renoncer. Le relativisme nous interdit ce chimérique espoir. On a trop cherché en morale, et par les biais les plus médiocres, à supprimer le *risque*, parce que, plus ou moins consciemment, on voyait toujours au bout de l'erreur morale le *châtiment*. Comme on continuait à concevoir la Loi à l'image d'un maître qui commande *sous peine* de sanction, on a cherché à la définir telle qu'elle ne pût jamais être ni inconnue, ni irréalisable pour personne. On a voulu se garantir contre la menace de la punition :

> *Quid sum miser tum dicturus,*
> *Quem patronum rogaturus*
> *Cum vix justus sit securus?*

La peur de l'enfer a beaucoup plus fait que la théorie de la raison pour vider la moralité de son contenu et la réduire à la bonne volonté. Timidité trop facilement rassurée, et qui nous dispense à la fois de chercher quand nous pourrions savoir, et d'essayer quand il reste un risque à courir. Il faut pourtant savoir accepter courageusement le devoir d'agir selon une probabilité raisonnable.

Mais le relativisme nous permet aussi d'approximer la solution, en nous souvenant que toute vérité offre un double aspect, et que les antinomies ne résultent ordinairement que de ce qu'on sépare et de ce qu'on réalise par abstraction des conditions ou des éléments qui sont unis dans le réel. Si, à la limite, l'autonomie du jugement moral nous plonge dans l'immoralisme nietzschéen, si, à la limite, une sociologie réaliste et mécaniste nous réduit par l'hétéronomie à une négation inverse de toute conscience et de toute morale, n'est-ce pas parce qu'on a indûment séparé la rationalité et la socialité, parce qu'on a conçu une volonté autonome sans finalité (1), et de la

(1)C'est bien la doctrine de Nietzsche. Justifier une cause, c'est du dogmatisme, de « l'esprit de lourdeur ». « C'est la bonne guerre qui a justifié toute cause. » Elle ne se justifie elle-même que par la joie absolue qu'elle donne au sage. Il faut « désapprendre le *pour, le à cause de* ». *Zarathoustra*. trad. fr., p. 356, 397, 453.

même manière une vie sociale automatique, également sans finalité et par conséquent sans raison? Rationalité et socialité doivent donc être rapprochées par la finalité. Peut-être est-ce là qu'il faudra chercher le contresens commun à certaines morales rationnelles et à certaines morales sociologiques.

*
* *

En premier lieu nous avons établi (1) quelle erreur il y avait, de la part des sociologues, à essayer de fonder l'autorité de la moralité existante sur une recherche purement historique, et même que la fonction de l'histoire explicative était beaucoup plutôt de nous libérer des traditions que de nous les rendre respectables. Qu'est-ce donc qui aux yeux de la réflexion peut subsister de la tradition morale donnée? Deux choses seulement : d'une part la connaissance d'un ensemble de faits qui doivent évidemment entrer en ligne de compte, si nous voulons que notre action présente soit efficace, dans le calcul des *moyens* que nous appliquerons à nos fins présentes ; et il n'y a encore là proprement aucune prescription, mais simplement une nécessité tout extérieure; — d'autre part au point de vue prescriptif nous pourrons recueillir de la morale existante tout ce qui paraît adapté aux conditions encore présentes de notre milieu, ou aux conditions permanentes d'une vie sociale. Que demandions-nous donc à la sociologie? D'abord une plus exacte intelligence, une détermination plus objective des problèmes particuliers et concrets qui se posent à nous *dans le présent*, puis une connaissance plus sûre des bases d'opération qui s'imposent à notre activité et des moyens dont elle dispose. Mais nous ne pouvions lui demander

(1) Partie II. § 2, p. 72 et suivantes.

de nous révéler « une autorité », une souveraineté qui serait celle de l'Etre social. Au contraire, au delà des indications de fait qui peuvent donner à notre action un point d'appui, tout l'intérêt de la sociologie, considérée dans son ensemble, serait de nous révéler quel est le *vouloir essentiel* de l'humanité, la finalité plus ou moins inconsciente qui l'anime. Ce vouloir peut, dans une large mesure, s'ignorer lui-même. L'homme individuel éprouve, sans les comprendre, une foule de besoins, d'impulsions instinctives dont le physiologiste vient utilement lui révéler la véritable nature et les fins réelles. De même il y a sans doute pour les collectivités humaines une finalité immanente, obscurément sentie, mais dont il appartient à la sociologie de nous aider à prendre intellectuellement conscience (1). Ce vouloir fondamental de l'espèce humaine semble être la constitution même d'une société, la réalisation d'un ordre social harmonique. Dans un remarquable opuscule (2) Kant montrait que cette idée de la constitution d'une cité juridique pourrait être prise comme l'idée directrice d'une histoire universelle de l'humanité. Ce n'est pas dans l'individu, remarquait-il un demi-siècle avant A. Comte, que nous pouvons nous faire une juste idée de la vraie nature et

(1) C'est ce que nous accorderons volontiers à la méthode sociologique que nous avons critiquée. Les fins de collectivités s'étagent à tous les niveaux de généralité et à tous les niveaux de la conscience, et les plus générales ne sont pas les plus conscientes, de sorte qu'une induction méthodique peut être nécessaire pour les dégager. Mais il reste que cette induction ne cherche pas alors à établir simplement des lois causales et mécaniques, mais au contraire les fins cachées sous les causes qui, *historiquement*, paraissent déterminantes.

(2) *Idee zu einer allegemeinen Geschichte in weltbürgerlicher Absicht*, 1784. Hartenstein, IV, p. 143. « Der Mensch hat eine Neigung *sich zu vergesellchaften* : weil er in einem solchen Zustande sich mehr als Mensch... fühlt », etc. P. 146 : « ... so muss eine Gesellschaft, in welcher Freiheit unter aüsseren Gesetzen in grösstmöglichen Grade mit unwiderstehlicher Gewalt verbunden angetroffen wird, d. i. eine vollkommen *gerechte bürgerliche Verfassung* die höchste Aufgabe der Natur für die Menschengattung sein. »

des vraies fins de l'homme, mais dans l'espèce. La constitution d'une société civile à la fois forte et libre, assuraǹt la liberté par sa force même, voilà l'idéal que la Nature semble avoir assigné à l'espèce humaine. Laissons de côté l'aspect naturaliste que Kant conserve encore à l'idée de la finalité à laquelle il fait appel : il reste que tel est bien le résultat le plus général de l'induction sociologique, de nous montrer dans l'établissement, le maintien, le perfectionnement constant de l'organisation sociale, le vœu le plus continu, le plus puissant de l'humanité. C'est pour y satisfaire qu'elle s'est imposé — *qui d'autre* en effet les lui aurait imposés? — les plus dures contraintes et les obligations les plus contraires à ses instincts naturels, au point de paraître manifester en elle-même une inspiration surnaturelle. La sévérité de l'homme pour l'homme dans la vie sociale, dès l'aurore des civilisations, est chose si étrange et si merveilleuse qu'elle a été volontiers prise pour un véritable miracle et qu'on a cru y reconnaître une intervention divine. Mais nous sommes aujourd'hui bien convaincus que l'humanité s'appartient et que ce n'est pas une volonté étrangère qui se révèle ainsi à nous. Dès que nous l'aurions découverte comme étrangère, nous deviendrions par cela même capables de la rejeter (1). Si cette volonté lui apparaît hostile, pourquoi l'homme la respecterait-il? S'il la croit favorable, pourquoi la poserait-il étrangère? Mais si nous y reconnaissons la volonté humaine elle-même, si nous sommes avertis, que sans le savoir, sans bien s'en rendre compte, c'est là ce que l'humanité a estimé le bien le plus précieux, il nous devient impossible de ne pas présumer que là en effet est le terme le plus raisonnable de nos efforts.

Nous comprenons alors comment il est possible, en

____

(1) Cf. ci-dessus, III, § 1.

principe du moins, de distinguer les écarts qui sont des crimes et les écarts qui n'en sont pas. C'est qu'il y a des dissidences qui ont pour motif et pour fin une vie plus parfaitement socialisée, tandis que d'autres ne sont que des facteurs de désagrégation et de dissolution. Les motifs de dissidence d'un Socrate, d'un Galilée sont de ceux qu'aucune société ne peut absolument renier sans se nier elle-même. Sans doute le temps est souvent nécessaire pour que nous comprenions comment certaines formes d'action et de pensée s'intègrent dans une vie sociale qui d'abord semblait les exclure. Mais de tels actes n'ont en réalité aucune analogie, avec celui d'un assassin ou celui d'un escroc. Aussi comprenons-nous la radicale différence de valeur entre les mobiles moraux et les mobiles égoïstes de dissidence ; et une morale sociale ainsi entendue est, de par sa finalité, celle qui explique et aussi celle qui limite le mieux cette valeur de l'intention dont la reconnaissance inévitable est si souvent, mais bien à tort, revendiquée comme le privilège des « morales de principes ».

Ainsi la société n'est pas seulement une condition qui s'impose, elle se réduit encore moins à une autorité qui commande; elle n'est pas seulement un passé qui nous opprime ou une réalité qui nous emprisonne. Elle est une idée directrice de notre activité, qui permet en chaque instant de corriger la réalité. Et la *socialité*, suggérée ainsi par l'induction sociologique, se fait accepter par notre raison autonome, non pas seulement comme une base pour l'action, ou comme une vérité pour l'esprit, mais comme un idéal pour la volonté, quand nous avons compris qu'*elle conditionne toutes nos fins* (1).

1. Kant, à sa façon, se place dans une position analogue. Le véritable objet de l'impératif catégorique est l'obligation d'avoir une volonté rationnelle. Or cette force de volonté est la condition de l'accomplissement de tous les devoirs auxquels la passion et l'intérêt pourraient faire obstacle; ce moyen de tous *les* devoirs

Ainsi la socialité permet de juger la société, et nous faisons ainsi un usage rationnel du critère social.

*
* *

Mais inversement la Rationalité est essentiellement sociale, non parce que la Raison *émane* de la société, mais beaucoup plutôt parce qu'elle y *tend*.

Demandons-nous en effet où réside l'autorité de la raison comme nous nous sommes demandé en quoi consiste l'autorité de la société.

Cette autorité est-elle à ce point innée à la raison qu'on ne puisse en « rendre raison »? La reconnaissons-nous à je ne sais quelle auréole mystérieuse qui nous la révélerait sans nous l'expliquer, comme la gloire qui nimbe le front des saints les désigne à notre vénération sans nous faire connaître leurs vertus? Cette rationalité est-elle réduite à se poser comme un principe au lieu de se légitimer par ses fins? Kant semble imiter ici la marche des vieilles morales théologiques qui croient justifier une prescription en remontant à sa *source* divine. Le processus compliqué et indécis par lequel il prétend justifier les règles particulières, consiste à les faire *remonter* à la raison. Il faut, pour établir que l'ordre est l'ordre du roi que je montre le sceau royal, qui en atteste l'origine. L'universalité, voilà le sceau de la raison, et il me suffit, pour m'incliner, de le voir apposé sur une formule de conduite. C'est peut-être une bien curieuse preuve de la difficulté qu'éprouve l'esprit le plus indépendant à se soustraire aux vieilles formules de pensée, qu'un Kant, voulant poser un principe d'autonomie, l'ait cherché dans la même *direction* qui caractérise toutes les

devient à ce titre l'objet *du* devoir. Seulement la valeur de ce moyen général disparait si, comme Kant, ont ne pose pas d'abord la valeur des *fins* auxquelles on le destine.

formes de l'hétéronomie. Son attitude s'inspire d'un sentiment analogue à celui du monarchiste qui respecte son roi parce qu'il descend d'une ancienne lignée, et du fidèle qui obéit à son Dieu parce qu'il est maître des choses par droit de premier occupant. C'est le caractère du vieux droit de reposer sur l'ancienneté, sur le *status*, sur la *naissance*. Le Verbe est le « premier-né », la Raison est consacrée par sa « priorité » (1).

Mais la véritable autonomie est celle qui repose sur la finalité. Il ne s'agit pas de savoir d'où *émanent* les règles, mais à quoi elles *tendent*. En Chine un homme est anobli au nom des mérites de ses enfants et non pas comme chez nous, de ceux de ses ancêtres. Ce sont les Chinois qui ont *raison*. De même la valeur d'une règle lui vient non de ses sources, mais de ses effets possibles. Dans une technique, l'ouvrier intelligent n'est pas celui qui s'efforce de reconnaître dans un cas particulier, l'occasion d'appliquer une routine traditionnelle du métier, c'est-à-dire les volontés ou les habitudes des générations passées, mais celui qui voit directement, dans la fin à atteindre, la raison des actes à accomplir. Et l'artiste vraiment inspiré n'est pas celui qui part des règles ou s'y attache, mais celui qui se détermine par l'effet qu'il veut produire, et l'idéal qu'il veut atteindre. La liberté regarde vers l'avenir. Il est vraiment singulier que Kant ait cru atteindre l'autonomie de la volonté morale en y condamnant la force de la *finalité* qui seule pouvait la constituer. Si quelque chose distingue toute œuvre de la raison, c'est que l'avenir y détermine le présent en vertu de sa valeur, alors que dans le mécanisme, c'est le passé qui s'impose en vertu de sa simple existence.

(1) A sa façon, M. Durkheim procède d'une manière analogue. Il cherche dans la conscience collective et plus particulièrement dans son passé *l'origine* des règles morales, de tout idéal et de la Raison elle-même, qui dès lors ne pourrait plus les juger.

C'est par là que la critique dont nous venons de reconnaître la nécessité diffère profondément, croyons-nous, de celle que nous avons écartée comme stérile et peu intelligible. C'est que d'abord elle est plutôt terminale qu'initiale : la morale peut se constituer presque tout entière avant que le rôle de cette critique apparaisse. C'est qu'ensuite il deviendrait impossible de justifier raisonnablement la raison si au lieu de lui reconnaître une sorte d'autorité *a priori*, résultant pour ainsi dire de son droit de naissance, on ne pouvait fonder sa valeur sur sa finalité (1).

Cette justification est possible et nous l'avons déjà reconnue lorsque nous avons pris la question par l'autre bout. C'est que seul, le point de vue de la raison prépare une solide et définitive socialité.

En fait d'abord, il est certain qu'aucune forme générale de pensée, aucune attitude de l'esprit ne peut obtenir aussi sûrement, et pour ainsi dire par définition, l'assentiment général. C'est par la socialité, nous le verrons, que la Véracité est devenue *vertu*. Mais si elle nous paraît aujourd'hui une vertu si fondamentale, si irréductible, c'est précisément qu'en dernière analyse, l'esprit de véracité, de sincérité absolue apparaît comme le principe le plus profond de toute socialité possible.

On a longtemps compté pour établir l'accord entre les esprits sur la Tradition, sur la Religion. Mais les traditions se multiplient, se superposent et se contrarient. Il y a une tradition monarchiste et une tradition révolu-

(1) Même dans l'usage théorique de la Raison, la même idée serait déjà applicable. Il y a une raison, comme le dit Fichte, « ob es eine Wissenschaft geben soll ». Un principe est reconnu rationnel, s'il peut *servir* à faire la science. Il n'a pas *d'existence* en dehors de cet usage. L'ancien dogmatisme pensait *constater* ces principes et tirer leur validité de leur existence. C'est au contraire leur existence qui consiste exclusivement dans leur *fonction*. Dans l'ordre spéculatif, la Raison est donc simplement la finalité de l'esprit. C'est par la finalité d'ailleurs que toute la vie reílle de l'esprit se distingue du mécanisme associatif.

tionnaire, une tradition ultramontaine et une tradition gallicane; il y a même une tradition concordataire, et l'on voit par ce dernier exemple que les traditions les plus récentes ne sont pas toujours les moins tenaces. Quant aux religions, on l'a remarqué, elles ont pu être un principe d'union quand les individus ne réfléchissaient pas et que les peuples ne communiquaient pas; elles sont au contraire aujourd'hui une cause de division, et c'est pourquoi elles sont de plus en plus refoulées dans le domaine de la conscience individuelle. Mais la vérité est à la fois sociale par son contenu et individuelle par l'indépendance du jugement qui la reconnaît, et c'est ainsi que l'esprit scientifique et l'esprit de sociabilité coïncident essentiellement dans leur forme. Nous voulons une morale qui soit acceptable pour tous les esprits. Mais alors la solution peut se retourner : une morale est vraie si elle implique avant tout l'attitude que définit le respect de la vérité, parce que cela seul est, par nature, acceptable d'avance à tous les esprits.

On peut donc sans grand risque affirmer deux choses : tout d'abord qu'en fait la discipline que la science positive a imposée aux esprits les plus cultivés, le prestige même que ses succès lui ont acquis auprès des autres, diminuent de jour en jour l'autorité et les chances de succès de toute morale qui ne commencerait pas par reconnaître les droits de la raison et de la forme de pensée caractéristique de la science; — ensuite, que d'une manière générale et en droit, cette attitude est la seule qui, par sa nature même, soit propre à fournir à la vie sociale une base psychologique solide, en conciliant ces deux caractères inverses dès longtemps mis en évidence par Socrate, de la *personnalité* et de l'*impersonnalité* du jugement. Car un jugement valable aux yeux de la raison scientifique est précisément celui qui n'est pas un simple

écho du jugement d'autrui, c'est celui qu'on a prononcé
par soi-même en considérant directement les choses; mais
c'est en même temps à cette condition qu'il a le plus de
chance d'être valable pour tous, *si du moins les autres
procèdent de même.* Ainsi nous devons vouloir la rationalité d'autrui pour obtenir la satisfaction la plus complète
de la nôtre.

Kant n'avait donc pas tort de voir dans la raison la
forme fondamentale de la moralité. Mais il reste que la
raison n'apparaît douée d'un caractère proprement moral
que du moment où on la considère dans ses rapports avec
ce qui détermine la spécificité de la moralité. Elle ne
l'est ni en soi, ni même dans son usage pratique en général, elle l'est en tant qu'on la considère comme la condition essentielle dans toute socialité véritable. Ainsi nous
n'avons point à renier ce que nous avons dit de la spécificité du jugement moral, et de l'impossibilité d'accorder au philosophe le droit de définir arbitrairement la
moralité. Et tout en laissant sa spécificité au jugement
moral, nous expliquons en même temps la souveraineté
que tous les penseurs lui ont instinctivement reconnue,
mais qu'ils ont affirmée *a priori* et d'une manière plus
ou moins arbitraire. C'est que la Raison est beaucoup
moins « fille de la cité » que la cité véritable n'est fille
de la Raison. Nous comprenons maintenant pourquoi,
au moment où nous abandonnent les critères réels que
peut nous fournir la société réelle où nous vivons, au
moment où ne nous suffit plus la connaissance des fins
acceptées et des moyens disponibles dans cette société,
nous avons recours au critère formel de la Raison, règle
générale moralement sûre, quoique pratiquement incertaine, de toute société possible.

*
* *

Quelle est en effet l'essence de cette « socialité » que nous avons vu être non une autorité donnée, mais une idée directrice, l'âme de toute notre méthode pratique?

Le fait social ne consiste évidemment pas à être simplement entassés les uns à côtés des autres; il ne consiste même pas encore dans des réactions extérieures des individus les uns sur les autres, semblables à des entrechocs d'atomes. Il n'est réalisé que par des consciences qui se pensent les unes les autres, qui communiquent entre elles et se reflètent mutuellement. Or nous sommes, à l'origine, fermés les uns aux autres et nous ne pouvons nous deviner les uns les autres que par des signes dans lesquels chacun voit, non la conscience d'autrui, mais seulement ce qu'il tire de sa propre conscience. Nous ne savons donc ce que sont les autres qu'en nous *faisant* nous-mêmes à l'image d'autrui, ou en *faisant* autrui à notre image. Les deux courants inverses, de l'imitation et de la soumission, de la contrainte et du prosélytisme s'expliquent tous deux par cette nécessité fondamentale de communiquer, qui est l'essence même de la socialité. Et c'est pourquoi deux sociologies inverses se sont constituées autour de ces deux idées ; c'est pourquoi aussi elles sont simplement complémentaires et non point exclusives l'une de l'autre.

Mais tant qu'ils restent instinctifs et automatiques ces deux processus d'imitation et de contrainte préparent sans doute l'assimilation des esprits et des volontés ; ils ne peuvent l'achever ni la consolider, s'il ne s'y joint la réflexion, l'entente délibérée, le consentement explicite. L'imitation instinctive et la contrainte extérieure nous laissent encore en partie étrangers et obscurs les uns aux autres. Je ne connais à fond ni celui que j'imite ni celui qui me contraint ; ils restent encore pour moi comme des *choses*. Une personne est un être que je com-

prends parce que, en un sens, je le vois en moi-même, *je suis lui.*

C'est pourquoi la socialité ne s'achève que par la rationalité et la contractualité, dont on voit ainsi l'homogénéité de nature : c'est qu'elles assurent la communication des consciences et par suite la sûreté des relations, la prévisibilité des réactions. Notre liberté consiste essentiellement à *savoir sur quoi compter.* Quand il s'agit de la nature extérieure, c'est la fatalité indifférente de ses lois qui nous procure cette liberté, lorsque nous les connaissons. Quand il s'agit de nos semblables, c'est seulement le libre consentement, les règles explicitement acceptées qui nous permettent d'arriver à la prévision, et de savoir sur quoi compter. Notre liberté repose donc sur leur liberté. Nous devons les vouloir libres si nous voulons être libres nous-mêmes, et, réciproquement nous n'avons pas le droit de renoncer à notre liberté, parce que nous porterions ainsi atteinte à celle des autres.

« J'accepte l'univers », disait Margaret Fuller. « Tudieu, répondait Carlyle, la belle complaisance (1)! » L'univers, comment ne pas l'accepter? Il s'impose à nous, et tout ce que nous pouvons faire ici, puisqu'il nous est donné, c'est de le prendre, et pour cela de le comprendre : c'est l'œuvre de la science.

Mais aussi comment l'accepter? Il est plein de mal, de brutalité, d'injustice. Comme hommes, comme consciences, le plus souvent, il nous révolte, du moins il nous révolterait, s'il y avait lieu de lui appliquer un jugement moral. L'accepter tel quel, c'est nous renier nous-mêmes et notre idéal d'hommes; et cette acceptation ne saurait être méritoire, étant immorale. Nous revendiquons l'au-

(1) Cité par W. James, *L'expérience religieuse*, trad. Abauzit., p. 35, Paris, F. Alcan.

tonomie de l'humanité : l'établir et la réaliser, c'est l'œuvre de la morale.

Mais à notre tour nous pouvons dire avec beaucoup plus de sens : « J'accepte l'humanité, j'accepte la société humaine ».

Nous pouvons et devons naturellement l'accepter, car elle est nous-mêmes ; nous sommes ses héritiers. Elle vit en nous, comme nous vivons en elle. Nous ne pouvons la renier sans nous nier et nous détruire.

Mais aussi nous pouvons dire que nous l'acceptons parce que, en un sens, nous pouvons aussi la refuser nous pouvons refuser ce qu'elle est sur un point, ce qu'elle veut en un moment, parce que nous acceptons ce qu'elle veut absolument. Nous sommes son œuvre, mais elle doit devenir la nôtre. C'est alors seulement que nous participerons à sa vie, comme elle le demande pour atteindre la plénitude de son existence, comme notre propre bien l'exige. Et notre acceptation est ainsi à la fois naturelle et libre, spontanée et méritoire.

II

L'UTILITARISME ET SES NOUVEAUX CRITIQUES

INTRODUCTION

L'utilitarisme nous paraît en train de subir les vicissitudes dont l'histoire des doctrines nous donne fréquemment le spectacle : elles voient se retourner contre elles les armes mêmes qu'elles avaient contribué à forger. La sociologie naissante a été le principal appui de l'utilitarisme contemporain, et même on peut dire qu'il n'a pas peu contribué à provoquer les études sociales. Chez M. Spencer, malgré ses critiques de l'utilitarisme, l'intérêt social est en somme encore admis comme criterium final de la pratique, et la science sociale mise en grande partie au service de cette doctrine. Malgré certains tiraillements bien connus entre ses conceptions sociologiques et sa politique, l'effort même qu'il fait pour les mettre d'accord ou s'en dissimuler à lui-même les incompatibilités d'humeur, prouve que le divorce n'est pas encore prononcé. Mais voici maintenant que, chez certains sociologues plus récents, l'utilitarisme est nettement attaqué comme contraire aux données et surtout à la méthode de la science sociale. Tous les rôles se trouvent renversés.

Dès l'origine, jusqu'à une date toute récente, la plupart des utilitaires se sont donnés comme représentants de la science contre la pure construction philosophique, de l'observation contre la raison abstraite, de l'histoire contre l'idéalisme. Déjà l'hédonisme d'Aristippe et l'égoïsme plus subtil d'Epicure prétendaient s'appuyer sur l'observation de la nature humaine et animale et ériger, bien hâtivement, il est vrai, en règle pratique une loi purement naturelle. Chez les sophistes, la distinction du droit positif et du droit naturel est tout d'abord tirée de l'observation des faits ; cette notion de droit « naturel » qui aujourd'hui a un sens essentiellement idéaliste, a chez eux une origine et une valeur vraiment naturalistes. En intention du moins, ce sont donc des esprits « positifs » qui opposent le fait au droit, les lois de la nature aux lois humaines et aux prétentions de notre sagesse. C'est par l'histoire même qu'Hippias par exemple essaye de déterminer ce qu'est le droit naturel (1). Calliclès va plus loin encore ; pour lui, il n'y a pas d'autre droit naturel que la force. Mais il entrevoit déjà qu'en vertu même de cette thèse les lois positives n'ont pu s'établir que si elles ont eu la force pour elles ; et s'il l'avait vu plus nettement, il aurait pu achever le revirement de la doctrine du droit naturel, en montrant qu'en ce sens le droit positif est le seul naturel au sens propre du mot. Il n'était pas en état de suivre bien loin cette direction, car l'étude empirique de l'homme ne dépasse guère alors la nature générale de l'homme individuel : l'idée de faire rentrer les sociétés dans l'ordre de la nature et de construire une sociologie naturelle n'a pu encore se faire jour.

C'est ce que l'utilitarisme moderne pouvait tenter, et par là il était à même de substituer aux diverses théories fondées sur l'égoïsme un utilitarisme social, une doctrine d'intérêt général appuyée sur l'observation des collectivi-

(1) Cf. Zeller, *Philosophie des Grecs*, trad. Boutroux, t. II, 521.

tés. Le droit naturel, que définissent les idées morales les
plus générales, lentement acquises par la race, et le droit
positif constitué par les prescriptions plus particulières à
un ordre social déterminé, pouvaient ainsi être englobés
dans une même explication et se rapprochaient dans cette
conception empirique plus large. Mais si la méthode, en
s'étendant, donnait de tout autres résultats, au fond, elle
restait analogue. On invoquait les faits de l'évolution
psychologique et sociale pour justifier l'utilitarisme trans-
formé. On décrivait par quels processus l'homme aurait
passé de l'égoïsme à l'altruisme et fini par acquérir les
sentiments moraux actuels. Qu'est-ce que l'obligation ?
Le sens social accumulé à travers les générations, l'image
fixée dans chaque conscience de la pression exercée par
l'intérêt de tous sur l'intérêt de chacun. Qu'est-ce que le
remords ? C'est la voix de l'homme social qui s'élève en
nous lorsque la passion de l'homme individuel, satisfaite,
n'est plus assez forte pour la couvrir ; ou encore c'est
l'attente instinctive d'un châtiment dont le coupable asso-
cie confusément l'idée à celle de sa faute, comme celle
d'une conséquence ordinaire. Qu'est-ce que le châtiment ?
On éliminait de cette notion tout élément mystique d'ex-
piation et l'on refaisait avec Littré l'histoire de la ποινή
et du Wehrgeld. Les notions de droit, de devoir, de justice n'étaient plus des inventions de la raison ni des créations idéales de l'esprit, mais des faits de l'évolution
humaine à expliquer et à comprendre. L'égoïsme de l'individu pris isolément ne fournissant plus décidément une
base suffisante d'explication, les utilitaires étaient devenus sociologues, et tout en prenant pour point de départ
les individus groupés, ils tiraient leurs principales théories des conditions de la vie sociale, et des conflits où elles
engagent ou des coalitions auxquelles elles astreignent les
égoïsmes. Rares étaient ceux qui comme Bentham pré-

tendaient se tenir sur le terrain des principes, se placer au point de vue purement juridique ou moral. L'utilitaire, il y a quelque dix ans (1) encore, passait pour l'homme avancé, le représentant de l'esprit « scientifique » en morale, le porte-parole de la méthode rigoureuse et expérimentale contre les vagues métaphysiques et les affirmations à priori. Les récits des voyageurs, les vieilles législations, les coutumes sauvages lui fournissaient ses arguments favoris.

Et quels étaient ses adversaires? C'étaient exclusivement les purs philosophes, les métaphysiciens, spiritualistes, rationalistes, idéalistes de toutes écoles. Ils mettaient en évidence l'impossibilité de déduire l'altruisme de l'égoïsme (2) ; ils signalaient le sophisme que l'on commettrait en confondant le désir général de bonheur et le désir du bonheur général. A quoi, les utilitaires, restant sur le terrain qu'ils avaient choisi, pouvaient répondre que l'utilité personnelle n'était pas pour eux un *principe abstrait* d'où ils eussent prétendu *déduire* un autre *principe*, celui de l'intérêt général ; mais qu'*en fait*, sans faire intervenir autre chose que la réaction sociale des intérêts en contact, et les lois psychologiques, la règle de l'intérêt général arrivait à *prévaloir* et peut-être même prévalait dès l'origine sur celle de l'intérêt personnel. M. Spencer n'attaque guère Bentham qu'au point de vue de la méthode, mais quant au fond il conserve l'utilitarisme, en s'appuyant sur l'évolution comme sur le criterium objectif le plus sûr de l'utile. Le spiritualisme ne suivait guère les utilitaires sur ce terrain qui lui était relativement nouveau et même étranger. Confondant arbitraire-

____

(1) Nous écrivions cela en 1894, il ne faut pas l'oublier.
(2) Nous retrouvons une critique du même genre dans le récent ouvrage de M. Fouillée. *Les Éléments sociologiques de la morale*, Paris, F. Alcan. 1905, p. 290-291.

ment, comme Kant en avait donné l'exemple, l'utilitarisme et l'égoïsme (1), il visait surtout les dangers moraux d'une doctrine qu'il comprenait de travers. Il essayait sans doute de renverser cette construction « pseudo-historique » ; mais on sentait que sa sociologie et sa psychologie n'étaient guère ici que le docile instrument de ses scrupules moraux, respectables à coup sûr, mais plus ou moins bien placés. Il craignait, bien à tort suivant nous, que cette conception des origines de la conscience morale n'en compromît l'autorité, parce qu'enfin elle « rompait le charme » (2) ; comme si, avait déjà répondu Stuart-Mill (3), les sentiments moraux perdaient leur valeur à être supposés acquis plutôt qu'innés. Les spiritualistes semblaient imaginer, bien illogiquement. croyons-nous, que l'homme serait tenté de retourner vers ses origines dès qu'elles lui serait connues, et de reprendre sa conscience de sauvage, comme si la meilleure garantie contre une semblable velléité n'était pas précisément de savoir que l'état présent était le produit d'une évolution naturelle ; comme si l'individu n'était pas détourné de refaire une expérience qu'il apprendrait avoir été longuement faite par l'espèce, d'en tenir les résultats pour non ave-

(1) Il est à peine besoin d'expliquer ici que l'Utilitarisme s'oppose simplement, d'une manière générale, à toute doctrine qui admet un bien en soi, un devoir en soi, c'est-à-dire qui refuse de reconnaître comme morale une règle de conduite définie par la considération des résultats ; ou encore aux doctrines qui, sacrifiant d'une autre manière la finalité, s'en tiendraient au mécanisme. L'Egoïsme loin de se confondre avec l'Utilitarisme, dont il serait seulement une espèce, pèche par insuffisance et non par excès d'Utilitarisme, puisque de toutes les utilités qui peuvent être engagées dans un acte. il ne considère que celles de l'agent. Quant à la démonstration de Kant, suivant qui tous les « motifs matériels », quels qu'ils soient, se ramènent au « désir du bonheur personnel », elle est d'une psychologie étrangement sommaire, et repose, en gros. sur ce sophisme : que ce qu'on fait *avec* plaisir, on le fait *par* plaisir ou même uniquement *en vue* du plaisir.

(2) Marion, *Leçons de morale*, p. 88. Cf. Carrau. *Etudes sur l'évolution. V. En quête d'une morale positive*, p. 83, note 1.

(3) *L'Utilitarisme*, trad. fr., p. 61, Paris. F. Alcan.

nus en pratique, de recommencer enfin pour son compte
les tâtonnements dont l'humanité n'est sortie qu'au prix
d'efforts et de souffrance séculaires. On peut être tenté de
revenir au pays natal, mais non pas si l'on sait l'avoir
fui comme une terre inhospitalière. C'est de cette patrie
idéale, qui est notre culture mentale et notre état de
civilisation, qu'on peut dire à bon droit : ubi bene, ibi
patria.

Ainsi les spiritualistes se défiant en morale de l'histoire
et de la psychologie empirique, qu'ils estimaient dan-
gereuses, préféraient d'ordinaire se placer sur le terrain
des principes. Ils renonçaient à découvrir la « racine de
la noble tige » du devoir et peut-être n'avaient-ils pas
tort, le devoir Kantien ressemblant au devoir véritable
comme une fleur en papier ressemble à une plante
vivante. Mais ils avaient surtout raison de rappeler sans
cesse que la morale est une science prescriptive, et non
pas seulement descriptive, que la place de l'idéal et de la
finalité ne peut y être entièrement usurpée par les faits
et les lois naturelles. Si leurs tendances métaphysiques les
éloignaient de faire au réel une part suffisante et surtout
bien définie, si leur théorie de la liberté rompait violem-
ment les liens du fait et du droit et les empêchait de concilier l'idée d'une prescription avec l'idée d'une science,
si enfin leur morale était fragile dans ses fondements et
confuse dans sa méthode, toujours avaient-ils, à notre
sens, le mérite réel de maintenir au moins l'idée même
d'une morale.

Aujourd'hui les rôles sont en grande partie intervertis.
L'histoire et la sociologie se retournent contre l'utilitarisme qui se trouve ainsi pris entre deux feux. On commence à trouver l'idée d'utilité trop étroite au point de
vue même des faits, comme on l'avait déclarée trop
étroite au point de vue de l'idéal. Les anciens adversaires

de l'utilitarisme le condamnaient en s'obstinant à le confondre avec l'égoïsme, dont ils le déclaraient incapable
de sortir. Aujourd'hui ses nouveaux adversaires, transposant en quelque sorte cette critique pour la placer sur
le terrain des faits, qui est le leur, croient pouvoir, au
nom d'une sociologie qui aime à se déclarer scientifique,
le condamner parce qu'il ferait d'abord trop de place a
l'individu dans l'explication de la société. On lui reproche
de revenir plus ou moins directement à l'idée d'un contrat social (1). On ne l'accuse plus en propres termes d'impliquer nécessairement l'égoïsme pratique, quoique ce
contresens ne soit pas absolument écarté (2) ; mais on
l'accuse de maintenir l'individualisme, comme méthode,
comme point de vue dans l'explication des faits, et on
lui oppose une méthode sociologique, où l'unité sociale
est considérée en bloc, et abstraction faite des consciences
individuelles. L'individu n'est plus qu'une « marion-
nette » dont la société tire les fils (3). La notion d'utilité
en un mot paraît trop psychologique. C'est ainsi que
Spencer lui-même paraît en retard parce qu'il est encore
dominé par des « préoccupations psychologiques » ; il
en serait resté, malgré la différence des doctrines, « au
point de vue gnoséologique de Kant » en se renfermant
dans la considération de la conscience individuelle, et
en coupant par une violente abstraction tous les liens
qui l'unissent à la vie sociale (4).

Par suite, ce que cette sociologie nouvelle reproche
surtout à l'utilitarisme c'est qu'en raison de cet élément
psychologique qu'il suppose, il ne paraît pas suffisamment

(1) Fragapane, *Contrattualismo e Sociologia contemporanea*
(Bologna. 1892), *passim*, en particulier p. 215. Cf. Durkheim, *Division du travail social*, p. 310 et suiv., Paris, F. Alcan.
(2) Fragapane, *op. cit.*, p. 213.
(3) Gumplowicz, *Sociologie und Politik*, p. 63.
(4) Fragapane, p. 162.

naturaliste: A cette finalité qu'implique l'idée même de l'utile, on prétend substituer un mécanisme qui paraît plus scientifique (1). On supprime toute considération des volontés poursuivant un *bien*, et l'on ne veut plus parler que de *nécessités* sociales ; on estime « fantastique » de proposer des fins à l'homme, au lieu de lui faire simplement connaître les *lois naturelles* auxquelles il est assujetti. Au nom de l'évolution, l'on prétend expliquer les événements humains en dehors de toute intervention de l'homme, du moins de l'homme conscient. Idées, croyances, désirs, ne sont plus que des épiphénomènes sans action réelle sur la marche de l'histoire, et qui en reflètent tout au plus d'une manière vague et peu fidèle les péripéties fatales. Par l'inconscience, à laquelle on fait une part considérable (2), on se rapproche autant que possible de l'idéal mécaniste. Si l'on consent encore à parler de conscience, c'est seulement d'une « conscience sociale » dont la notion, plus formelle que réelle, et en tout cas médiocrement précise et positive, est commode à la fois pour dissimuler les obcurités, pour déboucher les impasses que présenterait un rigoureux mécanisme et pour continuer à parler un langage à peu près intelligible sans avoir l'air de faire intervenir la psychologie individuelle. Concession toute provisoire, d'ailleurs, semble-t-il, et qu'on retirerait bientôt si l'on trouvait un biais qui le permît. Dès à présent cette conscience sociale n'a guère de la conscience que le nom; c'est un véritable inconscient (3); faute de pouvoir lui assigner un organe distinct, on est réduit à la considérer comme diffuse dans ce qu'on est convenu d'appeler l'organisme social.

<hr>

(1) Durkheim, *op. cit.*, *passim* ; en particulier, p. 229 : Tout se passe mécaniquement, p. 303 : Tous ces changements sont donc produits mécaniquement par des causes nécessaires.
(2) Cf. De Greef, *Introd. à la Sociologie*, I, 113, Paris. F. Alcan.
(3) Cf. Fragapane, p. 135.

L'utilitarisme, en attendant, doit, dans une philosophie sociale de ce genre, apparaître comme une conception encore idéaliste et aprioriste (1). Autrefois on opposait les spiritualistes aux utilitaires; ils sont ici maintenant rangés côte à côte. Autrefois, l'utilitaire trouvait que les spiritualistes se contentaient trop facilement des données de la conscience morale développée, en les prenant pour des vérités simples et primitives ; leur rationalisme n'était donc à ses yeux que le plus superficiel empirisme. Mais à son tour il est accusé de procéder de même, et de se livrer à une construction arbitraire dont les éléments essentiels sont empruntés à un état d'esprit réfléchi : « L'argumentation des empiristes n'est ni moins hâtive ni moins sommaire que celle des rationalistes: la maxime de l'utile n'a pas été obtenue plus que les autres à l'aide d'une méthode vraiment inductive. Mais le procédé des uns et des autres est le suivant ; ils partent du concept de l'homme, en déduisent l'idéal qui leur paraît convenir à un être ainsi défini, puis ils font de l'obligation de réaliser cet idéal la règle suprême de la conduite. Les différences qui distinguent les doctrines viennent de ce que l'homme n'est pas partout conçu de la même manière... Mais si l'inspiration varie, la méthode est partout la même (2). » En somme l'utilitaire aurait fait avec l'idée de l'utile quelque chose d'analogue à ce qu'a fait Condillac avec la sensation; il aurait construit tout l'homme moral avec cette simple idée, en se contentant de vérifier en gros la concordance de cette construction avec quelques faits généraux, tels qu'ils apparaissent à un œil d'ailleurs prévenu; il aurait comme les spiritualistes transporté dans l'homme primitif les idées de l'homme cultivé, et, pour un peu plus exigeante qu'ait été sa critique dans l'analyse

(1) Cf. *Ibid.*, p. 213, 215. Durkheim. p. 18 et 318.
(2) Durkheim, p. 18.

des idées morales, cette analyse aurait encore été tout idéale, tout abstraite, et faite après coup, au lieu d'être le résultat d'une observation rigoureuse des faits; elle fournirait une interprétation conventionnelle plus ou moins vraisemblable, et non une expression vérifiée de l'évolution réelle.

Critique plausible, en effet, si elle vise un utilitarisme individuel posé comme principe de conduite, mais beaucoup plus discutable, nous allons le voir, s'il s'agit d'un utilitarisme social qui peut être régulièrement inféré d'une induction sociologique (1).

Nous ne voulons pas ici examiner si, par un revirement nouveau et complémentaire des situations, l'utilitarisme attaqué maintenant sur le terrain des faits ne pourrait pas avantageusement se défendre sur le terrain du droit. Car enfin on ne l'a guère condamné, à ce point de vue proprement moral, qu'en rééditant indéfiniment l'étroite polémique de Kant. On demande, il est vrai, au nom de quoi il imposerait à l'individu de prendre pour règle l'intérêt de tous. Mais on pourrait tout aussi bien demander comment on lui imposerait de prendre pour règle la *perfection* ou le *devoir pur*. Chose étrange ! Au nom des principes les plus formels, des systèmes les plus factices et les plus abstraits, on édicte une règle de désintéressement, on prétend l'imposer, on croit l'homme capable de s'y soumettre; et l'on viendrait contester notre droit à demander et à espérer ce même désintéressement, quand nous le réclamons au nom de motifs concrets qui sont la simple expression des causes mêmes dont il est réellement émané! Un système de morale quel qu'il soit ne peut ja-

---

(1) Le premier partant de l'idée générale et vague de *Bien* méconnaît, comme le faisaient Aristippe ou Epicure, la spécificité du fait moral Le second, au nom d'une observation directe des faits écartera, avec la même netteté que Kant, mais peut-être avec de meilleures raisons, toute confusion entre les motifs d'intérêt personnel et les motifs proprement moraux.

mais éviter de faire appel à la bonne volonté de l'agent.
L'idée d'une obligation morale qui s'imposerait *par elle-
même* est une illusion bien étrange que se font certains
moralistes. S'il n'y a rien à répondre à un homme qui
dirait : « Mais si je ne veux pas subordonner mon intérêt
à l'intérêt social ! », que répondrait-on davantage à celui
qui dirait : « Mais si je ne veux pas agir suivant un principe universel ! » ou : « Si je ne tiens pas à être parfait » ?
Au delà de l'acceptation de la règle par habitude ou par
persuasion, on ne trouvera que la contrainte, et cette
ressource est, en principe, à la disposition de tous les
systèmes, avec cette différence que, dans la réalité, la
société possède effectivement ce pouvoir de contrainte,
tandis que l'exercice en est bien problématique de la part
du Noumène ou du Bien en soi. Ce ne sont pas les systèmes qui font l'homme, mais l'homme qui fait les systèmes. Si donc il est, s'il se sait capable de désintéressement, aucun système ne peut revendiquer le monopole de
cette force morale. Tous ont le droit d'y faire appel, et
il ne leur reste plus qu'à savoir quelle fin il convient de
leur assigner, quelle fin surtout est le plus capable de la
mettre en mouvement et de la diriger. D'autre part, dans
la mesure où ce désintéressement est imparfait, il ne s'agit
plus de le proclamer *in abstracto*, mais de le faire être;
et alors le meilleur système n'est pas celui qui le suppose
tout fait, mais celui qui peut le mieux nous y acheminer (1).

(1) M. Fouillée (*Op. cit.*, p. 293) citant ce passage, nous répond
que « tout système qui par hypothèse détruit la rationalité du
désintéressement n'a pas le droit de faire appel à cette force
morale sous prétexte que grâce aux systèmes opposés, elle subsiste
encore en fait. Qui trompe-t-on ici ? » J'avoue ne pas comprendre.
Car : 1° En quoi le système — est-ce un système? — que nous
proposons, détruit-il la « rationalité » du désintéressement? En
expliquant au contraire ses origines réelles, très différentes des
explications factices, religieuses ou métaphysiques, ne le consolide-
t-il pas autant que faire se peut? Ne le rationalise-t-il pas en le
reliant au système immense des motifs que l'homme en général,

Quelle que soit la valeur des objections adressées à la règle de l'intérêt général au nom des principes, celles qu'on lui ferait au nom des faits ne paraissent pas d'emblée de nature à en diminuer la valeur pratique. Car,

même l'homme individuel, peut avoir de maintenir la vie sociale et de la développer? Faut-il pour qu'un tel principe d'action soit rationalisé, qu'il revête une forme purement abstraite qui en dissimulera le véritable contenu, et n'expliquera pas plus le désintéressement, sa possibilité ou sa valeur, que l'horreur pour le vide n'explique le fonctionnement d'une pompe? Il nous est impossible de savoir quand et à quelles conditions M. Fouillée jugerait que le désintéressement est justifié et rationalisé, s'il ne l'est pas quand on montre, d'une part, pourquoi et comment il s'est constitué, d'autre part, quels résultats on peut en attendre dans la pratique ; 2° Est-ce *grâce aux systèmes opposés* que cette force morale subsiste? Qui peut le croire? Alors ce serait Platon ou Kant qui auraient inventé le désintéressement et l'auraient inspiré à l'humanité! Encore une fois, c'est parce que le désintéressement, ou mieux, l'ensemble des facultés morales se sont constitués dans l'humanité, pour des raisons positives et antérieures à tous les systèmes, que la réflexion populaire ou philosophique, constatant ce fait, sans en discerner la véritable nature et les vraies causes, a forgé des explications imaginatives ou abstraites qu'il y aurait vraiment quelque illusion à prendre pour les fondements solides ou pour les causes du fait ainsi expliqué. Je dirai, à mon tour : qui tromperait-on ici? — « C'est, continue M. Fouillée, comme si un athée prétendait qu'il a le droit d'utiliser la croyance en Dieu au moment où il s'efforce de la détruire en son principe ». Mais il y a aucune analogie entre les deux situations. Il ne s'agit pas d'utiliser, une croyance tout en la rejetant, ni de la déduire tout en s'en servant, et l'on sait de reste combien ce machiavélisme de « l'utilisation » des croyances qu'on ne partage pas nous est personnellement antipathique ; il serait bien étrange que nous l'érigions en système. Mais la vraie position que nous prenons est celle-ci : reconnaissance du fait et de ses vraies causes, substituées à des explications en l'air ; détermination des vrais motifs substitués aux motifs fictifs ou abstraits. M. Fouillée imagine-t-il que nous soyons capables d'aimer ou de respecter Dieu, ou la Raison, et que nous ne soyons pas capable d'aimer ou de respecter la société humaine? C'est toujours la même illusion : Qui soutient la Terre? c'est l'éléphant. Si vous nous retirez l'éléphant, la terre va s'effondrer.

Il y a encore une autre erreur dans cette polémique, c'est de continuer à se figurer que la doctrine de l'intérêt social ne peut se soutenir qu'en faisant appel, auprès de l'individu, à *son intérêt personnel*. Mais outre que nous n'avons nulle part accepté cette position très maladroite et même inconséquente du problème, il est évident que l'hypothèse psychologique qu'implique cette objection (c'est toujours au fond le vieux sophisme kantien sur le désintéressement) se retournerait *a fortiori* contre les autres systèmes qui l'invoquent. Si l'on ne peut déterminer l'individu qu'au nom de son intérêt personnel, que vient-on lui parler de Raison, de Loi morale ou de quelque autre idée encore plus abstraite? Si inversement on admet que de telles idées puissent le déterminer quand il serait vrai que la poursuite de l'intérêt général n'aurait pas été la cause déterminante des lois, des usages, ou des scrupules qui règlent la conduite morale de l'homme, il n'en saurait résulter que ce ne doive pas être le critérium à l'aide duquel nous devrions les apprécier. Le principe de l'intérêt général n'aurait pas besoin, pour être pratiquement valable, d'avoir toujours été reconnu en fait, et l'on serait à bon droit étonné de voir des sociologies empiriques et évolutionnistes retomber dans ce vieux contresens des intuitionnistes.

De toute façon l'utilitarisme social aurait donc de quoi répondre à ceux qui l'attaqueraient au point de vue proprement moral. Une fois débarrassé des interprétations mesquines et arbitraires qui le dénaturent en le confinant soit, quant aux objets, dans la considération des utilités les plus médiocres et les plus matérielles, soit, quant aux personnes, dans celle de l'utilité individuelle, l'utilitarisme pourrait nous rendre à cet égard de réels services. Il nous permettrait peut-être d'échapper aux vagues abstractions métaphysiques et aux mystiques sentimentalités où s'égare et s'alanguit notre culture morale, comme aux brutales négations de l'égoïsme, et à l'ironie dissolvante où elle se déprave. Il pourrait rendre quelque vigueur à notre conscience morale exsangue et émaciée, en lui faisant reprendre le sens de la vie réelle. Il serait à la fois propre à stimuler l'action par son caractère pratique et à la diriger dans une voie sûre, grâce à l'inflexibilité et à la générosité de sa règle objective et impersonnelle.

à agir, comment un idéal social relativement concret et prochain y serait-il impuissant ? N'est-ce pas un tel idéal qui seul vient enchanter l'âme de Faust aveugle et mourant ?

Quelle puissance la tradition philosophique, nous allions dire scolastique, exerce-t-elle donc encore, même sur les esprits les plus pénétrants et les plus déliés, pour qu'on puisse encore imaginer avoir mis hors d'atteinte et en quelque sorte *taboué* une manière d'être, de penser ou d'agir, parce qu'on aura réussi à la placer sous le vocable *Raison*, tandis que tout serait perdu si l'on s'attache plus aux choses ainsi étiquetées qu'à l'étiquette même ?

Mais encore une fois, nous ne voulons pas pour le moment poser la question sur ce terrain ni provoquer une nouvelle catégorie d'adversaires. Nous voudrions examiner seulement quelques-unes des critiques adressées à l'utilitarisme, non par de purs moralistes, mais par des sociologues, et voir ce que la « science » nouvelle reproche à une doctrine qui a pu longtemps passer pour s'inspirer en morale précisément de la sociologie en particulier et de la méthode scientifique en général.

*
* *

Dans cet examen nous ne pousserons pas jusqu'à la critique des principes et des méthodes de la nouvelle sociologie. L'exclusion de la conscience et de la finalité au profit de l'inconscience et du mécanisme, l'idée qu'elle se fait d'une activité et d'une conscience sociales totalement indépendantes de celles des individus, voilà sans doute, au fond, les raisons intimes de ses attaques contre l'utilitarisme. Il y a peut-être plus d'*a priori* qu'elle ne pense dans ces vues systématiques, et elle n'évite pas autant qu'elle le croit cette nécessité, qui est en même temps l'écueil, de toute pensée scientifique, de mettre une hypothèse, une vue de l'esprit sous les faits observés. Les résultats qu'elle obtient dépendent directement de la méthode et du point de vue qu'elle adopte. Mais il n'est pas mauvais, précisément pour cela, qu'en dehors de toute question de méthode et de principes, on se borne à voir dans quelle mesure sur un point spécial, ses conclusions cadrent avec les faits, outre que l'autre question dépasserait, sans y être étrangère, le simple examen de la validité de l'utilitarisme.

L'étude ainsi limitée à la question de fait peut se diviser en deux parties. Nous pourrons nous demander si, *stati-*

quement, il y a discordance entre l'utilité sociale et la moralité telle que l'expérience même la délimite; c'est-à-dire s'il y a des règles qui se présentent, qui soient reconnues comme morales sans être socialement utiles, ou si inversement il en est de socialement utiles qui, comme telles, ne revêtent cependant en fait aucun caractère moral. D'autre part nous devons examiner ensuite si *dynamiquement* l'utilité sociale est effectivement ce qui explique la genèse de la moralité, la caractéristique morale appliquée à certaines règles et certaines formes de la conduite.

I. — AU POINT DE VUE STATIQUE.

Pour établir la coïncidence en fait de l'utilité sociale et de la moralité, il nous faut examiner successivement s'il est des règles de conduite auxquelles un caractère moral soit attribué dans une société donnée, sans qu'aucune utilité sociale y corresponde dans cette société même, et inversement, s'il est des modes d'action reconnus (à tort ou à raison) socialement utiles, sans que par cela même ils soient englobés dans le domaine de la moralité. Remarquons bien que ce domaine de la moralité, il ne s'agit pas de le définir arbitrairement, à l'aide de quelque critérium qui nous soit personnel, la pétition de principes serait trop flagrante, mais de constater ce qu'il est en fait (1),

(1) Cf. **Durkheim**, p. 25. Mais on peut trouver qu'il observe lui-même bien incomplètement cette règle, non seulement dans la question que nous discutons ici, mais aussi lorsque, pour appliquer son critérium de la *sanction*, il relègue dans le domaine *esthétique*, les actes de vertu supérieure, de pur dévouement, parce qu'ils ne sont *imposés* ni par la loi, ni par l'opinion. Ils ne sont pas peut-être sanctionnés au sens où M. Durkheim entend ce mot, mais s'ils ne sont pas sanctionnés négativement par une peine, ils le sont positivement par l'encouragement et l'admiration des hommes. C'est d'ailleurs se heurter aux faits, alors qu'on prétend les consulter, que d'exclure ce genre d'actes du domaine de la moralité, quand il en constitue manifestement une partie essentielle aux yeux de tous les peuples, à commencer par les plus

et dans chaque société donnée, d'après ses institutions, d'après l'opinion commune, d'après l'état de conscience de *cette* société. Le jugement moral est un fait psychologique et social déterminé, *sui generis*, aisément reconnaissable; dans chaque état social donné, il s'applique à certains motifs d'action et non à d'autres. Toute science, à moins d'être purement rationnelle, est bien obligée de prendre pour point de départ un fait d'observation et de déterminer son objet, au moins provisoirement, d'une manière tout empirique. Il en est de même de la morale. Ce n'est pas elle qui crée la conscience morale, les jugements ni les sentiments moraux; ces faits sont donnés avant elle et elle n'en fournit que l'interprétation. Avant de savoir *ce que c'est* que la moralité, il faut bien qu'elle commence par constater *qu'elle est* et *où elle se rencontre*. Il ne s'agit nullement, comme les adversaires de l'utilitarisme le lui reprochent aujourd'hui, comme les utilitaires le reprochaient autrefois aux spiritualistes ou aux kantiens, de substituer notre conscience et nos préfé-

barbares. Visiblement ici, on impose aux faits le critérium choisi, au lieu de déterminer exactement le critérium d'après les faits. On procède en aprioriste. Quant à rapprocher le dévouement de l'activité esthétique par un caractère d'*inutilité* (p. 31), cela paraît bien singulier. Sans doute ces actes dépassent le minimum nécessaire de moralité, et en ce sens on peut dire qu'ils constituent un *luxe*. Mais j'imagine que celui qui se dévoue prétend se dévouer à quelqu'un ou à quelque chose ; l'esprit de sacrifice serait vite détruit par la conviction de l'inutilité du sacrifice. Il y a plus : la société n'encourage point en fait les sacrifices manifestement inutiles ; jamais elle n'a beaucoup encouragé les solitaires de la Thébaïde ni les moines stylites ; elle les considère comme des exceptions plus étonnantes qu'admirables. Quant à expliquer le sacrifice par le « besoin qu'éprouve notre énergie morale de se dépenser » (p. 31), comme l'indiquait déjà Guyau, ce n'est pas inexact sans doute, mais ce n'est pas une solution, car cela n'empêcherait pas du tout de prétendre que cette dépense n'a un caractère *moral* que dans les cas où elle est employée au bien d'autrui. La question est justement de savoir qu'est-ce qui caractérise cette énergie *comme morale;* il peut rester vrai que c'est son application au bien social. Du reste comprend-on bien que la dépense d'une énergie *morale* constitue une activité purement *esthétique?* Si enfin on prétend que, par son inutilité, le dévouement s'oppose à la moralité normale, comment nie-t-on que celle-ci se caractérise par son utilité?

rences personnelles aux données expérimentales du problème, au fait observé dans telle ou telle société, ou, si cela est possible, dans toute société. Cela étant, on ne saurait alléguer que le problème posé soit dénué de sens, et présuppose connue la solution cherchée (1).

1° — *Est-il donc vrai tout d'abord que certaines règles se présentent comme morales, sans avoir ni en fait, ni dans l'opinion des hommes aucune utilité sociale?* Ce qui, dans bien des cas, nous fait trouver une semblable discordance, c'est justement l'oubli de la règle de méthode que nous venons de rappeler. Il ne faut pas en effet, pour répondre à cette question, se demander si telles pratiques religieuses, telles règles de convenance morale nous paraissent inutiles, mais si ceux qui les ont primitivement acceptées les croyaient ou même les connaissaient telles.

On accuse, il est vrai, cette manière de poser la question de constituer un véritable truisme. « Car si les sociétés obligent ainsi chaque individu à obéir à ces règles, c'est évidemment qu'elles estiment à tort ou à raison que cette obéissance ponctuelle leur est indispensable: c'est qu'elles y tiennent énergiquement. Si ce sentiment avait sa cause dans la nécessité objective des prescriptions pénales ou du moins dans leur utilité, ce serait une explica-

(1) M. Durkheim propose de chercher un critérium objectif qui nous permette de reconnaître effectivement le domaine de la moralité pour chaque société, ce critérium il croit le trouver dans la *sanction*. Sans entrer dans la discussion spéciale de cette thèse, nous croyons pouvoir remarquer que ce critérium serait tout à fait incomplet si l'on ne considérait que les sanctions pénales expressément établies par l'usage ou la loi, sans tenir compte de la sanction diffuse de l'opinion publique (estime ou mépris, approbation ou blâme moral). Mais alors le critérium de la sanction perd en grande partie son objectivité et revient à celui dont nous nous servons ici, et qui suffit pour notre objet : A quoi s'étend et s'applique dans chaque milieu social, le jugement et le sentiment moral? Si l'on voulait donner plus de précision à cette recherche, ce qu'il y aurait à faire, ce serait d'analyser les caractères distinctifs de ce jugement moral. Mais cela ne nous paraît pas indispensable dans cette étude limitée.

tion. Mais elle est contredite par les faits; la question reste toute entière. » A quoi nous pouvons répondre d'abord que la question serait précisément de savoir *pourquoi* ces sociétés tiennent si énergiquement à ces observances; ensuite que des croyances religieuses dont l'origine aurait été complètement étrangère à l'utilité peuvent néanmoins modifier l'idée qu'on se fait de l'utilité. Il y aurait truisme et même pétition de principes si l'on disait que dans des cas de ce genre *l'utilité poursuivie est justement le maintien des croyances en question;* mais nous disons au contraire que ces croyances une fois apparues pour des raisons qui sont ici hors de cause, nous font craindre, en cas de violation des règles qu'elles prescrivent, *des malheurs et des dangers positifs et extrinsèques ;* par exemple le Juif croyait que Iaveh protégeait son peuple et que tout blasphème, toute offense aux prescriptions religieuses, menaçait la nation entière de toutes sortes de vengeances et de cataclysmes matériels ou politiques, comme il croyait que la bonne observance du culte lui vaudrait l'empire du monde. « Quand on mutila, écrit Bagehot, les statues d'Hermès qui décoraient les rues, les Athéniens furent épouvantés et exaspérés; *ils pensaient qu'ils seraient tous ruinés,* parce que quelqu'un avait mutilé la statue d'un Dieu et l'avait ainsi irrité. » De même lors du sacrilège commis à Saint-Sulpice le 28 Juillet 1648, « les habitants de la pieuse paroisse furent saisis d'horreur... Les divertissemens cessèrent aussitôt et chacun s'ingénia, en s'imposant des mortifications personnelles, à apaiser la justice divine ». Le danger que l'on redoute ainsi ce n'est donc pas seulement le danger de voir s'affaiblir une croyance « à laquelle on tient énergiquement »; c'est un danger qui est conçu comme une *conséquence* de l'acte impie. Sans doute l'attachement aux

(1) M. Durkheim, *op. cit.*, p. 76.

croyances traditionnelles a quelque chose d'instinctif. Mais dès qu'on veut le justifier et se l'expliquer ne faut-il pas invoquer quelque raison plus matérielle, et distincte de cet attachement même? D'un autre côté nous verrons qu'à mesure que la réalité objective de tels dangers ou de telles utilités est démentie par l'expérience, les pénalités à l'aide desquelles se maintiennent les croyances ou les pratiques en question sont réprouvées par l'opinion et disparaissent précisément de la législation; elles cessent graduellement d'intéresser la morale, lorsque le sentiment de l'utilité sociale s'en est retiré.

Ainsi l'utilité attribuée à certaines institutions ou à certaines coutumes pouvait n'être qu'illusoire; mais il n'en saurait résulter que le sentiment de l'utilité n'y fût pour rien.

Dans bien des cas même, l'illusion serait de croire qu'une telle utilité eût été totalement absente. Il est vraiment trop simple de dire que l'abstinence de porc n'était pas nécessaire à la société juive; il faudrait pourtant se demander si cette interdiction s'est établie d'une manière absolument arbitraire, ou si ceux qui l'ont introduite n'avaient pas, par exemple, quelque motif d'hygiène, comme cela semble certain pour l'interdiction musulmane du vin. Il en était probablement ainsi pour le mode d'abattage des animaux particulier aux Juifs, et qui en pays très chaud, pouvait être plus favorable à la conservation des viandes. On comprendra aisément d'ailleurs que chez les peuples primitifs il fallait bien que les prescriptions de ce genre fussent imposées et généralisées par le pouvoir « spirituel » composé des hommes réputés les plus éclairés et les plus expérimentés. La religion qui ne nous paraît aujourdhui embrasser que le côté le plus idéal, le plus intérieur de la vie humaine, s'applique à l'origine aux questions les plus matérielles. D'autre part le primitf distingue mal, on l'a souvent montré, la connaissance positive de la magie la plus fantaisiste. La médecine et la religion sont constamment associées; et A. Comte avec une réelle largeur d'esprit insiste à mainte reprise sur les services relatifs rendus à la science par le fétichisme. Il nous est loisible de déclarer que toutes sortes de pratiques superstitieuses sont effectivement inutiles aux peuples qui les adoptent ; mais elles ne le sont pas à leurs yeux. Ils croient à des dieux, et d'ordinaire à des dieux nationaux, qu'il s'agit de se concilier, dont il faut par des prières et des sacrifices obtenir la faveur ou détourner la colère.

Il en est de même du culte des morts (1). Aujourd'hui, il peut nous paraître purement sentimental ou esthétique. Mais ce serait en oublier les origines et témoigner d'une critique bien subjective que d'en méconnaître le caractère primitivement fort utilitaire. Les morts pour l'homme primitif forment une société réelle, quoique invisible, à côté de la société visible, ou plutôt morts et vivants ne forment qu'une même sociéfé. Cette idée que le philosophe moderne peut, avec A. Comte, entendre dans un sens tout idéal, le sauvage l'entend dans un sens matériel. Sa croyance à la persistance au delà de la mort, a d'ailleurs à l'origine des raisons et un caractère tout physiques. Le mort a des besoins auxquels il faut pourvoir, sous peine d'encourir une vengeance d'autant plus redoutée qu'elle est entourée de mystère. Les sacrifices qu'on offre au mort sont composés des objets ou des êtres qu'on suppose devoir lui être utiles ou agréables, et l'on pense ainsi se mettre en règle avec des esprits volontiers malveillants et jaloux. Si plus tard ce culte prend une valeur en partie symbolique, si le sacrifice cesse de plus en plus d'avoir le caractère d'une fourniture pour devenir un signe de sou-

---

(1) Durkheim. *Division du travail*, p. 12.

mission et de dévouement, la préoccupation de l'utilité publique ou personnelle ne disparaît pas pour cela. On persiste à croire que ces témoignages sont agréables au dieu.
Ce sentiment est encore sensible dans les religions les
plus épurées, et s'il domine quelque part, c'est toujours
chez les moins cultivés de leurs adhérents. L'homme du
peuple ne prie guère que pour demander; les mysticités
de « l'amour pur » lui sont inconnues. Il mendie des
grâces qui ne sont pas souvent des grâces spirituelles. Le
culte public qui est l'expression des croyances moyennes
et non des plus élevées, comporte des prières où l'on demande à Dieu « une saison favorable pour les fruits de la
terre, une heureuse délivrance des femmes enceintes »
et finalement le salut du roi ou de la patrie. Dernièrement,
dans un pélerinage, on présentait au pape pour les lui
faire bénir un chien de berger, afin qu'il gardât mieux les
troupeaux, et une chèvre qui allaitait un enfant. On a
vu les autorités ecclésiastiques bavaroises prescrire des
prières pour invoquer l'assistance divine contre l'invasion
d'un insecte, la *nonne*, qui ravageait les forêts. Une
gazette excusait les prédictions erronées d'un météorologiste en faisant remarquer que ce savant n'avait pu faire
entrer en ligne de compte, dans ses prévisions, la prière de
milliers de fidèles qui imploraient un changement de
temps (1). Les défenseurs de la vie monastique ne manquent pas d'invoquer, à côté de l'intérêt trop visiblement
égoïste du salut personnel, l'utilité qu'auraient, pour tous
ceux que la vie active absorbe, les prières des personnes
qui se vouent spécialement à cet office, véritable fonction
sociale à leurs yeux.

(1) *Gazette de Voss* du 25 août 1883. Ce dernier fait est cité par
Gizycki, *Moralphilosophie*. p. 410. On lit dans les journaux des
dépêches comme celle-ci : « Madrid, 6 mai 1896 — La Régente
assistait aux prières qui ont été dites hier, à la cathédrale, pour
demander de la pluie. »

Ainsi donc il ne faut pas se hâter de dire que la préoccupation de l'utilité privée ou publique soit absente dans des cas de ce genre, sous prétexte que cette utilité ne nous paraîtrait pas réelle. C'est alors que nous substituerions arbitrairement notre jugement personnel à celui des hommes ou des sociétés dont il s'agit de comprendre et d'expliquer les usages et les règles de conduite.

Sans doute beaucoup de réglementations, de rites, de coutumes ne sont pas directement justifiés par une utilité intrinsèque; mais ils peuvent l'être comme parties intégrantes d'un système, d'une institution que dans son ensemble une utilité sociale justifie. Les éléments de la vie psychique et de la vie sociale sont jusqu'à un certain point susceptibles de vivre d'une vie propre. Un sentiment, une croyance, une pratique, une fois entrés dans l'esprit d'un individu ou dans la tradition d'un peuple, y développent dans tous les sens leurs conséquences naturelles ou logiques, sans que les causes originelles qui les ont fait naître continuent nécessairement à régir ces développements. C'est ainsi que dans le détail, les cérémonies d'une religion, les règles de la politesse, les formes du vêtement n'ont souvent plus qu'un rapport lointain avec les fondements mêmes et les raisons déterminantes de la religion, de la politesse, de l'habitude de se vêtir. Il ne faudrait donc pas tirer trop vite argument contre la thèse de l'intérêt général de ce que telle pratique n'a pas de rapport assignable avec le bien social ; car il est inévitable qu'un sentiment moral s'y attache si elle fait partie intégrante d'un ensemble considéré comme socialement utile. C'est ainsi qu'un très léger désordre dans le vêtement peut éveiller en nous le sentiment de la pudeur, alors qu'elle n'est nullement blessée en réalité.

C'est encore en se reportant aux origines qu'on pourra faire rentrer dans le principe de l'intérêt général le respect de la vieillesse, qui peut nous sembler aujourd'hui une vertu de pur sentiment, un acte de déférence absolument bénévole. Ici encore une observation superficielle peut seule y trouver un exemple d'une règle morale sans utilité sociale. Aucun sociologue, croyons-nous, ne contestera qu'à l'origine rien ne pouvait être socialement plus utile, et le paraître d'une manière plus manifeste. Ce respect de l'âge est même en un sens plutôt une vertu relativement primitive qu'une vertu civilisée. Dans une humanité encore inculte, où déjà la force physique n'est plus tout, mais où la science n'est pas organisée, où l'écriture est absente ou à peu près, où l'éducation est réduite à un minimum infime, les connaissances utiles, tout empiriques, supposent avant tout l'expérience personnelle et le secours de la tradition orale. Où peut-on chercher l'une et l'autre, sinon chez le vieillard? Son autorité est donc toute naturelle, et son prestige auprès des plus jeunes n'est pas purement sentimental; il est directement lié aux services qu'il peut rendre. Chez les animaux vivant en hordes, c'est d'ordinaire un vieux mâle qui marche en tête, suivi des mâles adultes. Il est le conseil, ils sont la force. Il est l'Ancien, il est le Sénateur (senex), il est le Prêtre (πρεσβύτερος) de cette société rudimentaire. Une fois constitué, ce respect du vieillard devient un « principe » que la tradition fixe et qui peut non seulement se maintenir, mais s'exagérer jusqu'à devenir nuisible (1), sans qu'on puisse en rien conclure contre l'explication utilitaire de ses origines.

Aujourd'hui évidemment la place du vieillard n'est plus absolument la même qu'autrefois. La science fixée dans les livres, est ou paraît être à la portée de tous; cette fixa-

____

(1) Même chez les sauvages, comme on en trouvera un exemple, signalé d'après Lang, chez les Australiens. *Grande Encyclopédie*, T. XVI, 469, col. 1 (Art. *Etat*, par A. M. Berthelot).

tion même lui permet de s'accumuler rapidement, et aussi de se renouveler, de sorte que le vieillard est vite exposé à n'être plus au courant. L'éducation, prolongée presque jusqu'à la maturité, est obligée, par cela même, à être moins étroitement autoritaire, en même temps qu'elle fait des hommes plus capables de se suffire à eux-mêmes. Une plus forte culture enfin a rendu les esprits plus indépendants et plus impatients du joug de la tradition (1). On comprend dès lors que le respect de la vieillesse, s'il se maintient, tende à changer de caractère, et paraisse n'être plus qu'un devoir de déférence et de gratitude, que le vieillard soit entouré d'égards en raison des services qu'il a pu rendre plutôt qu'en raison de ceux qu'on attend de lui, que l'autorité pratique passe de ses mains à celles de l'homme mûr, des sénats aux chambres. On a pu même soutenir qu'il était socialement nuisible de laisser à la vieillesse une trop grande place dans les fonctions actives, et l'on prononce volontiers le *solve senescentem*. Mais d'une part on voit par cela même que le critérium de l'utilité sociale conserve son rôle, puisqu'il préside à une réelle transformation d'un devoir ancien; d'autre part on reconnaîtra qu'il y aurait anachronisme à confondre notre sentiment actuel à l'égard de la vieillesse avec le sentiment primitif, et de tirer par suite argument contre ce critérium de ce que ce devoir nous apparaît surtout comme un devoir tout sentimental.

La plus grave objection que la morale classique élevât, au point de vue pratique, contre le principe de l'intérêt général, était tirée de conséquences inhumaines de la

(1) Il ne faudrait pas méconnaître d'ailleurs que ces causes sont en partie contre-balancées par d'autres. Ainsi la prépondérance croissante de la vie intellectuelle sur la force physique est évidemment un facteur favorable à la persistance du rôle social de la vieillesse. Dans la guerre antique ou primitive où le chef doit payer de sa personne, un général ne peut guère être un septuagénaire comme cela se voit aujourd'hui.

sélection. On reprend aujourd'hui cette objection pour
mettre en doute non plus l'excellence morale, mais la
vérité sociologique de ce principe. Il est curieux de comparer à cet égard l'attitude bien connue de M. Spencer et
celle de M. Durkheim. M. Spencer, jugeant les pratiques
et les institutions charitables nuisibles au progrès de la
race, les condamne ainsi que les sentiments qui les suscitent ; M. Durkheim, lui aussi les croit nuisibles, et accepte, on peut dire sans restriction, la thèse de M. Spencer à cet égard (1). Mais comme il croit constater que ces
sentiments sont le résultat d'une évolution naturelle qui
ne peut que les accentuer encore, sa conclusion se re-
tourne contre le critérium de l'utilité sociale. Tandis que
le premier rejette la philanthropie ou du moins la restreint au nom de ce principe, le second rejette le principe, au nom des progrès inévitables de la philanthropie.
L'un comme moraliste, dit : la philanthropie est nuisible, or il faut appliquer la règle de l'utilité sociale ; il
faut donc condamner la philanthropie. L'autre, comme sociologue, dit : la philanthropie se développe inévitablement ; or elle est contraire à l'intérêt social, donc le critère de l'intérêt social ne se vérifie pas en fait.

Nous croyons qu'aucune de ces deux conclusions inverses, entre lesquelles l'idée seule d'évolution ne nous
permettrait pas facilement de choisir, n'est réellement
justifiée, parce qu'il n'y a pas entre les deux termes,
philanthropie et utilité sociale, de véritable contradiction, qui nous oblige à sacrifier l'un des deux à l'autre.
C'est ce que nous voudrions essayer d'établir. Comprendrait-on d'ailleurs, surtout dans une sociologie qui se
présente constamment comme objective, « scientifique »,
mécaniste enfin, où l'individu est annulé au profit de la
Société, où les idées et les désirs des hommes sont comp-

(1) *Division du travail social*, p. 12.

tés pour si peu, et considérés comme des effets, non comme des causes, comprendrait-on qu'un sentiment pût ainsi se mettre en travers du progrès social, et faire échec à la perpétuelle résistance des faits, que les pitiés individuelles pussent opposer un obstacle insurmontable à la volonté de vivre du groupe ? La sélection elle-même aurait dû, dès longtemps éliminer de la vie des sociétés, des pratiques et des sentiments qui leur seraient fatales. A ce point de vue on n'en comprendrait guère plus la persistance que, dans une sociologie plus psychologique, plus finaliste, on ne comprendrait comment la philanthropie pourrait se développer ou même se maintenir dès qu'elle serait reconnue de tous nécessairement fatale à la société. Une conciliation s'impose donc.

Ce serait une étude économique minutieuse et peut-être un problème actuellement insoluble avec nos moyens d'information, que d'établir le bilan des institutions philanthropiques à l'actif et au passif. Au reste un tel bilan, établi d'après les données actuelles, ne prouverait pas grand'chose, quelque instructif qu'il pût être, puisque personne ne conteste qu'en fait la charité peut être fort mal exercée. Il resterait donc, mais un tel examen serait ici déplacé (1), à examiner spécifiquement chaque sorte d'opérations de la philanthropie, pour voir si, dans son essence, elle est condamnée à être inutile ou nuisible à la société ; car c'est ce que supposent de part et d'autre les deux thèses que nous combattons. On s'apercevrait bien vite combien est sommaire la condamnation qu'elles prononcent, et combien elles abusent de la généralité sans précision d'une théorie biologique et sociologique, au lieu d'analyser d'une manière concrète les différents cas de la question.

Mais il y a un biais par où le problème de la sélec-

(1) Voir plus loin *Charité et Sélection*.

tion comporte dès à présent une solution à la fois générale et précise. Si la thèse qui oppose la sélection naturelle à la philanthropie est juste, nous devons trouver que les chances de vie à chaque âge, au delà du moins d'un certain âge moyen, devraient avoir diminué. Car, comme on le sait, le principal gain obtenu à notre époque par une hygiène plus rationnelle et une thérapeutique plus savante, porte surtout sur l'effrayante mortalité du premier âge. La sélection primordiale étant autrefois beaucoup plus forte qu'aujourd'hui, on devrait s'attendre à voir les survivants présenter en moyenne, à l'âge adulte une constitution moins robuste et avoir moins de chances de vie. C'est même une opinion assez courante. Mais la statistique la dément (1). Si nous prenons par exemple les tables de Dupré de Saint-Maur (1750) et de Duvillard (1789) pour les comparer à celles que nous fournit la Statistique générale de la France pour la période 1860-63 et pour la période 1877-81, nous voyons qu'à *tous les âges* la survie est supérieure à l'époque la plus récente. Bornons-nous à quelques chiffres qui pour notre objet seront suffisants.

NOMBRE DE SURVIVANTS SUR 1.000 NAISSANCES

Age	Duvillard	Statistique générale (1861-63)	Id., 1877-81	Id., 1898-1903
5	583	694	730	790
30	438	574	614	688
40	369	524	555	631
50	297	467	491	560
60	213	385	404	462
70	118	250	268	307
80	35	88	99	107
90	4	6	12	11

(1) Nous empruntons ces données à Levasseur, *Population de la France*, t. II, p. 295. Voir aussi le tableau graphique très frappant qui rend cette statistique sensible aux yeux, p. 297. Aux chiffres que Levasseur nous donnait en 1894, nous ajoutons aujourd'hui ceux que nous fournit la *Statistique générale* pour 1898-1903.

Ce n'est qu'aux âges extrêmes entre 90 et 100 ans que les chiffres de survie apparaissent supérieurs dans les anciennes tables. Mais cette apparence même n'infirme pas notre thèse. Car il faut bien finir par s'en aller ; au terme naturel de la vie la courbe de mortalité se précipite donc et d'autant plus vite que l'élimination aura été moins accentuée auparavant (1). Ainsi malgré les entraves apportées à la sélection infantile, la vitalité de la race à tous les âges, au lieu d'être en décroissance, s'est au contraire constamment accrue. C'est ce qui montre la part énorme qu'a dans la mortalité humaine, comme dans tous les germes de malheur (le malheur aboutissant toujours à quelque affaiblissement vital), le pur accident qu'on peut éviter ou réparer sans avoir à payer plus tard ce salut. C'est ce qui montre surtout que si quelques-uns sont « artificiellement » sauvegardés, ce n'est pas fatalement au prix d'un abaissement du niveau moyen de la vie (2).

Il n'y a donc finalement aucune raison de ne pas avoir égard, lorsqu'on veut apprécier le niveau du bien-être général, aux souffrances individuelles supprimées ou diminuées, même tout momentanément. A tout prendre, le bonheur de la société n'existe que dans ses membres, quelque tendance qu'ait la nouvelle sociologie à réaliser la Société en dehors d'eux. Assurément il ne faudrait pas

Ils confirment encore nos conclusions. Nous les trouvons dans les articles de M. L. March, directeur de la Statistique générale, *Journal de la Société de Statistique de Paris*, sept. et oct. 1906.

(1) Ces résultats sont absolument confirmés par les recherches de M. Leclerc pour la Belgique, *Tables de mortalité et de survie et tables de population pour la Belgique* ; Bruxelles, Hayez, 1893. Comparant les tables de Quételet aux résultats de ses propres recherches. M. Leclerc constate également qu'à *tous les âges*, sauf, comme tout à l'heure, à l'âge limite, la survie est en faveur du temps présent. Voir le tableau, p. 51.

(2) L. Weber, dans son article sur *Dégénérescence* de M. Nordau, *Revue de Métaphysique et de Morale*, mai 1894, p. 359 et s....

s'appliquer à assurer la prospérité des pures parasites (1) comme un malade qui, pour se soigner, veillerait au bon développement dè cellules cancéreuses; mais tout ce qu'on pourra faire pour entretenir les cellules normales atrophiées n'est-il pas un gain pour le corps ? C'est à ces dernières qu'il faut comparer les vraies misères à secourir. A moins de considérer *a priori* ces éléments comme étrangers au système, ces individus comme forclos de la société, ce qui est précisément la question ,comment ne pas faire entrer en ligne de compte le niveau de leur vie à eux ?

Le bonheur et la vitalité des êtres sains eux-mèmes y sont intéressés. Car il ne faut pas oublier ce que le spectacle continuel de la misère a de douloueux et d'énervant pour eux. Le pessimisme qu'il engendre ne peut avoir que des effets déprimants et nous paraît de nature à faire perdre à la société beaucoup plus que ne lui coûtent les sacrifices qu'elle s'impose de ce chef. Directement ces sacrifices ont l'air improductifs ; indirectement ils aboutissent encore à un profit.

Ce bénéfice est d'autant plus réel que dans toute application intelligente de la charité le bienfait coûte beaucoup moins à celui qui le fait qu'il ne profite à celui qui le reçoit. Un sacrifice insignifiant pour celui qui a beaucoup peut, s'il est bien placé, être le salut moral ou physique de toute une existence. Ce rien peut être tout pour celui qui n'a rien. On a trop souvent une tendance à traiter mathématiquement les facteurs sociaux et psychologiques. Nous sommes dupes ici de notre matérialisme in-

(1) Et c'est précisément ce que ferait et fait déjà en partie la sélection opérant sur les bases fournies par l'évolution historique, le laisser-faire et la concurrence faussées par les injustices du passé et la contingence des institutions. Encore une fois qui sont « les incapables »? Il y en a beaucoup parmi ceux qui vivent le plus aisément. Oublie-t-on que s'il y a des parasites en loques, il y en a aussi qui roulent carrosse? Et lesquels rongent le plus la substance vive de la société?

conscient qui objective l'énergie dans une chose, l'idée dans le mot, la réalité vivante dans le signe. Un billet de banque se transporte, et nous croyons que la valeur n'a pas changé, parce que l'objet est resté le même ; nous traitons ces quantités comme des grandeurs invariables qui ne font que changer de place. Mais il n'en est point ainsi de tout ce qui touche à la vie et à la conscience. Certains mathématiciens nous parlent d'espaces non-euclidiens où les figures changeraient de forme et de grandeur par le seul fait de changer de lieu. C'est bien du milieu social et psychologique qu'on peut dire qu'il n'est pas euclidien pour les réalités qui s'y meuvent. C'est que précisément ce sont moins des *réalités* que des *valeurs* qui s'y déplacent.

On voit donc à quel point il faut restreindre cette « vérité incontestable, si bien démontrée » par M. Spencer et « contre laquelle il n'y a pas de subtilité dialectique qui puisse prévaloir ». Ce ne sont pas des subtilités dialectiques, ce sont des faits que nous lui opposons. Il n'en reste guère que l'observation d'un fait malheureusement trop fréquent, mais dont personne ne méconnaît ni la réalité ni le caractère fâcheux ; observation ensuite indûment généralisée à la lumière d'une formule commode, à allure scientifique, vraie d'ailleurs *in abstracto*, mais dont les applications infiniment diversifiées ne peuvent être appréciées en bloc et demandent une analyse minutieuse par espèce. Rien, dans tout cela, ne nous permet de conclure, ni, comme y tend M. Spencer, que l'assistance en général et par essence soit mauvaise, ni, comme le voudrait M. Durkheim, que son existence et ses progrès attestent la fausseté du critérium de l'utilité sociale.

A considérer cette évolution de plus près, nous ne voyons pas qu'elle puisse non seulement justifier, mais même suggérer cette dernière conclusion. On méconnaît ici, en effet, trop visiblement la différence du subjectif et l'objectif, du sentiment charitable et des applications qu'il reçoit. Ce qui grandit assurément, en dépit des leçons de Spencer et de Bastiat, c'est le sentiment philanthropique, mais quant aux institutions, elles tendent de plus en plus à se conformer au critérium de l'utilité sociale. Des philanthropes en vue et qui ne sont guère suspects d'avoir un faible pour la sélection naturelle ne cessent de nous rappeler les dangers d'une charité inconsidérée, et en ce sens ont dépensé peut-être plus d'encre et déployé plus d'esprit contre la charité que pour elle ; des moralistes plus voisins d'un idéalisme même un peu mystique que de l'utilitarisme même le plus large, condamnent avec énergie le système de « l'aumône » sous toutes les formes (1). L'ancienne charité considérée avant tout comme vertu individuelle ayant pour corrélatifs la pauvreté volontaire, la mendicité systématique également érigées en vertus, ce double contresens moral a disparu ou achève de disparaître. Le critérium subjectif de la vertu, du renoncement, de l'esprit du sacrifice, fait place au critérium objectif du bien effectivement réalisé, des résultats positifs obtenus. Quelque distance qu'il puisse y avoir encore en fait entre la pratique charitable et l'intérêt social, du moins l'idéal d'une charité vraiment utile est généralement accepté. A ce point de vue il ne faut donc pas dire que les leçons de Bastiat ou de Spencer aient été perdues. On peut même remarquer que le progrès de l'utilitarisme social et du sentiment charitable sont naturellement solidaires. Car d'un côté, la charité est inconséquente si, voulant le bien de quelques-uns, elle reste indifférente au bien de tous ; et d'autre part les sentiments généreux ne peu-

____

(1) P. Desjardins, *Le devoir présent.*

vent manquer d'être découragés par les résultats déplorables d'une charité maladroite, d'être exaltés par la certitude d'une efficacité bienfaisante. Comment alors nous donner à croire que si la philanthropie grandit nécessairement, c'est en dépit de l'intérêt général ?

Et ici, une dernière justification nous paraît possible de ce principe. Beaucoup de lecteurs, tout en acceptant les conclusions qui précèdent éprouveront peut-être quelque éloignement pour notre argumentation. Ils trouveront sans doute que nous ne paraissons pas suffisamment sentir le prix intrinsèque du sentiment de charité; ils pensent que sa noblesse et sa beauté sont indépendantes de l'utilité sociale produite et que c'est rabaisser et dénaturer la fraternité humaine que de la subordonner à un calcul, même désintéresssé. Placés au point de vue d'une morale plus sentimentale et plus subjective, ils voudraient nous entendre faire de la philanthropie une apologie d'un tout autre genre et mettre certains principes au-dessus de tous les résultats. Ils consentent à ce que la charité ne soit pas inutile, mais il leur répugne n'admettre qu'elle n'ait de valeur morale que par son utilité. Nous pourrions leur demander comment, les considérations purement esthétiques ou mystiques mises de côté, un sentiment individuel aurait une valeur *morale* autrement que par les garanties d'ordre ou de progrès social qu'il paraît offrir ; et comment cet ordre et ce progrès pourraient eux-mêmes se justifier, s'ils ne correspondaient à un ensemble de désirs et de besoins à satisfaire. Il faudrait se débarrasser une fois pour toutes de cette idée ou plutôt de cette impression qu'une théorie morale sent le fagot dès qu'elle vient à parler d'utilité ou de bonheur, même s'il ne s'agit pas de l'utilité ou du bonheur *personnels* ; comme si on devait vraiment définir le dévoûment par sa stérilité, le désintéressement par l'indifférence et comme si l'on pouvait réaliser cette contradiction de vouloir aimer son prochain sans tenir aucun compte de son bonheur ! C'est véritablement témoigner une crainte des mots qui ne peut que fausser les idées.

Mais si nous ne pouvons donner aucune satisfaction directe à ce genre de scrupules, voici qui peut cependant y répondre indirectement : c'est qu'en définitive il est d'une utilité sociale très certaine, très profonde, très générale que les sentiments philanthropiques se maintiennent, de sorte que tous les actes qui en témoignent, que ces actes fussent directement utiles ou non, ont dû être, comme ils le sont souvent encore sous nos yeux, encouragés par la société. Il n'est donc pas étonnant qu'on voie persister certaines pratiques en elles-mêmes inutiles, quelquefois même finalement nuisibles, si elles paraissent émaner d'un tel sentiment ; et l'on ne saurait en aucune façon en conclure que l'utilité sociale soit étrangère à la genèse et à l'évolution du sens moral, de même qu'inversement on ne saurait condamner brutalement ni sans restriction toutes les œuvres de ce genre dont le produit net n'apparaît pas d'emblée. Certes nous n'irons pas prendre au sérieux cette boutade (1), que les mendiants remplissent un office social en nous exerçant à la charité et à la pitié. Mais ce qui reste vrai, c'est que la vitalité du sentiment sympathique est d'un intérêt si profond et si capital pour la vie sociale, qu'il faut être très réservé dans les critiques qu'on peut en faire et dans les obstacles qu'on lui oppose. Sans lui, plus de moralité, plus de société véritable. A condition de n'être pas positivement nuisibles, les institutions charitables qui peuvent passer pour improductives en elles-mêmes doivent donc rencontrer notre bienveillante indulgence.

(1) M. Ed. Rod, dans un article des *Débats*.

Elles offrent au moins cet avantage de donner corps à un sentiment qui est le principe vital de la société. Les Invalides, si l'on veut, ne servent à rien ; mais qui peut prétendre qu'il ait été inutile, dans une nation obligée à vivre sur le pied de guerre, d'honorer le courage et le dévouement du soldat ?

Cette remarque a une portée très générale et s'applique à bien d'autres sentiments que le sentiment charitable. L'intérêt de la culture de l'homme social justifie la conscience commune lorsqu'elle prête une valeur morale à des sentiments dont on peut ne pas voir l'utilité immédiate. Notre pudeur raffinée n'a peut-être aucune utilité directe, et l'on a même quelquefois soutenu qu'elle avait ses dangers, en donnant à ce qu'elle cache l'attrait du fruit défendu. En tout cas, elle ne comporte certainement pas plus de chasteté réelle que la naïve indécence qui nous choque chez le sauvage. Pourtant, d'une manière générale, elle a dû être encouragée comme une condition favorable à la régularité des mœurs, par les mêmes causes sociales qui rendaient celle-ci de plus en plus nécessaire. Le respect des vieillards peut, nous le rappelions tout à l'heure, être socialement nuisible s'il est mal placé et mal entendu. Les retraites tardives maintiennent dans les fonctions actives des hommes qui ne suffisent plus à leur tâche et en écartent les hommes qui sont dans la force de l'âge et du talent. L'observation absolument stricte de la volonté des morts peut imposer aux vivants des obligations oppressives et que des circonstances non prévues du testateur rendent même quelquefois absurdes. Il n'en est pas moins vrai que, sauf à limiter dans l'application les abus auxquels ces sentiments peuvent donner lieu, ils restent en eux-mêmes socialement utiles et l'on ne peut dire que l'évolution, en les développant, ait été en sens contraire de l'utilité sociale.

Le respect de la vieillesse et celui des morts fait partie de la discipline sociale. Il est, comme l'avait bien vu A. Comte, un des facteurs de l'éducation au sens large du mot, une garantie de la continuité et de la cohésion dans la vie sociale, une des formes de la persistance du moi collectif sous l'écoulement des existences individuelles. Une politique d'évolution, une sociologie que nous entendons sans cesse parler de la *conscience sociale* devrait être la dernière à déclarer un tel sentiment inutile.

Ainsi, en résumé, nous cherchons en vain quelles seraient les coutumes, les règles, les institutions qu'on pourrait qualifier de morales sans qu'on soit en état d'y découvrir aucune utilité sociale directe ou indirecte, primitive ou persistante.

Il faut évidemment accorder que l'habitude maintient dans la société une foule de réglementations qui ont perdu leur utilité et nous fait oublier quelles aient pu en avoir une. C'est le propre de l'habitude de persister au delà des conditions qui l'ont fait naître (1). Nombre d'observances mondaines, politiques, religieuses s'accompagnent dans notre esprit d'un sentiment très fort d'obligation, et la violation en suscite chez nous une sorte de remords : qu'on songe seulement à la confusion d'un homme du monde s'il s'aperçoit au milieu d'une réunion qu'il a oublié sa cravate. L'habitude même est un facteur important de ce sentiment d'obligation (2) ; car elle crée un besoin, une attente vis-à-vis de nous-mêmes. Celui qui rompt accidentellement avec une de ses habitudes à nécessairement l'impression d'une perte d'équilibre, d'une suppression partielle de sa personnalité ; et c'est pourquoi aussi un devoir qu'on viole constamment finit

(1) Outre que, comme nous l'avons fait remarquer page 208, le développement d'un fait social suit son cours propre sans continuer à dépendre directement de ses causes originelles.

(2) Cf. Simmel. *Einleitung in die Moralwissenschaft*, p. 68.

par devenir douteux à la conscience et par ne plus être senti comme devoir. Psychologiquement, l'habitude équivaut donc à une règle, le fait répété crée l'apparence d'un droit, comme il arrive aussi dans l'ordre juridique où la prescription finit par créer un droit. Les habitudes dès longtemps imposées par la vie sociale et l'opinion publique auront au premier chef des effets de ce genre. Chez les peuples traditionalistes (comparables à cet égard aux individus maniaques) ce fait est des plus sensibles. Il s'en faut que le *cant* anglais soit comme le croient les observateurs superficiels, une pure hypocrisie ni même une simple concession au respect humain. C'est en grande partie une survivance de ce genre. Beaucoup de personnes, qui ne se rattachent plus par aucune croyance réelle à l'Eglise, ne peuvent prendre sur elles de manquer les offices ou de faire gras le vendredi ; elles en éprouveraient je ne sais quelle gêne. Mais la psychologie n'est pas la morale, et ces illusions de la routine, souvent avouées de ceux-mêmes qui ne peuvent s'y soustraire, ne sauraient prouver qu'on ne distinguera pas justement les vraies obligations des obligations illusoires à l'aide du critérium que nous défendons.

Ici même nous trouvons dans les faits une dernière contre-épreuve de la vérité de ce critérium. Il est si exact qu'il préside tacitement ou explicitement, inconsciemment ou d'une manière réfléchie, à notre jugement moral, que toutes les habitudes qui perdent le caractère d'utilité sociale (soit parce qu'elles ont elles-mêmes dévié de leur origine, soit parce que les circonstances et les croyances ont changé) perdent aussi leur caractère moral, non pas immédiatement sans doute, mais peu à peu ; et qu'inversement celles auxquelles on a reconnu après coup une telle utilité acquièrent par là même le caractère moral. Nous cessons progressivement de croire que nous soyons moralement obligés de faire l'aumône quand nous commençons à la soupçonner d'être peu conforme au bien de celui qui la reçoit, et surtout au bien social général. Les règlements mêmes en viennent à condamner la mendicité sans qu'on les accuse d'être inhumains. Sans doute nous continuons à faire incidemment l'aumône, mais machinalement, et presque avec un remords d'avoir cédé à une mauvaise pitié. Nous cessons d'admettre comme une pratique vertueuse la mansuétude mystique d'un Tolstoï, qui renonce à tout acte de défense, quand nous comprenons que par là nous encourageons la violence. Les fautes purement théologiques qui ne sont faites qu'en vertu d'une *croyance* particulière, et non d'une condition *objective* d'ordre social, le blasphème, le sacrilège, sont peu à peu éliminées des codes. L'opinion publique elle aussi les sanctionne de moins en moins. Les croyants eux-mêmes distinguent de plus en plus ce genre de fautes des fautes proprement morales. C'est ainsi qu'ils peuvent respecter et estimer la personne d'un libre penseur honnête homme, tandis qu'ils ne consentiraient pas à serrer la main d'un dévot si c'est un homme taré. Nous n'admirons plus aisément Polyeucte abandonnant Pauline à Sévère. Abraham, Jephté et Agamemnon sacrifiant leurs enfants nous paraissent purement et simplement odieux, quoiqu'ils aient dû être admirés chez les Juifs ou les Grecs. L'obéissance passive, le respect servile de l'autorité établie, qui pouvaient être vertus sous un régime autocratique, peuvent se maintenir jusqu'à un certain point dans une civilisation plus avancée, et qui comporte plus d'autonomie pour l'individu ; mais aussi devient-on de plus en plus sceptique à l'égard de ces vertus d'autrefois. Il nous faut un effort de réflexion pour continuer à les estimer là où des conditions spéciales continuent à les rendre nécessaires, dans l'armée. Ailleurs elles provoquent le blâme ou la raillerie ; nous nous moquons du bon public qui subit sans mot dire les fantaisies de l'arbitraire administratif et le sans-gêne bureaucratique. C'est maintenant à l'indépendance du caractère et à la liberté du jugement que va notre estime. Et dans l'ordre intellectuel il en est de même : au devoir de croire s'est substitué le devoir d'examiner. Sans doute, encore une fois, les règles discréditées continuent plus ou moins longtemps à vivre dans la pratique à titre de routines ; mais le sentiment moral s'en détache de plus en plus. D'ailleurs, il faut bien prendre garde que toute règle sociale n'est pas une règle morale quoique la réciproque ne soit pas vraie : et c'est justement l'utilité sociale qui sert à établir cette distinction entre les règles sociales qui sont morales et celles qui ne le sont pas. C'est ainsi que certaines règles très fortes, très généralement sanctionnées par l'opinion, sont pourtant nettement exclues de tout jugement moral. On trouvera ridicule ou inconvenant un homme dont la mise sera négligée ou peu conforme à celle du monde qu'il fréquente. On s'accordera pourtant à ne pas le juger malhonnête homme ; ce n'est pas un blâme *moral* qui l'atteint. Si cependant la conscience morale s'en trouve indirectement touchée, c'est encore parce qu'on rapportera ces négligences à quelque sentiment ou à quelque particularité de caractère socialement nuisibles : l'avarice, le mépris de l'opinion d'autrui, le désir de se faire remarquer.

Ainsi en résumé, de quelque façon que nous retournions la question, le critérium de l'utilité sociale ne paraît pas se trouver jamais en défaut. Toutes les règles que la conscience commune proclame comme morales correspondent ou ont correspondu à quelque utilité sociale directe ou indirecte, réelle ou supposée. Cette utilité sociale qu'elle soit réelle sans être distinctement aperçue, ou qu'elle soit admise sans être réelle, est le caractère commun qui en fait des choses morales, et qui les distingue même comme telles de certaines règles qui par la forme, mais non par le fond, leur sont plus ou moins analogues. Le cours même de leurs transformations confirme le résultat inductivement obtenu, puisque dès que le caractère d'utilité sociale s'efface, les règles correspondantes, quoique maintenues quelque temps par la force de l'habitude, ou disparaissent peu à peu, ou perdent leur caractère moral.

*
* *

2° *La réciproque est-elle vraie ? Voyons-nous le jugement moral intervenir partout où, dans la conduite humaine, l'utilité sociale est en cause ?* S'il en est ainsi nous aurons achevé d'établir que c'est l'utilité sociale qui définit, dans son contenu, la moralité.

« Bon nombre de choses sont utiles ou même nécessaires à la société, qui pourtant ne sont pas morales », nous objecte-t-on (1). « Aujourd'hui, une nation ne peut se passer ni d'une armée nombreuse et bien équipée, ni d'une grande industrie, et pourtant on n'a jamais songé à regarder comme le plus moral le peuple qui possède le plus de canons ou de machines à vapeur. » Sans doute ; mais comment ne pas s'apercevoir à quel point la question est ici mal posée ? Le raisonnement peut paraître spécieux parce qu'il est appuyé sur l'exemple de choses d'ordre matériel auquel le sentiment moral ne peut guère s'attacher ; certes rien ne paraît moins moral qu'une machine, si ce n'est un canon. Mais c'est la ma-

(1) Durkheim, *op. cit.*, p. 11.

nière même dont sont appliqués ces exemples qui est inadmissible. Que prétend en effet la doctrine de l'Intérêt général ? Que toute *activité* est morale, qui prend pour *fin* l'intérêt général. Mais elle n'a jamais prétendu que la moralité fût un caractère des *choses* ; elle considère l'utilité sociale non comme *fait brut*, mais comme *règle* d'action. Autrement on en viendrait à dire que la pluie et le beau temps, qui peuvent aussi être socialement utiles ou nuisibles, ont un caractère moral. Une sociologie mécaniste qui fait effort pour exclure toute considération de finalité peut seule être amenée à oublier une aussi évidente distinction. Mais ses principes ne sont pas les nôtres et ne priment pas les données d'une expérience élémentaire et certaine.

Même si l'on considère non pas les choses, mais le *fait* que la société les possède, on pose encore mal la question. D'abord on envisage un *état* et non un *principe d'action*, on se place à un point de vue statique et non à un point de vue dynamique ; à considérer les choses ainsi, on ne trouvera jamais une application du jugement moral. L'idée même d'utilité exclut ce point de vue ; car la notion d'utilité n'a de sens que par rapport à un usage, et par conséquent à un ensemble d'actions. C'est une notion essentiellement dynamique ; elle implique le rapport de moyen à fin et par conséquent une tendance, une direction d'action. C'est même par là d'abord que s'explique son rôle inévitable en morale. D'autre part ce n'est pas non plus la société prise dans son ensemble, comme système, qui est sujette au jugement moral, mais les éléments de ce système par rapport au tout, c'est-à-dire les individus ou groupes d'individus par rapport à la société. Ce qui, suivant nous, détermine le jugement moral, c'est l'adaptation plus ou moins parfaite de l'individu ou des groupes particuliers à l'ordre social (1) donné ou souhaité. L'idée de moralité implique non pas seulement une relation de moyen à fin, mais une relation de partie à tout, ou mieux d'élément à système. Et ce sont ces deux idées, qui ne sont, on le voit, que deux aspects de la finalité, que réunit et synthétise le principe de l'utilité sociale.

Replaçons donc la question sur son véritable terrain, rendons-lui sa vraie forme ; nous ne nous demanderons plus si une nation est plus ou moins morale pour posséder plus ou moins de canons ou de machines à vapeur, mais si les individus ou les associations qui, en dehors de préoccupations égoïstes, s'efforcent de doter la société dont ils font partie, de moyens d'action ou de défense supérieurs, ne font pas preuve de moralité. Or c'est ce que personne ne mettra en doute. Nous louons au point de vue proprement moral, l'officier qui, au lieu de se laisser aller au relâchement facile et à la stérile oisivité de la vie de garnison, travaille, sans grand espoir de profit personnel, à assurer à sa patrie les armes les plus perfectionnées, la poudre la plus puissante, les moyens de défense les plus efficaces. Certes le militarisme n'a rien de moral par lui-même ; mais si l'on admet que la fonction militaire s'impose en fait à une société donnée, celui qui travaille à une telle œuvre est moralement louable. On appliquerait à plus forte raison un raisonnement semblable à l'ingénieur, au savant dont les travaux sont la source de quelque nouveau bienfait social. On pourrait dire aussi que le vaccin de la rage n'a rien de moral en

<hr>

(1) Et si, par conséquent, une société prise dans son ensemble, non pas comme collection d'individus plus ou moins parfaits chacun à part, mais comme système organisé de fonctions, est déclarée plus ou moins morale, c'est encore par rapport à l'idée qu'on se fait d'un ensemble plus vaste, par exemple d'une société européenne ou d'une société humaine.

lui-même. Mais ne considérera-t-on pas comme hautement morale l'activité du savant qui, lorsque tant d'autres ne travaillent qu'à leur propre fortune ou même organisent leur oisiveté sur une fortune toute faite, se consacre à d'incessantes recherches et, non content de la satisfaction et de la gloire que peuvent lui apporter des découvertes purement théoriques, ne croit pas son œuvre achevée tant qu'il ne les a pas rendues pratiquement applicables au salut de ses semblables ?

Du reste, en fait, la vénération et le culte des hommes passent de plus en plus des *saints* ou des *héros* aux *bienfaiteurs* ; on honore moins la simple culture subjective de la vertu, considérée comme un but se suffisant à lui-même, et davantage l'empoi direct de nos forces morales au bien positif de l'humanité. C'est cet emploi même qui semble de plus en plus constituer la vrai vertu dont l'autre n'a que la forme ; elle est à la première ce que l'usage pratique de nos aptitudes physiques est aux exercices artificiels de la gymnastique de chambre. Ce n'est pas une médiocre idée, de la part d'"A. Comte, quoi qu'on puisse penser de la possibilité d'en faire l'emploi méthodique et réglementé qu'il propose, que d'avoir voulu substituer à la liste des saints, pour la plupart obscurs, ou même légendaires, du calendrier courant, celle des grands serviteurs de l'humanité. Comte n'a fait en cela que « systématiser » une tendance « spontanée » qui se manifeste de jour en jour d'une manière plus éclatante. Et qu'on ne dise pas que ce culte de la reconnaissance subtitué à celui de la pure admiration, remplace un sentiment purement moral par un sentiment intéressé. Car ce que nous devons personnellement à tel ou tel bienfaiteur en particulier est intimement fondu à la fois dans la masse de ce que nous devons aux autres et dans la masse de ce que tous les autres hommes lui doivent ; ainsi notre dette spéciale envers lui se réduit à quelque chose d'imperceptible et d'insaisissable et va se perdre en même temps dans l'immensité de la dette collective. La reconnaissance intéressée de l'individu disparaît donc forcément dans la reconnaissance sympathique de l'homme social et le sentiment très obscur de notre bien propre dans l'éclatante aperception du bien commun.

La vertu n'a aucun contenu propre en tant que qualité personnelle, comme les morales subjectives semblent constamment le croire. C'est son application sociale qui la fait vertu. Il est impossible par exemple de considérer le courage comme une vertu absolument parlant. Car on peut l'employer au crime. De même la générosité et le désintéressement en matière d'argent ne sont plus, s'ils sont mal placés, qu'une prodigalité coupable : en se laissant exploiter, on encourage ceux qui exploitent; on fait hausser indûment le prix des choses ; on fait surgir des prétentions qui rendent souvent la vie fort difficile à ceux qui n'ont pas le moyen de jeter l'argent par les fenêtres. De même l'humilité en elle-même n'est point vertu et peut devenir faiblesse de caractère.

Inversement il n'y a guère de qualités qui, en tant qu'on les applique au bien social, ne puissent acquérir la dénomination de vertu. Il y a une bonne ambition, par laquelle chacun doit viser à la situation où ses aptitudes auront leur plus grand rendement et seront le mieux mises en valeur. Il y a un juste orgueil qui nous empêche de laisser déprécier en nous l'être social que nous sommes et la fonction que nous exerçons. De même encore, quoique les qualités purement intellectuelles ne soient pas des vertus, l'usage social de notre intelligence est une vertu.

Ainsi la vertu et le vice ne peuvent pas être définis

par leur forme ; ils ne le sont que par leur contenu, et ce contenu, l'expérience nous montre que c'est le bien social. Si certaines qualités paraissent être en soi des vertus et des vices, ce n'est encore que dans la mesure où, par leur nature propre, elle apparaissent comme des facteurs nécessaires de la sociabilité, ou comme incompatibles avec la vie sociale : tels l'égalité d'âme, la modération, l'amour du travail ou au contraire la vanité, la cruauté, la paresse.

En vain prétendrait-on (1), pour éviter la considération du bien social tout en reconnaissant le caractère social des devoirs individuels, les expliquer simplement par la nécessité de respecter un *sentiment collectif*. On aboutirait par là à une véritable pétition de principes. Dira-t-on par exemple que le respect de notre dignité individuelle ne s'impose à nous que parce que nous ne devons pas froisser le « très vif sentiment » qu'en ont aujourd'hui les « consciences saines » ? Cela revient à dire que chacun s'en fait un devoir parce que tout le monde s'en fait un devoir. Mais pourquoi tout le monde s'en fait-il un devoir ? Pourquoi ce sentiment s'est-il développé et généralisé ? Pourquoi peut-il être, pourquoi est-il en fait considéré comme un devoir ? Pourquoi les consciences qui sont ainsi faites sont-elles des « consciences saines » ? Expliquer notre jugement personnel par le jugement de « tout le monde », c'est malheureusement possible en fait dans des cas individuels, mais c'est ne rien expliquer en droit, ni d'une manière générale. Même individuellement la moindre réflexion aura vite fait de dissoudre une semblable obligation ; car lorsque nous croyons une chose parce que tout le monde le croit, nous sous-entendons qu'on doit avoir pour la

_____

(1) Durkheim *op. cit.*, p. 449.

croire quelque *raison* que nous avons la paresse de ne pas chercher ; nous supposons qu' « on » ne peut pas être absolument un sot. Sans cela nous cesserions de croire ce que les autres croient. Si l'on veut éviter de nous réduire à une morale de moutons de Panurge, il faudra bien en venir à justifier le caractère moral d'un sentiment par ses *conséquences* sociales et non par sa seule *existence*, qui elle-même requiert une explication. Il est curieux de remarquer qu'autrement on en revient, sous une forme empirique qui n'est pas ici pour la fortifier, à la thèse kantienne suivant laquelle c'est l'obligation qui fait l'excellence morale des actes et non leur excellence morale qui les rend obligatoires (1).

Ainsi se vérifie à nouveau la parfaite corrélation de l'utilité sociale et du bien moral. La réciproque que nous nous proposions d'établir, se trouve vraie : toute activité qui tend à cette fin d'utilité sociale ou la contrarie est qualifiée moralement en bien ou en mal.

Pourtant elle ne se trouvera complètement établie que si, à côté des cas positifs, nous examinons les cas négatifs. N'y a-t-il pas des actes unanimement considérés comme immoraux par la conscience commune, contraires aux règles ordinairement sanctionnées, et qui pourraient se trouver socialement, ou même humainement utiles ?

On songe surtout ici aux violences et aux crimes qui prennent pour excuse ou qui ont pour motif la raison d'Etat et le salut public. Il y aurait alors à justifier la règle de l'Intérêt général contre l'accusation d'aboutir à la négation du droit, comme nous l'avons justifiée contre celle de supprimer la charité. La question est trop consi-

---

(1) Cette affinité est nettement reconnue d'ailleurs par M. Durkheim. Voir son exposition du 11 février 1906, à la *Société française de philosophie* (*Bulletin* d'avril 1906).

dérable et d'ailleurs trop rebattue pour que nous prétendions la traiter ici d'une manière complète. Nous nous
contenterons de quelques remarques générales.

D'abord l'expérience montre que la plupart du temps
ce calcul de salut public, quand il fait litière du droit, est
déçu par l'événement : on a toujours plus troublé et compromis que sauvé les sociétés par la violation du droit et
l'illégalité. A côté des effets particuliers et des effets
immédiats des actes de ce genre, qui peuvent paraître en
fournir une suffisante justification, il faut tenir compte
des résultats généraux et lointains. Si la fin ne justifie
pas les moyens, c'est justement parce que souvent la *fin*,
même si elle est effectivement atteinte, n'est qu'une petite
partie dans l'ensemble des *effets* que l'on n'a pas prévus
ni voulu. En d'autres termes, on a justement mal calculé
l'utilité sociale en se tenant à la considération subjective
d'une fin visée. Il faut, dans la violation du droit, escompter les résistances et les représailles qui troublent pour
longtemps la société, les haines qui la divisent et l'affaiblissent. Il faut tenir compte de l'influence désastreuse
qu'exerce l'exemple même de l'injustice. Car les règles du
droit sont précisément la formule de l'équilibre social.
Ainsi, de même que tout à l'heure nous montrions qu'en
ce qui concerne la charité, l'intérêt le plus général est le
maintien des sentiments de bienveillance et de fraternité;
de même nous pouvons dire ici que l'intérêt le plus général est le respect du droit individuel ; car en délimitant
et en garantissant la sphère d'activité des personnes, le
droit tâche de définir précisément les conditions d'un minimum de sociabilité. Ici encore ce qu'il ne faut pas
perdre de vue, c'est qu'il s'agit surtout d'un processus
dynamique, d'une règle d'action dont le rayonnement
social est incalculable, et non d'une quantité limitée d'avance de bien ou de mal, qu'il y aurait simplement lieu
d'additionner ou de retrancher.

Par là encore on peut comprendre comment, dans un cas particulier, un acte peut être *socialement utile quoique immoral*. C'est que nombre de ses effets peuvent s'être produits en dehors de la volonté de l'agent qui ne les a pas visés. S'ils sont satisfaisants on ne peut dire pourtant qu'il ait agi d'après la règle de l'intérêt général; et il peut se faire au contraire qu'il ait été déterminé par des motifs que cette règle condamne d'ordinaire. Comment un hasard heureux, sur lequel on n'a pas compté, pourrait-il compromettre ou modifier une règle faite pour organiser les volontés humaines et fondée sur l'ensemble des probabilités expérimentales? Nombre de guerres injustifiables « en principe » peuvent avoir eu des résultats humainement utiles. La conquête romaine a rapproché les nations, rendu pour la première fois concret le sentiment de la solidarité humaine, universalisé le sentiment moral en l'obligeant à sortir de sa primitive limitation à la tribu ou à la cité, en même temps que, par l'extension qu'elle donnait au commerce, elle permettait déjà une plus complète utilisation de l'habitat terrestre. Les historiens se plaisent à montrer les résultats féconds des croisades, entreprises en vue de tout autres fins. Les guerres de Napoléon ont peut-être également servi à la diffusion européenne des nouveaux principes du droit civil et politique sortis de la Révolution. Nous voudrions pouvoir dire également que les conquêtes coloniales préparent l'avènement d'une civilisation universelle et tendent à faire de l'humanité, aujourd'hui idéal abstrait, une réalité concrète. A supposer que tant de guerres injustes aient produit réellement des avantages capables d'en compenser les inconvénients certains, on ne saurait pour cela, sans inconséquence, ériger en règle générale *le droit* de faire des guerres *injustes* et des conquêtes violentes. Et c'est en quoi précisément elles restent injustes.. Il est bien clair, en effet, que si ces avantages n'ont été ni prévus ni voulus par les initiateurs de ces grandes entreprises, ils ne peuvent entrer en ligne de compte lorsqu'il s'agit de juger *moralement* leur action : il n'y a plus là que des conséquences de causes naturelles, conséquences étrangères à la volonté des agents. Mais s'il était bien établi d'avance, dans un cas donné, qu'un intérêt individuel se met en travers du bien social, un intérêt national en travers du progrès humain, il deviendrait impossible de leur reconnaître le caractère d'un *droit* dans l'ordre civil ou dans l'ordre international, si ce n'est parce qu'l serait plus nuisible encore d'en opérer la suppression par voie de contrainte. L'abandon spontané de ce prétendu droit deviendrait dès lors moralement un devoir, de même qu'inversement, tant qu'un droit nous est reconnu, c'es-à-dire paraît conforme à l'ordre ou au progrès social, c'est pour nous un véritable devoir de le défendre.

La question qui se pose finalement ici est celle du conflit entre le droit existant et les conditions du progrès social. A chaque époque le droit définit les conditions actuelles de l'équilibre, et par conséquent aucun progrès social n'est possible sans une suppression partielle des droits jusqu'alors reconnus et l'établissement des droits nouveaux. L'abolition de l'esclavage a imposé aux propriétaires d'esclaves un sacrifice toujours réel, quelque effort qu'on ait fait, comme au Brésil, pour le préparer. Tout ce qui apparaît au législateur ou au moraliste comme un privilège à détruire a été à un moment donné un droit réel, consacré par l'Etat, reconnu de ceux mêmes qui pouvaient en souffrir le plus. La résistance obstinée du droit existant à l'avènement du droit à venir, l'impatience excessive du droit idéal à devenir le droit réel, voilà le double principe de toute révolution. La règle de l'intérêt général n'est-elle pas la seule qui puisse à la fois prescrire moralement à l'empirisme conservateur d'abandonner à temps un droit existant qui a cessé d'être le droit véritable, et décider politiquement l'idéaliste révolutionnaire à attendre les adaptations indispensables et à fragmenter ses espérances dans l'intérêt même de l'ordre et de la paix? Marcher, c'est être dans un équilibre instable sans cesse rompu et sans cesse rétabli, et les mouvements utiles sont déterminés à chaque moment à la fois par les mouvement antécédents et par la route route à parcourir.

Nous croyons donc avoir établi l'exacte coïncidence entre le principe de l'intérêt général et le principe du jugement moral. Et ce résultat nous l'obtenons, ce semble, non par une consultation partiale et incomplète de l'expérience, non par une altération systématique des données de l'expérience sociale spontanée, mais au contraire en nous référant sans cesse au jugement moral réel des hommes, puisque c'est lui, à tout prendre, qui délimite en fait le champ de la moralité.

II. — AU POINT DE VUE DYNAMIQUE

On voit déjà par ce qui précède ce qu'il faut penser du reproche adressé à la doctrine de l'utilité sociale de n'être pas fondée sur une recherche inductive. Le principe de l'utilité sociale n'est nullement une invention arbitraire de l'esprit qu'on cherche à ériger en règle. C'est au contraire la seule hypothèse qui paraisse expliquer l'ensemble des jugements moraux que l'expérience nous révèle. Cette vérification est d'autant plus frappante que justement elle a lieu dans les cas qui nous semblent au premier abord constituer de véritables anomalies comme la prostitution sacrée, le meurtre légal des vieillards, celui des filles, celui des enfants mal constitués (1). Du moins il ne semble pas qu'aucune hypothèse puisse actuellement s'appliquer avec un égal succès à tant de prescriptions si diverses, si changeantes, si bizarres et contradictoires parfois qui régissent la conduite ou plutôt déterminent l'appréciation morale des hommes en divers temps et divers lieux. Ce n'est donc pas une conception abstraite inventée à plaisir, ni une illusion subjective dénaturant l'observation sociologique pour en plier les résultats à nos habitudes d'esprit, c'est au contraire l'unique trait commun qui se dégage d'une comparaison objective de faits extraordinairement hétérogènes d'apparence.

Sans doute, il y a une part inévitable d'hypothèse dans la découverte du principe : un certain nombre de faits en suggèrent l'idée dont on essaye ensuite la vérification générale. Parmi ces faits, on peut du reste compter même notre propre structure mentale; mais il n'y aurait rien de plus légitime que de la faire entrer en ligne de compte; et surtout une sociologie qui ne cesse de nous présenter l'individualité psychologique elle-même comme un produit social, ne saurait s'y refuser. Quant à l'emploi de l'hypothèse, depuis quand ce procédé serait-il exclu d'une méthode vraiment scientifique? A condition que le contrôle externe des faits soit sérieusement appliqué, on ne saurait donc, au nom de la science la plus positive et la plus rigoureuse, s'inscrire en faux contre l'emploi d'une hypothèse ainsi doublement suggérée, du dedans et du dehors.

Ainsi en tout état de cause on pourrait nous accorder que tout se passe *comme si* le principe de l'intérêt social présidait à l'organisation des idées morales, et consti-

(1) Spencer, *Principes de Sociologie*, chap. XI, § 430 et suiv. Paris. F. Alcan.

tuait le motif caractéristique des obligations spécifiquement morales.

Reste à savoir si l'on peut transformer cette *hypothèse
formelle* en une *hypothèse réelle* et soutenir qu'effectivement l'intérêt général ait été la cause déterminante
de la transformation des idées morales.

Il n'est nullement besoin, remarquons-le avant tout,
pour que le principe de l'intérêt social soit *vrai*, non
seulement au point de vue pratique, mais au point de
vue scientifique, qu'il soit en fait l'objet d'une pensée
distincte et réfléchie de l'agent moral. Rien ne serait
en effet plus contraire à l'expérience. La conscience morale se présente généralement comme une faculté
spontanée et intuitive dont les fondements et les raisons
d'être restent inaperçus. Elle n'est pas naturellement
réfléchie et analytique, mais impulsive et affective. La
preuve, s'il en était besoin, on la trouverait dans la diversité même des interprétations qu'elle a suscitées : on n'en
disputerait pas si confusément au cas où elle apercevrait
elle-même ses propres bases. Mais il y a plus : comme
l'homme cherche toujours à se comprendre lui-même, à
se donner, vaille que vaille, une explication de ce qu'il
est, la conscience, une fois organisée, se connaissant sans
se rendre compte d'elle-même, essaye de se justifier par
toutes sortes de motifs plus ou moins imaginaires.
Comme l'hypnotisé qui invente de bonnes raisons de faire
ce qu'il se sent poussé à faire, comme le saint qui se croit
soutenu par la grâce ou tenté par le démon, comme le
spirite qui se figure être le truchement de l'âme d'un
défunt, se donnent à eux-mêmes des explications chimériques de ce qu'ils constatent en eux sans en connaître
les vraies causes, de même la conscience morale est amenée à se forger des illusions du même genre. Elle divinise
les causes sociales qu'elle ne peut discerner, ou, à un

degré supérieur de culture, elle les hypostasie en des
abstractions métaphysiques. Et ce qui complique et obs-
curcit encore la question, c'est qu'une fois nées ces illusions se développent d'une manière autonome et con-
duisent à des conceptions qui n'ont plus qu'un rapport
vague et lointain avec leurs causes primitives et mécon-
nues, mais qui n'en réagissent pas moins sur la réalité.
La conscience morale est un fait naturel ; et lorsqu'on
voit l'homme tâtonner si longtemps dans l'interprétation
de la nature extérieure, il n'y a pas lieu de s'attendre à
ce qu'il trouve d'emblée une interprétation exacte de ce
fait intérieur. Comment comprendrait-il mieux sa conscience, chose obscure et complexe, qu'il ne comprend
l'ascension de l'eau dans une pompe, les alternances du
jour et de la nuit ou la suspension des astres dans l'espace ? La question est donc de savoir quelles sont les
influences *réelles* qui s'exercent sur l'homme et qui lui
font accepter ses devoirs, et non pas de savoir s'il s'en
fait une idée toujours exacte. Lorsque le linguiste
explique nombre de transformations des mots par des
attractions de sens ou de prononciation, par des lois très
particulières de la phonation, il n'a pas besoin pour être
dans le vrai de prouver que dans l'usage de la parole les
hommes se soient aperçus de ces lois. Quand le psychologue et l'esthéticien découvrent les raisons cachées en
vertu desquelles certains agencements de sons, de couleurs ou de formes satisfont ou contrarient l'oreille ou la
vue, ils ne supposent pas pour cela qu'on ait dû connaître
ces raisons pour créer une œuvre d'art. Lorsque M. Marey
analyse les conditions mécaniques de la marche ou du
vol, que le mathématicien détermine les règles de l'équilibre d'un cercle roulant, ils ne veulent pas pour cela
donner à entendre que de tels calculs aient dû être faits
par l'enfant, l'oiseau, le cycliste. Dans tous les cas de ce

pas distinctement ; une synthèse intuitive précède l'ana-
genre nous sentons ce que pourtant nous ne concevons
lyse intellectuelle. Nous *sentons* une plus grande facilité
à prononcer deux labiales ou deux dentales de suite,
qu'une labiale suivie d'une dentale. Nous *sentons* certaines harmonies entre les couleurs et les sons. Nous
sentons que nous allons tomber si nous ne faisons certains mouvements. Un bon commerçant peut de même
avoir l'intuition vague et pourtant juste de certaines
vérités économiques sans avoir fait la moindre étude
scientifique des lois économiques. Le rôle du savant est de
démêler en tout cela le détail des lois qu'observent les
phénomènes et les influences réelles auxquelles spontanément les fonctions s'adaptent. Il serait certainement
ridicule de supposer que la société primitive ait dû faire
des statistiques précises sur les effets possibles de telle
ou telle pratique sociale pour l'accepter ou l'instituer de
propos délibéré. Mais il serait tout aussi faux d'en conclure que, dans ses tâtonnements, la prévision plus ou
moins confuse de quelques-uns au moins de ces effets
n'ait été pour rien dans l'évolution qui a fait peu à peu
prévaloir cette pratique. A plus forte raison l'utilitarisme
n'a-t-il nullement besoin de supposer que l'individu, à
un moment donné de l'évolution où *il trouve une coutume déjà établie*, ait une conscience à la fois distincte
et exacte des causes qui l'ont produite, ou des raisons
vraies qui la justifient. On nous demande : « Est-ce que,
quand nous obéissons à la loi de la pudeur, *nous savons*
le rapport qu'elle soutient avec les axiomes fondamentaux
de la morale (1) ? » Non, sans doute, nous ne le savons
pas, et nous n'avons nullement prétendu qu'on le sût.
Mais en quoi cette ignorance changerait-elle la nature des

(1) Durkheim, *op. cit.*, p. 17.

raisons qui expliquent en fait la genèse sociale de la pudeur et la justifient en droit ?

D'aucune façon, par conséquent, on ne saurait arguer de ce que l'individu ne prend pas toujours expressément pour fin consciente l'intérêt social, de ce que, à plus forte raison, il n'en fait pas l'objet d'un calcul exact, pour prétendre que cet intérêt social n'est pas la *cause* en vertu de laquelle certaines règles de conduite, celles qui affectent un caractère moral, s'imposent à lui. Lorsqu'un Polynésien respecte un *tabou*, il est bien probable qu'en général il n'obéit consciemment qu'à un sentiment de crainte religieuse, qu'à une terreur irraisonnée. inspirée par l'idée superstitieuse, par les mots eux-mêmes. Mais cela ne prouve pas que l'origine de certains *tabous* ne soit pas la perception confuse pour la communauté, consciente seulement peut-être pour les prêtres qui proclament le tabou, de certaines utilités collectives ; les *tabous* de fantaisie s'expliqueraient assez par le développement naturel d'un tel usage, ou encore comme un moyen de maintenir, par l'arbitraire même, la toute-puissance des castes dirigeantes. C'est ainsi qu' « on tabouait les poules et les porcs quand il y en avait pénurie ; on tabouait les bananes et ignames sauvages quand la récolte des fruits à pains n'avait pas bonne apparence ; on tabouait pour la pêche aux flambeaux certaines baies quand le poisson y devenait rare (1) ». On nous accorde d'un autre côté « qu'il serait impossible de considérer comme morales des pratiques qui seraient subversives des sociétés qui les observeraient (2) ».

----

(1) Cité par Letourneau. *L'évolution de la morale*, p. 173.

(2) Durkheim. p. 21. M. S. Reinach (Corresp. de *L'Union pour la Vérité*, 1908-9, N° 10, p. 683) pense que « la morale est le résidu socialement utile d'une riche floraison de tabous ». L'utilité sociale, si elle ne détermine pas l'éclosion des tabous, présiderait donc au moins à leur sélection. Nous pourrions aisément nous accom-

Enfin que prend-on comme critérium de la moralité ?
Le fait de la sanction. Or que sont les sanctions, sinon
les résistances opposées par la société à certaines manières
d'agir qui la compromettent, et, faudrait-il ajouter, les
encouragements qu'elle accorde aux actes inverses ? Ces
sanctions peuvent-elles s'expliquer autrement que comme
une garantie du bien social ? En elles-mêmes elles ne
sont nullement primitives, elles sont dérivées ; elles n'expliquent rien tant qu'elles ne sont pas elles-mêmes expliquées (1). S'en tenir à elles, c'est retomber dans les errements des anciens empirismes qui expliquaint, non sans
quelque raison, une partie des sentiments moraux par
les sanctions, mais, satisfaits de cette explication d'ordre
purement psychologique, ne se demandaient pas quelle
était la raison d'être des sanctions elles-mêmes. Or si
nous nous posons la question, nous voyons que la sanction, en tant que fait proprement collectif ou social, n'est
nullement primordiale. Elle n'est que l'organisation, la
systématisation de résistances tout d'abord individuelles.
Comment l'homme apprend-il qu'il ne doit pas tuer, vo-
ler, tromper ? Tout d'abord par la résistance qu'il rencontre de la part de tous ceux qu'il essaie de traiter ainsi,

moder de cette thèse. Car il importe encore plus ici d'expliquer
la direction de l'évolution que d'expliquer les origines premières
(Cf. p. 253). Quelle serait d'ailleurs la cause de cette proliféra-
tion originelle des tabous, si ce n'est que tout paraissait dangereux à une humanité inexpérimentée ou chez qui du moins domine
l'expérience de ses maladresses et des difficultés de l'existence?

(1) M. Leslie Stephen, *Science of Ethics*, p. 459, montre que,
dans l'individu, la croyance aux sanctions surnaturelles peut bien
expliquer certaines de ses déterminations, mais que socialement
elles n'expliquent rien puisqu'il faudrait d'abord expliquer comment la croyance à de telles sanctions se serait établie ou se main-
tiendrait, si les actes auxquels elles s'attachent étaient réputés
socialement indifférents. On pourrait en dire à peu près autant
des sanctions positives elles-mêmes : un individu peut se déterminer par la crainte de la prison, mais pourquoi la société inflige-
t-elle la prison dans ce cas?... Il arrive donc ici que c'est l'individuel, mais non pas le social, qu'expliquerait la sociologie que nous
discutons.

et par l'unanimité de cette résistance. Or cette résistance des individus lésés est tout instinctive et toute naturelle sans cesser pour cela d'être utile ; et l'individu qui la rencontre s'y adapte progressivement sans qu'il y ait lieu de lui prêter des calculs plus ou moins compliqués ou étranges statistiques. Ce n'est pas la société qui punit tout d'abord, ce sont les individus qui luttent et se défendent. C'est un fait bien connu que, bien avant qu'un droit pénal public apparaisse, la société abandonne aux individus lésés ou à leur famille le soin de la repression (1). Presque toujours, il est vrai, cette répression ou vengeance est en même temps consacrée par l'opinion publique comme un devoir : mais c'est que précisément tout le monde se sent menacé par le voleur ou l'assassin ; et, à défaut d'un organe public de répression et de défense (2), la société somme donc l'individu ou le petit groupe familial de remplir cet office quand les circonstances l'y appellent. Plus tard, et en raison même des abus auxquels la vengeance privée ne peut manquer de donner lieu, elle intervient pour la réglementer, non pas encore pour l'exercer. Et son intervention se manifeste principalement dans l'organisation des *compositions* et leur substitution à la vengeance. En tant que droit *public* organisé, le droit pénal est donc, pour la plus grande partie au moins de son étendue, restitutif avant d'être répressif. Enfin, c'est plus tard encore que le sentiment de la solidarité sociale vis-à-vis du criminel ayant pris corps d'une manière plus complète, le crime apparaît comme un danger public plus que comme un dommage privé et

(1) Cf. par exemple Westermarck, *die Blutrache bei den Südslaven*, p. 5, etc.

(2) M. Durkheim est le premier à nous montrer (p. 95) que la vengeance et la défense ne diffèrent pas essentiellement ; il reconnaît donc le caractère instinctivement utilitaire de la première.

qu'il est alors légalement *puni* au sens propre du mot (1).
La loi pénale serait alors la manifestation de la ligue qui
s'organise spontanément dans la société entre les intérêts
sociables (ou compatibles entre eux dans la société), contre
les intérêts insociables (c'est-à-dire ceux qui ne peuvent
être satisfaits dans certaines personnes qu'à condition
d'être violentés chez les autres). L'intérêt général résulte
surtout de la coalescence et de la synthèse naturelles des
intérêts particuliers qui s'accordent et se confirment entre
eux.

Ainsi l'on pourrait expliquer une bonne partie de la
moralité par une série d'adaptations spontanées de l'individu aux conditions sociales senties, mais non distinctement connues, de son existence. La théorie qui fait de
l'intérêt général le contenu de la moralité réelle ne saurait
donc rien perdre à accorder, que l'individu n'ait pas à l'o-
rigine, ce qui est évident, calculé distinctement le bien
social.

Mais notre analyse ne doit pas s'en tenir là. Lorsque

(1) M. Durkheim (495 et suiv.) combat, il est vrai, cette théorie
et prétend que la réaction pénale est sociale avant d'être privée.
Ce ne serait donc pas la vengeance privée qui, peu à peu, suivant
les phases que nous venons de rappeler brièvement, se serait transformée en pénalité sociale, mais au contraire celle-ci qui, préexistant, aurait peu à peu absorbé celle-là. On comprendra que nous
ne puissions entreprendre ici de discuter cette question, et que
nous nous contentions de nous appuyer sur une théorie qui a pour
elle de nombreuses autorités. Sur ce point, on lira utilement Fulci,
La filosofia scientifica del Diritto, Messina (Trimarchi), p. 529
et suiv.
D'ailleurs M. Durkheim n'objecte guère à cette thèse que le
caractère primitif du droit religieux, lequel est essentiellement
social. Peut-être, mais il resterait toujours à savoir pourquoi la
religion considère ceci ou cela comme permis ou défendu, et l'on
nous dit que « si le droit criminel est primitivement un droit
religion, on peut être sûr que les intérêts qu'il sert sont sociaux ».
D'un autre côté, nous avons remarqué déjà que le fondement
religieux des lois tend à s'effacer et les objets purement religieux
à être rejetés hors de la législation ; de sort qu'il ne resterait
dans la législation que ce qui émanerait précisément de l'évolution
que nous décrivons, c'est-à-dire du groupement des intérêts simi-
laires. La législation, de religieuse qu'elle est d'abord, tend à
devenir purement laïque.

nous considérons la conscience une fois formée, nous sommes frappés de ce qu'elle a de spontané et d'irréfléchi dans son exercice ; la réflexion même qui peut s'y ajouter après coup, est sujette, nous l'avons vu, à toutes sortes d'illusions. Mais cette constatation ne saurait nous autoriser à conclure que la conscience ait toujours et sur tous les points présenté ce caractère. Nous ne pouvons aussi brusquement conclure de la *conscience faite* à la *conscience qui se fait*. Si la première est comparée à une sorte d'instinct, on pourrait soutenir que la seconde a une double origine, comme cela a été soutenu pour les instincts. Il y aurait d'un côté des instincts primaires formés, suivant la conception de Spencer, par des adaptations inconscientes ; de l'autre des instincts secondaires, formés par des tâtonnements relativement conscients, par un effort plus ou moins calculé vers une fin plus ou moins distincte, puis devenus inconscients par leur fixation même sous forme d'habitudes ; ils seraient alors, suivant l'expression de Lewes, de l' « intelligence déchue » (1). Ne pourrait-on admettre que la conscience morale se soit aussi formée en partie par des adaptations spontanées, en partie par réflexion ? Que la règle de l'intérêt général puisse en grande partie pénétrer la conscience individuelle par cette dernière voie, c'est ce qu'on admettra plus aisément si l'on considère que plus les groupes sont restreints, plus la civilisation est rudimentaire, plus aussi les biens et les maux qui affectent le

___

(1) Romanes, *Evolution mentale des animaux, trad. franç.,* p. 174-176. Cf. Périer préface à l'édition française de l'*Intelligence des animaux* de Romanes, t. I, xxv-ix. Paris, F. Alcan; Longo, *la Legge del diritto rispetto alle varie leggi di natura,* p. 43. Encore faudrait-il savoir si ce que nous appelons adaptation inconsciente, mécanique, n'implique pas quelque conscience confuse, comme on pourrait le soutenir avec la philosophie de M. Fouillée ou celle de M. Caporali. En ce qui concerne les adaptations spontanées que nous avons à considérer ici, nous avons essayé de montrer qu'elles devaient être conçues comme accompagnées de sentiment à défaut de calcul.

groupe en général sont directement et distinctement ressentis par les individus. La solidarité y est peut-être moins étendue et moins profonde, mais elle y est plus frappante et plus immédiate. Survienne une victoire, tout le monde peut espérer une part du butin; dans la défaite, au contraire, chacun est personnellement exposé; les vainqueurs ne distingue pas, comme le droit des gens s'efforce de le faire chez les peuples civilisés, les combattants réguliers des autres personnes, la nation ennemie de ses membres individuels, ni ses biens des propriétés privés (1). Le pillage, le meurtre, la captivité menace directement chacun. Considérez ce qui arrive de Troie vaincue où, à une époque plus historique, du peuple Samnite ou de Carthage. Tous les membres d'une tribu nomade sont directement intéressés par la conquête d'un nouveau territoire de chasse ou de pâture. La destruction d'une oasis, la contamination d'une source sont des maux véritablement communs par ce que chacun les sent pareillement pour son propre compte. Les fléaux naturels eux-mêmes, comme une épidémie, en l'absence des connaissances qui permettraient aux individus de s'assurer une immunité personnelle relative, sont des maux bien plus directement redoutables pour tous.

Mais changeons de point de vue ; cessons de parler de

(1) Ainsi les peuples les plus civilisés ont à la fois une idée plus nette de la nation comme unité sociale ayant une existence propre, et des personnes comme individualités indépendantes. Inversement, les peuples les plus primitifs n'aperçoivent pas distinctement une nation à travers les individus qui la composent, mais en revanche ne font aucune distinction entre ces individus. On peut constater même quelque chose d'analogue si l'on compare chez nous un homme cultivé à un homme sans culture. Celui-ci ne pourra éprouver un sentiment d'aversion pour une collectivité comme telle, (l'Allemagne, la Franc-Maçonnerie, l'Eglise) sans témoigner le même sentiment aux individus particuliers qui la composent ; l'autre, grâce à une faculté d'abstraction plus développée saura faire la distinction.

Cette remarque confirme une idée que nous avons souvent soutenue sous d'autres aspects : c'est que la notion de l'individualité et celle de l'unité sociale, loin de se contrarier mutuellement, se développent d'une manière parallèle.

l'origine de la conscience morale, qui en tout état de
cause n'est pas directement accessible à l'observation,
considérons chaque moment de son évolution, et nous
aboutirons à une conclusion absolument analogue. Nous
voyons, en effet, à toute époque du développement moral
de l'humanité, qu'à côté de l'héritage du passé qui s'impose à lui, il faut faire une place et une place croissante
aux apports de la réflexion et de l'intelligence. L'idée de
la fraternité humaine, en même temps qu'elle était préparée par des progrès moraux spontanés et par des traditions primitives, a été élaborée consciemment dans les
milieux philosophiques et religieux d'où est sorti le
christianisme. L'idée de l'indissolubilité du mariage
dans les races sans doute déjà disposées à la monogamie
par toutes sortes de causes, n'en est pas moins en grande
partie le produit de la réflexion religieuse, politique, sociale d'une élite ; et c'est seulement alors qu'elle possède
dans sa plénitude le caractère d'un principe moral ; c'est
de la loi et du dogme religieux qu'elle passe dans les
mœurs, autant qu'inversement, et pourtant elle en vient
à faire véritablement partie intégrante de la mentalité et
du sentiment moral tout spontané d'une population très
étendue. La monogamie elle-même a été dans la loi avant
d'être véritablement dans les mœurs, où l'on peut bien
soutenir qu'elle n'est pas encore bien établie. C'est ce
qu'on voit mieux encore, parce qu'il s'agit d'une idée
morale plus récente, dans le cas de la liberté de conscience. Ce droit est d'abord réclamé par quelques-uns,
pour eux-mêmes, parce qu'ils en ont besoin ; puis l'idée
s'en généralise s'appliquant de jour en jour à un plus
grand nombre de questions et à une plus grande diversité de personnes et de doctrines ; elle se fortifie au fur et
à mesure qu'elle s'étend, car plus l'esprit critique se développe et plus les opinions se diversifient, mieux le besoin d'une telle liberté est senti de tous, et plus profondé-

ment il l'est par chacun. La condamnation du jeu, l'interdiction de la mendicité sont déjà en partie passées dans la loi de par la réflexion du législateur. Mais qui oserait soutenir qu'elles sont passées dans les mœurs et correspondent à un sentiment moral commun, vif et spontané ? Il viendra pourtant sans doute un moment où l'on *sentira* ce qu'il y a d'immoral et d'odieux dans le jeu, dans le pari aux courses, dans la loterie et la spéculation, comme nous sentons aujourd'hui ce qu'il y a d'immoral dans le vol ou dans l'escroquerie, sans avoir besoin de réflexion ni de preuves. Les « principes de 89 » ont été incontestablement une œuvre en grande partie philosophique, puisque c'est même ce qu'on leur reproche ; on ne peut guère nier qu'ils n'aient pourtant, en fait, contribué à modifier singulièrement la conscience politique d'un peuple entier. On embarrasserait beaucoup de Français, en leur demandant pourquoi il ne devrait pas y avoir une religion d'Etat, des castes privilégiées ou de droit d'aînesse. Ils en sont venus à sentir cela comme ils sentent (et quelquefois plus vivement encore) qu'on ne doit pas mentir ou s'enivrer.

Si donc, au lieu de considérer l'origine absolue de la morale, origine toujours bien obscure, nous envisageons seulement ses progrès successifs, qui sont comme autant d'origines partielles, nous ne dirons plus que la conscience s'est produite en partie comme un instinct primaire par adaptation spontanée, en partie comme un instinct secondaire par un travail plus ou moins conscient ; mais nous dirons avec bien plus de certitude, qu'à toute époque de son développement la conscience morale comporte deux portions : d'un côté, la conscience faite, passée à l'état d'instinct et que l'individu reçoit telle quelle et très passivement de la société ; de l'autre, la conscience qui se fait et qui se cherche, avec réflexion et calcul ;

elle se fait sans doute conformément à certaines directions générales de la conscience déjà faite ; mais elle y
ajoute ou même y corrige sans cesse quelques éléments,
et les résultats de cette élaboration, à l'inverse de ce
qu'on remarquait de la conscience faite, sont livrés par
l'individu à la société, et passent d'une élite qui découvre
à une foule qui imite, de la loi qui innove dans la coutume qui maintient (1). Et peut-être à toute époque y a-t-
il un équilibre entre ces deux facteurs. Car, si l'homme
le plus primitif à moins de connaissance et moins de réflexion, en même temps que ses moyens d'action sur ses
semblables sont moindres, en revanche il y a aussi pour
lui une plus grande marge à l'invention ; il reçoit plus
passivement le legs social, mais en même temps ce legs
est moins considérable et moins ancien. L'homme civilisé, au contraire, a plus de personnalité, son esprit est
plus indépendant et plus original ; ses moyens d'action
sur ses semblables (livres, journaux, facilités de trans-
port, associations) sont relativement énormes ; mais
énorme est aussi la quantité des éléments déjà fixés, et
bien plus ancienne leur fixation ; le corps social plus
vaste, plus systématisé, forme aussi une masse plus difficile à mouvoir et à modifier ; par là encore l'action de
l'idée nouvelle est ralentie.

Il est donc impossible, lorsqu'on analyse les facteurs
de la conscience morale d'éliminer la réflexion et la pensée
distincte d'une fin. Ainsi les difficultés qu'on prétend
trouver dans le caractère finaliste du principe de l'inté-

(1) Nous pourrions reprendre ici notre comparaison avec la
théorie de l'instinct si nous acceptons cette vue de M. E. Périer
qui nous paraît on ne peut plus juste : « C'est à ce point de vue
de l'identité fondamentale de l'instinct et de l'intelligence, de la
possibilité de leur alliance à tous les degrés qu'il faut se placer
lorsqu'on veut apprécier les faits étonnants que présente l'histoire
de tous les animaux sociaux. » *Physiologie et anatomie comparées*,
p. 291. Cf. Forel, *Rev. philos.* 1895, II. qui oppose à M. Soury
une doctrine analogue.

rêt social et dans la place qu'il faudrait faire à l'initiative
intelligente ne sont nullement insolubles. Au contraire,
les faits, à cet égard, confirment de nouveau l'hypothèse.
Ici encore ce qui paraît avoir échappé à la philosophie
sociale que nous combattons, c'est le côté dynamique et
génétique du problème. Elle s'est attachée à considérer
la conscience faite, et l'a trouvée plus ou moins réduc-
tible à un instinct, à un mécanisme irréfléchi, à une adaptation passive, à un processus d'assimilation. Elle n'a pas
suffisamment considéré, dans les accroissements successifs
de la moralité, qui nous dispensent de remonter jusqu'à
une insaisissable origine, le processus de la conscience
qui se fait.

Peut-être au lieu des origines, serait-on tenter d'envi-
sager les résultats, et pour prouver que le bien social
n'est pas la fin proposée à l'homme par la conscience morale, de soutenir que le bonheur général ne s'accroît
guère (1). Nous ne pouvons discuter ici cette thèse en
elle-même ; on sait à quelles interminables controverses
elle a donné et peut encore donner lieu. Mais la question
est de savoir si, même supposée exacte, elle pourrait nous
être opposée. Comment en effet, de ce que le bonheur
social resterait stationnaire, pourrait-on en conclure qu'il
n'a pas été cherché, instinctivement ou intelligemment ?
Cela prouverait simplement qu'on n'a pas réussi à l'obtenir. Dira-t-on jamais : voyez ce commerçant ; il n'a pas
cherché la fortune, car il s'est ruiné ? Cette argumenta-

(1) M Durkheim, p 156 et suiv. Il est vrai que l'auteur considère uniquement la question de savoir si la recherche du bonheur
est la cause de l'évolution sociale dans le sens de la division du
travail. Mais il est clair que les arguments qu'on oppose à l'idée
de la recherche du bonheur général retomberaient en partie sur
notre thèse, et nous ne pouvons les négliger. D'ailleurs nous prétendons non pas expliquer toute l'évolution sociale, mais seulement définir l'objet de la moralité, par l'intérêt social ; la moralité
peut sans doute devenir à son tour un facteur de cette évolution,
mais un entre beaucoup d'autres.

tion est ici d'autant moins admissible, que justement (c'est une loi banale) une satisfaction diminue par le seul fait qu'elle dure et que par conséquent le désir même du bonheur nous pousse à rechercher sans cesse de *nouvelles* satisfactions sans que pour cela la somme finale (?) de bonheur soit nécessairement accrue, puisqu'elles ne s'additionnent pas. Il faut éviter ici de traiter de semblables valeurs psychologiques et sociales, comme des quantités mathématiques inertes qui, une fois posées, subsistent invariables, et s'additionnent à d'autres. Les satisfactions participent à la vie ; elles sont comme les êtres vivants eux-mêmes ; elles se développent et meurent suivant une loi immanente ; et leur mort n'est que le terme d'une usure qui est leur vie même. On dit encore, et non sans raison, que les sauvages sont aussi contents de leur sort que nous pouvons l'être du nôtre. Mais cela ne veut pas dire qu'ils en soient parfaitement contents, ni que partout, à des degrés très différents suivant sa culture, l'homme ne cherche pas à améliorer sa condition.

Rien ne saurait donc ici prouver que le bien social ne soit pas en droit ou même n'ait pas été en fait le principe directeur de moralité. On exagère d'ailleurs constamment la part du mécanisme lorsqu'on parle des conditions de la vie, des nécessités de l'existence, etc. Car ces causes n'agiraient pas comme elles le font si elles ne se traduisaient subjectivement par des désirs, des craintes, des satisfactions ou des peines. En tant que causes tout extérieures, les conditions de la vie sociale n'auraient aucune action, et prétendre tout ramener à de semblables causes, c'est comme si l'on disait que «mécaniquement» la pluie chasse lse promeneurs des rues : elle ne chasserait personne, s'il était indifférent aux gens d'être trempés et s'ils n'entrevoyaient un abri possible.

En résumé, on voit que l'argumentation dont on se

sert, au point de vue dynamique, contre l'explication de la genèse de la moralité par l'intérêt général est à double tranchant : d'une part certaines institutions ou coutumes sociales comportent des utilités si subtiles et si cachées qu'elles ne peuvent guère avoir été prévues ou voulues par les sociétés qui ont accepté ces institutions ; d'autre part on croit découvrir d'autres règles qui se sont introduites et imposées, quoique inutiles ou même nuisibles. On ne peut sans doute prétendre que ces deux arguments, quoique inverses, se contredisent ; ils pourraient être vrais ensemble. Mais aucun des deux n'est décisif. D'un côté il est clair que la science peut découvrir dans certaines formes de la vie sociale des utilités cachées dont on n'a pu se rendre compte primitivement. Par exemple si la vie familiale contribue à accroître la longévité ou à diminuer le nombre des suicides, il paraît clair que ce n'est pas ce qui a pu directement en développer l'organisation. Mais en quoi cela exclut-il l'hypothèse que d'autres utilités plus frappantes aient été en cause? C'est comme si l'on disait : la gratitude des hommes pour les bienfaits du soleil n'a été pour rien dans le culte qu'ils lui ont voué si souvent (1) ; car ce sont seulement les savants modernes qui ont découvert le rôle de ses radiations dans les fonctions de la chlorophylle, et par suite dans le développement de toute vie de notre globe. Etait-il donc nécessaire de connaître ce détail pour rapporter à la chaleur solaire la poussée printanière des végétaux et le précieux jaunissement de la moisson ? D'ailleurs, comme il y a des utilités inattendues que l'on obtient par surcroît, il arrive souvent aussi qu'en cherchant certains avantages, on rencontre des inconvénients imprévus. On a cru par

(1) Lubbock, *Origines de la civilisation*, p. 312 : « Dans les pays chauds on regarde ordinairement le soleil comme un être malfaisant ; c'est le contraire dans les pays froids. »

exemple, aux Indes, aboutir à la destruction du cobra-capello, ou serpent à lunettes, qui fait tant de ravages, en allouant une forte prime par tête de serpent apportée aux autorités. Or il s'est trouvé qu'on a encouragé l'élevage absurde et dangereux, mais devenu rémunérateur, de l'engeance condamnée à mort.

Par là nous répondons déjà au second argument. Car si l'on constatait dans l'organisation des sociétés humaines et l'établissement des prescriptions morales cette sorte d'infaillibilité qu'on attribue communément à l'instinct, on pourrait être tenté de chercher la cause de ces faits, comme on s'est plus à le faire pour l'instinct, en dehors de la réflexion. Mais justement les erreurs mêmes que l'on constate cadrent parfaitement avec les conditions de toute élaboration plus ou moins consciente. L'erreur, en un sens, atteste l'effort de la connaissance, et la bizarrerie même de certaines prescriptions nous porte à penser qu'elles ont leurs origines dans quelque idée ou quelque volonté humaine. Si par conséquent certaines règles morales communément acceptées ne sont pas, en fait, conformes à l'intérêt général, on ne saurait en conclure que l'intérêt général n'en ait pas été le principe directeur et le ressort, mais seulement qu'une expérience incomplète, un entendement faillible, une imagination vagabonde, parfois aussi une logique aveugle dans le développement d'idées fausses, sont intervenus pour en diriger la poursuite.

Si enfin on peut soutenir, comme nous l'avons fait, que conformes ou non actuellement à l'intérêt général, suscitées ou non par ce mobile, les règles de la moralité tendent de plus en plus à s'y conformer, et surtout à s'en inspirer, si encore à ce point de vue on considère dynamiquement la direction que prennent les faits, et non plus statiquement un simple état de choses, nos conclusions se trouvent encore fortifiées. Car enfin une telle tendance serait encore un fait, et une loi de la nature. Bien incomplet et bien peu scientifique serait l'empirisme qui se refuserait à en tenir compte. En vain prétendrait-il substituer partout des questions de fait à des questions de droit, des nécessités naturelles à un idéal humain, et nous interdire de juger. Ce besoin même de juger les actes et les règles est aussi un fait réel, cette exigence critique de notre esprit, qui veut voir justifier les obligations qu'il accepte, est aussi une nécessité de notre nature ; nos conceptions idéales sont une force qui est en partie dérivée de l'évolution même, et en partie la régit. Or nous croyons constater qu'en fait les appréciations morales et politiques invoquent d'une manière de plus en plus explicite et de plus en plus unanime ce critérium de l'utilité générale. Les individualistes combattent les socialistes en arguant du gaspillage de forces qu'impliquerait le régime socialiste ; les socialistes répondent en soutenant que ce gaspillage est encore pire dans le régime de la concurrence. Les incroyants opposent aux théologies les guerres sanglantes et stériles, les disputes oiseuses, l'inertie intellectuelle qu'elles ont produites ; les croyants louent surtout les effets salutaires qu'elles auraient sur les mœurs publiques et privées, les réformes qu'elles ont inspirées ; la question d'intérêt public passe dans l'esprit des uns et des autres au premier plan et la préoccupation de la vérité intrinsèque des dogmes passe au second : on va même jusqu'à défendre le dogme presque uniquement par l'excellence de la morale sociale qui s'y trouve liée. Au pape du *Syllabus* succède le pape de l'*Encyclique sur la condition des ouvriers*, et inversement, parmi les adversaires, on ne se donne plus guère, comme autrefois, la peine d'attaquer le dogme, mais on attaque la politique et le rôle social de l'Eglise. Il est enfin impossible, ce nous semble, de méconnaître que la même préoccupation domine aujourd'hui la politique elle-même. Les principes de pure politique n'intéressent plus guère personne par leur « forme », mais seulement par la « matière » sociale qu'ils comportent. Personne ne fait plus guère de la liberté ni de l'égalité de véritables fins en soi ; pour les défendre comme pour les attaquer, on les considère en fonction des conditions d'un plus grand bonheur social. Le débat sur la valeur respective des formes de gouvernement n'intéresse plus et l'on préfère discuter le rendement positif des diverses institutions. Il semble donc que le principe de l'intérêt général ne soit pas seulement soutenable comme une vérité de fait, mais qu'il soit en même temps le mieux approprié à la solution de la crise morale de notre temps par cela même qu'il rencontre l'adhésion tacite ou expresse des doctrines les plus diverses. Nous sommes ainsi conduits au seuil de la question, proprement morale, de la valeur pratique de ce principe. Nous nous y arrêtons puisque nous avons voulu borner notre étude à en examiner la vérification sociologique.

CONCLUSION

En terminant nous tenons à limiter nous-mêmes la portée que nous attribuons à notre thèse. Le rôle que nous prêtons au principe de l'intérêt général est un rôle déterminé et restreint ; il appartient à la catégorie des « principes propres ». Ce serait celui de la morale proprement dite.

Ainsi d'un côté nous ne prétendons nullement ramener à ce principe l'évolution sociale tout entière. Nous reconnaissons évidemment que celle-ci comporte nombre de facteurs d'un autre ordre. Le climat, la situation et la configuration géographiques du pays, les productions multiples de la nature, les traditions historiques ou religieuses diverses et bien d'autres causes encore contribuent à déterminer les événements sociaux, à produire les modifications internes et externes, les mouvements moléculaires et les mouvements de translation des sociétés, leur structure au dedans ou leur action au dehors. Mais aussi toutes ces causes n'intéressent la morale que d'une manière indirecte. Celle-ci concerne l'action de l'homme sur l'homme, et non l'action des choses sur l'homme. Il y a plus ; le jeu même des facteurs proprement humains, en tant qu'il se développe naturellement, n'est pas non plus l'objet direct de la morale ; les transformations des croyances, les changements de goût, les réactions réciproques des besoins, tout cela n'a rien en soi de moral. Ainsi l'action même de l'homme sur l'homme, tant qu'elle reste automatique et spontanée, ne donne lieu à aucun jugement moral. La sociologie pure, par conséquent, en admettant qu'elle réussisse à poser des lois naturelles de ces phénomènes, fournit donc sans doute à la morale des données absolument indispensables, mais par elle-même elle n'est pas plus la morale que la physiologie n'est la médecine ou l'hygiène. La morale est une science pratique, non une science pure ; elle vise une application, non une simple vérité. Comme le disait Aristote, nous n'aspirons pas seulement à *connaître* le bien, mais à le posséder. Or pour passer de la connaissance à la pratique l'idée de fin est indispensable. La connaissance par elle-même ne pose pas de fin. C'est cette fin nécessaire à la morale et qu'il faut intercaler entre la connaissance et l'action que nous croyons pouvoir désigner par le terme d'Intérêt général. Le domaine propre de la morale, ce serait donc l'action de l'homme sur l'homme en tant que cette action a son origine dans la volonté, et ses conditions dans la vie sociale.

D'autre part à l'opposite de la sociologie purement naturaliste, nous pourrions rencontrer une autre catégorie de contradicteurs. Ce seraient les idéalistes et les métaphysiciens qui cherchent un sens caché aux profonds sentiments de l'homme et aux grands phénomènes de l'histoire. On pourrait soutenir à ce point de vue encore que les principaux mouvements de l'humanité partent, il est vrai, de quelque grande idée et non de je ne sais quelle impulsion mécanique, mais que de telles idées sont étrangères à toute perspective d'amélioration temporelle de la vie humaine. On ne voit pas trop à quel intérêt de ce genre auraient obéi les Arabes envahissant l'Occident pour répandre leur foi, les Croisés marchant vers l'Orient à la conquête d'un sépulcre vide. La pure idée du beau chez les Grecs, celle de la justice chez les Juifs, celle de la charité et de l'unité fondamentale de l'humanité dans le christianisme, celle de l'unité politique dans l'empire romain, celle de l'autonomie individuelle dans la race Anglo-Saxonne, voilà quels seraient les véritables ressorts des grands efforts civilisateurs que ces noms rappellent. Ce seraient comme des explosions imprévisibles d'une spontanéité morale tout intérieure et absolument étrangère à la préoccupation du bonheur social ; ce seraient les manifestations, diverses suivant les races, d'une même affirmation du suprasensible immanente à la pensée, ce seraient autant d'éléments apportés par elle à la construction, à la véritable création d'un idéal humain. Que signifie le principe de l'intérêt général ? Il n'a de sens que par rapport à une structure donnée de société. Or chaque structure dépendrait justement de la forme que chaque peuple a adoptée de l'idéal humain. Voilà la véritable fin qui l'attire inconsciemment ou qu'il poursuit avec conscience. Et il se voue à la réaliser parce qu'il lui attribue une valeur intrinsèque supérieure à

toute mesure empirique et sensible tirée de quelque résultat positif. Pour expliquer le dévouement, le sacrifice
qu'un tel idéal obtient, non seulement des individus,
mais quelquefois des peuples mêmes qui succombent à
la tâche de le faire régner, il faut quelque chose de
supérieur à toute vie humaine.

Cette théorie est peut-être séduisante ; on ne saurait
même nier que, bien qu'elle n'explique aucun fait en
particulier, elle donne cette impression de correspondre
à certaines apparences que présentent les grands mouvements de l'histoire ou les plus hautes inspirations morales de l'individu. Il est extrêmement loin de notre
pensée de condamner absolument en eux-mêmes ces intéressants efforts de la pensée philosophique. Ils sont légitimes, n'eussent-ils jamais que cet avantage de nous
rappeler sans cesse la réalité des problèmes, la relativité
de nos solutions et notre impuissance à atteindre le fond
des choses.

Mais le genre de légitimité que présente une telle
spéculation est celui de la métaphysique, non celui de
la science. Elle est aussi indémontrable qu'inapplicable.
Théoriquement elle ne saurait être prouvée. Elle est une
interprétation possible des choses, mais non une explication, une vue synthétique de l'esprit, non un résultat
analytique de l'expérience raisonnée. C'est une thèse du
même ordre que celle d'un Lamennais soutenant que la
matière avait trois qualités fondamentales, impénétrabilité, figure et cohésion, et qu'il existait trois fluides,
éther, lumière, magnétisme, parce que Dieu, principe
créateur des choses était une trinité de puissance, d'intelligence et d'amour. Quoique avec moins de bizarrerie,
moins de dogmatisme transcendant, et malgré un contact un peu plus intime avec les faits, elle ne saurait
entrer dans la science. — Et d'autre part, au point de

vue pratique, elle ne saurait directement entrer dans la morale ou du moins la constituer. A supposer qu'elle lui donne sa forme, la poursuite d'un idéal, elle ne saurait en déterminer l'objet et le contenu précis. Il est impossible d'abord de prescrire à l'homme la découverte d'un aspect nouveau de l'idéal. Ce sont là trouvailles du génie ou d'inspiration de la grâce, comme on voudra, mais non pas règles de la conduite. C'est au contraire après coup seulement que nous pouvons faire rentrer les différentes conquêtes de la pensée ou même du cœur dans la notion d'un tel idéal. Dès qu'on essaye de rendre un pareil principe applicable à la pratique, il prend la forme de la poursuite d'un bien social objectif, déterminé, comme dès qu'on essaye d'exprimer dans le langage une intuition, elle revêt l'aspect d'une analyse, d'un raisonnement. Il devient alors impossible de distinguer le commandement de l'idée des exigences de l'intérêt social. Peut-être faut-il qu'un intérêt social revête, au moins à certains moments et dans certaines âmes, l'aspect d'une idée impérieuse par elle-même pour exercer toute sa puissance. Peut-être inversement faut-il qu'ailleurs l'idée ne se révèle que par rapport à une fin extérieure pour justifier son autorité. Dans le premier cas nous aurions une moralité de sentiment et d'intuition plus ardente que sûre, et qui risque de se heurter à la critique ; dans le second, une moralité réfléchie, précise dans ses objets, intelligente de ses propres décisions et capable d'en communiquer les motifs, mais dont le danger serait peut-être de dissoudre l'intuition et d'amortir la spontanéité du sens moral.

Laquelle est la plus *vraie* de ces deux formes de la moralité ? Lequel est illusoire de ces deux aspects du fait moral ? Il est aussi impossible de le dire que de répon-

dre au platonisme s'il nous dit que ce n'est pas la chose
qui est réelle, mais l'Idée, ou de savoir si c'est le corps
qui exprime l'âme ou l'âme qui exprime le corps. Mais
ce qui est certain, c'est qu'il y a un de ces deux aspects·
de la vérité qui ne se prête pas aux formes d'une doctrine morale positive. Si l'utilité sociale est une illusion, c'en est une au même sens où le métaphysicien se
plaît à dire que l'espace et le temps sont des illusions.
S'il est « fantastique de proposer l'utile comme fin à la
conduite (1) »,, c'est de la même manière qu'il est fantastique de vouloir mesurer une ligne parce qu'elle n'est
pas composée d'un nombre fini d'éléments finis.

D'ailleurs c'est peut-être la source de bien des fautes
pratiques des individus et des peuples que de s'attacher
ainsi à quelque idéal abstrait sans lui donner la forme
concrète qui le précise et prévient les écarts. Les déviations fâcheuses du christianisme ou de l'esprit révolutionnaire sont là pour nous avertir que ces impulsions
de l'Idée, non rapportées à une matière humaine précise,
peuvent avoir les conséquences les plus désastreuses, non
pas seulement pour le bien social (en quoi on nous re-
procherait une pétition de principes), mais pour le triom-
phe de l'Idée même qui les inspire. De toute façon il faut
bien qu'elle tienne compte du réel sous peine de se détruire. Peut-être ces épreuves sont-elles dans certains
cas inévitables, mais on ne peut cependant les ériger
en *règle*, et c'est une règle que cherche la morale. Il
est si vrai que la découverte et l'introduction dans le
monde de ces Idéals ne sont pas l'objet propre de la
morale, que justement dans les grandes crises qui en accompagnent l'apparition et en manifestent le laborieux

(1) Fragapane. *Contrattualismo e sociologia contemporanea*,
p. 166.

enfantement, le devoir devient incertain parce que l'intérêt social devient douteux.La conscience ne retrouve son
équilibre que lorsque l'idéal nouveau a pris dans le réel
assez de consistance pour qu'on puisse reprendre à ce
nouveau point de vue le criterium de l'intérêt social. Et
les initiateurs apparaissent d'ordinaire comme placés au-
dessus ou en dehors du jugement moral ; ils préparent
la moralité future, plus qu'ils ne sont les sujets de la
morale présente ; ils sont la conscience vivante d'une
portion d'humanité et l'on ne juge pas la conscience,
car c'est elle qui juge ; on les divinise même, et l'on ne
juge pas un dieu.

La morale, telle que nous la comprenons, se place
donc entre une science purement naturaliste et un idéalisme purement métaphysique, entre l'inconscience et le
suprasensible. L'un et l'autre point de vue nous paraît
en fin de compte supprimer la morale *proprement dite* ;
car, d'un côté comme de l'autre, l'homme devient l'instrument involontaire d'une destinée dont il ne se rend
pas compte et qui est relativement étrangère à sa personne consciente. Il y a hétéronomie dans le premier
cas, puisque la finalité que l'homme attribue à son activité n'est que l'épiphénomène d'une nécessité extérieure. Mais il y a hétéronomie aussi dans le second
cas : car l'homme y est voué à la réalisation d'une fin
qu'il n'a pas choisie et qu'il ne saurait apercevoir distinctement ; l'homme-phénomène qui seul se connaît et
se possède, qui seul est lui-même pour lui-même, est
l'instrument d'un Noumène, il est la proie d'une vision
qui surgit, on ne sait pourquoi, du fond de la pensée
universelle ; il se sent comme le Moïse de Vigny voué
à une mission qui l'accable, il est le sujet que l'Absolu
hypnotise et suggestionne. Un tel rôle peut avoir sa

grandeur et nous ne prétendons pas qu'à tout prendre il abaisse l'homme, mais en tout cas il est hypothétique et indéfinissable ; et surtout il n'est pas fait pour tout le monde ; il tend à mettre au-dessus de la loi le génie et l'inspiration. Et qui peut dire où est le génie et l'inspiration ?

Ne pourrait-on pas même ajouter qu'en effet cette sociologie qui réalise la Société comme une sorte d'entité supérieure et antérieure aux individus, semble présenter une singulière analogie avec une métaphysique comme celle de Fichte ou celle de M. Secrétan ? Cette Société n'apparaît-elle pas comme une sorte de Moi absolu qui se fragmente après coup en une multitude de *moi* particuliers, comme une Humanité qui serait la substance commune des hommes individuels ? Le point de vue caractéristique de la métaphysique n'est-il pas précisément d'expliquer les parties par le tout, tandis que le point de vue propre de la science est d'expliquer le tout par les parties ? Encore une fois, il est bien loin de notre pensée de condamner toute métaphysique, et de déclarer un de ces deux modes d'explication seul légitime à l'exclusion de l'autre. Mais si l'on fait de la métaphysique, au moins faut-il savoir que l'on en fait.

Il est un point que nous accorderons enfin volontiers aux sociologues de cette école, c'est que plus haut on remonte vers les origines de la moralité, plus elle ressemble à un simple effort de discipline sociale. Avant de songer à mettre à profit l'association, il a sans doute été nécessaire de consolider l'état d'association lui-même, qui était la condition de toute activité ultérieure, de toute coopération efficace. Quand on voit à quelles contraintes sans résultats, à quelles vaines privations, à quelles réglementations aussi inutiles qu'oppressives s'as-

treignent les peuples sauvages, et même encore de très
civilisés, on a peine à se défendre de la tentation de supposer qu'ils ont cédé à quelque secret instinct ou obéi
à quelque loi providentielle, qui les obligeait à s'exercer
à la vie collective, à prendre l'habitude de l'ordre et de
la règle. En ce sens la forme de la moralité a précédé
la matière, et la constitution d'un « esprit social » à été
le grand profit de toutes ces disciplines sans utilité réelle.
Il a bien fallu travailler à réaliser la Société, avant de
lui assigner des fins. Comte a montré comment les produits de l'imagination théologique avaient permis à l'homme d'exercer sa pensée dans le fictif, alors qu'il était incapable de l'exercer dans le vrai ; on pourrait transposer
cette ingénieuse observation en l'appliquant au domaine
de l'action et dire que toutes les chimériques réglementations religieuses ont eu cette inconsciente finalité de
former les *facultés* morales et politiques dont toute moralité positive aurait besoin.

De la reconnaissance de cette vérité ne résulte cependant aucune infirmation de nos thèses, mais seulement
une indication plus précise de leur signification. D'un
côté, en effet, il a bien fallu que cette utilité formelle se
dissimulât, comme nous l'avons montré, sous les apparences, même trompeuses, d'une utilité directe et réelle ;
une société, pas plus qu'un individu ne tolérerait pas
longtemps les contraintes d'une discipline qui serait
reconnue purement préparatoire, *gymnastique* en quelque sorte, et, au sens étymologique du mot, ascétique.
Et en second lieu, à mesure que naîtront des besoins
humains positifs, qu'une expérience plus vaste et
une connaissance plus vraie se développeront parallèlement, à mesure aussi, comme nous l'avons vu
en effet, des règles fondées sur la réalité des choses

et sur les conditions de ces fins nouvelles devront remplacer les règles dont le contenu était chimérique et dont la forme seule faisait la valeur. La moralité devient ainsi de plus en plus sociale par sa matière elle-même et non plus par sa seule forme, et cette matière est de plus en plus explicitement représentée dans les consciences et prise pour fin par les volontés.

Ainsi la conception de la moralité comme simple conformisme social, comme simple manifestation de l'autorité arbitraire du vouloir collectif sur l'individu n'a pour ainsi dire qu'une vérité sans cesse décroissante, et, loin d'exprimer la véritable nature de la moralité, telle que ses progrès la révèlent, elle n'en exprimerait que les premiers tâtonnements.

Il n'y a finalement moralité suivant nous que si l'homme se propose distinctement des fins humaines, les adopte d'une manière réfléchie, en entreprend d'une volonté consciente la réalisation. Le sociologue et le métaphysicien peuvent toujours prétendre que ce choix, cette volonté et cette intelligence sont illusoires, l'un sous prétexte qu'ils ne feraient que traduire un déterminisme externe, l'autre sous prétexte que l'intelligence n'arrive jamais aux raisons dernières et que la vraie liberté est la spontanéité pure du « moi profond » antérieure à toute pensée distincte. Mais aucun des deux ne peut éliminer la donnée de fait, ni éviter la nécessité scientifique de systématiser l'apparence, non plus que le métagéomètre ou le métaphysicien ne peuvent éviter de faire la géométrie du monde de l'expérience en admettant trois dimensions de l'espace et pas davantage. On peut prétendre que l'Intérêt général n'est que la formule de la moralité et n'en est pas le fond. Mais nulle part on ne voit les sciences, surtout les sciences pratiques, atteindre, ni chercher la connaissance du fond des choses ; elles ne le peuvent pas et n'en ont pas besoin. Ce dont elles ont besoin, c'est d'une formule souple et précise à la fois, générale et intelligible bien qu'adéquate au donné; et c'est à nos yeux le cas pour la formule de l'intérêt social. Non que nous accordions par là qu'elle ne définisse pas l'objet réel de la volonté morale : au contraire son principal mérite à nos yeux est d'être éminemment concrète et d'exprimer à la fois l'essence même du *motif* moral et la *fin* de la volonté morale, de déterminer du même coup la chose à vouloir et la raison proprement morale de la vouloir. Mais nous voulons dire par là que quelque hypothèse qu'on fasse sur les dessous de la moralité, on est obligé de lui donner pratiquement l'Intérêt général pour détermination. L'Intérêt général est à ce fond, inconnu s'il existe, ce que, dans la parole de l'Evangile semble être l'amour du prochain à l'amour de Dieu ; la seule manière d'en définir le contenu, la seule manière de le manifester dans la pratique. Ce que la pensée se plaira à mettre au delà pourra conserver, comme un charme poétique, la séduction de l'infini, celle même du risque et de l'incertain ; mais cela ne dispensera pas de l'œuvre positive et n'y changera rien.

Reprochera-t-on à ce principe d'être vague? Il ne l'est que justement dans la mesure où l'on voudrait considérer *in abstracto* et en soi un principe essentiellement fait pour l'application. Aucune théorie ne résisterait à ce genre de critique. On ne peut sans doute tirer directement de ce principe tout seul la connaissance d'aucun bien à réaliser, non plus que de la loi de causalité on ne peut tirer aucune des lois réelles de la nature. Mais de l'idée de perfection on tirera encore bien moins la connaissance de ce qui est parfait, ni de l'idée de solidarité celle des manifestations de la solidarité ni de l'idée d'amour celle des modes possibles de la bienveillance, ni de l'idée de coopération celle des matières dans lesquelles il faut coopérer, ni de l'idée de la division du travail celle des cadres que comporte cette division. Seulement dès que vous remettez le principe en contact avec la réalité correspondante donnée, il reprend (ce qui n'arrive pas pour d'autres) un sens relativement précis, quelque délicat que puisse être toujours le problème pratique. Et il a cet avantage de pouvoir s'appliquer, si je puis m'exprimer ainsi, à tout niveau et à toute échelle : il pénètre les problèmes les plus particuliers en même temps qu'il est susceptible d'une extension presque indéfinie.

Peut-être enfin objectera-t-on « qu'on ne sait jamais bien ce qui servira ». A quelque chose, dit le proverbe, malheur est bon. Mais cette incertitude ne change rien à la valeur ni à la vérité du principe, puisqu'il prétend seulement définir ce qu'on a le droit et le devoir de se proposer comme fin morale. N'est-ce donc rien que de savoir *à quel point de vue* il faut se placer pour résoudre un problème moral ? Et surtout ce point de vue n'est-il pas précisément tel qu'il nous détermine à chercher une connaissance plus exacte et plus complète pour fixer nos décisions, au lieu de les abandonner soit à la routine, soit aux impulsions de l'égoisme, ou encore à la commode indifférence de l'intentionalisme.

Ce principe paraît donc bien présenter les caractères que doit requérir une morale conçue dans un esprit à la fois scientifique et pratique, à égale distance d'une science qui ne serait pas une morale et d'une spéculation morale qui ne serait pas fondée sur une connaissance raisonnée et utilisable; il est vrai, mais il est pratique; il est relatif, mais il est vrai.

Et comme l'efficacité d'une morale est en quelque
sorte une partie intégrante de l'espèce de vérité qu'elle
comporte, il faut dire en terminant que ce principe nous
paraît capable de résoudre ce difficile problème de l'action : stimuler la volonté sans retomber dans l'égoïsme,
poser une loi de désintéressement sans se heurter à l'indifférence, demander le dévouement avec quelque chance
de l'obtenir. Il subordonne l'individu à la société, en
tant qu'il trouve en elle sa règle et sa fin, et la société
à l'individu en tant qu'il est directement appelé, comme
agent moral, à la faire être, et que sa volonté lui est
représentée comme l'instrument nécessaire et efficace du
mieux social.

III

RÈGLE ET MOTIF

Les trois doctrines qu'on peut considérer comme les trois types classiques de philosophie morale, la morale du Bien, la morale du Bonheur, la morale du Devoir, bien qu'on ait coutume de les opposer entre elles, ont pourtant observé, à un certain point de vue, une méthode toute semblable, comme nous l'avons montré ailleurs (1). C'est que, s'étant toutes trois posé plus ou moins explicitement le problème moral sous cette forme : *Qu'est-ce qu'on veut, dès qu'on veut quoi que ce soit*, et par conséquent, qu'est-ce qu'on veut *absolument*, elles l'ont résolu toutes trois dans le sens du principe le plus *général*, et non dans le sens du principe le plus complet et le plus *compréhensif*. C'est pourquoi nous les avons appelées Morales de l'*Extension*, par opposition à ce que nous cherchions nous-mêmes à définir comme une morale de la *Compréhension*. Cela revient à dire que, loin d'énoncer le terme ultime qu'il convenait de proposer à la volonté morale, leurs solutions ne font qu'exprimer sous des aspects différents, mais en réalité inséparables, le fait même de vouloir; les trois concepts de Bien, de Bonheur,

(1) *En quête d'une morale positive*, p. 20-21.

de Devoir se trouvent au terme d'une *analyse* de l'idée d'un vouloir. C'est ce qui fait à la fois l'évidence et la stérilité de ces théories. Celle qu'on voudrait leur opposer vise au contraire la systématisation et *l'ordre de conditionnement* des biens, que l'expérience peut seule faire connaître, et qu'aucune méthode analytique et *a priori* ne saurait déterminer. L'idée de « ce que l'on doit vouloir dès qu'on veut quoi que ce soit » serait alors entendue non dans le sens du vouloir le plus général et le plus abstrait, mais au contraire dans le sens du vouloir le plus organisateur, et, pour employer le mot qu'Aristote appliquait précisément à la Politique, du vouloir le plus *architectonique*.

C'est un nouvel aspect de cette même question que nous voudrions mettre aujourd'hui en lumière. Il nous semble, en effet, qu'en adoptant le point de vue et la méthode que nous venons de rappeler, les trois doctrines traditionnelles ont confondu deux problèmes très différents, le problème de la *Régulation* et le problème de la *Motivation* morales. Elles ont cherché à poser un principe qui pût paraitre à la fois *vrai* et *efficace*. Elles ont cru pouvoir déterminer ensemble et d'un seul coup la règle de la conduite et les motifs propres à mouvoir la volonté, et la plupart des difficultés qu'elles rencontrent, ainsi que des oppositions qu'elles présentent entre elles, résultent précisément de ce qu'elles n'ont pu ni répondre également bien aux deux parties de la question ni s'entendre sur la façon de les confondre. Elles ont hésité si elles s'adresseraient à une intelligence qu'il fallait convaincre ou à une volonté qu'il fallait décider. Bien qu'assurément la morale ait à résoudre les deux questions, et qui plus est, à en opérer la jonction, il est pourtant clair qu'il faut commencer par les distinguer.

Elles ne sont pas de même nature; l'une est surtout

sociale, objective, intellectuelle, l'autre psychologique,
pédagogique et pratique. Dans l'une, il sagit d'établir
d'une manière surtout critique et impersonnelle une direction à suivre, un *programme* à réaliser; dans l'autre,
au contraire, on s'adresse directement aux personnes
pour leur demander plus ou moins impérativement d'agir
dans ce sens ou de réaliser ce programme, en faisant
appel à tous les motifs les plus capables d'assurer leur
action. Non seulement ces problèmes sont très différents,
mais on peut ajouter que c'est peut-être le problème
moral par excellence d'arriver d'abord à adapter tant bien
que mal la motivation à la régulation, la volonté des
individus au programme qui leur est tracé, et finalement de réussir à les faire coïncider, ce qui est l'idéal
ultime, comme nous l'avons montré ailleurs (1). L'éducation d'un côté, l'agencement des institutions de l'autre, sont les deux moyens essentiels employés pour réaliser, par approximation, cette coïncidence. C'est assez
dire qu'elle ne saurait être considérée comme un point
de départ et que les théories qui méconnaissent l'hétérogénéité initiale des deux problèmes commettent une confusion propre à tout obscurcir, à la fois du côté de la
théorie et du côté de la pédagogie.

*
* *

I. — Que cette confusion soit à la base des trois doctrines dont nous avons parlé, c'est ce que nous voudrions d'abord montrer brièvement.

La chose est d'abord évidente pour la morale du Bien,
telle qu'elle a été primitivement formulée par Socrate.
Il lui paraît suffire que le Bien soit pensé pour qu'il

____

(1) Le problème premier de l'éducation morale, *Rev. universi-
taire*, déc. 1908; cf. *Etudes de Mor. pos.*, p. 37, 140, et l'*Esquisse*
qui termine notre ouvrage, §§ 27 et 41.

soit voulu, et cette erreur a été si souvent dénoncée qu'il serait inutile d'y revenir si, d'une manière différente et souvent opposée, d'autres doctrines n'avaient continué à confondre les deux problèmes. Il ne pouvait guère échapper que la thèse socratique supposait réalisée la perfection morale de l'individu. La faiblesse relative de la motivation purement intellectuelle est une expérience si commune qu'elle opposait à l'optimisme socratique un obstacle immédiat .Encore n'a-t-on pas d'ordinaire assez nettement aperçu qu'il ne suffit pas pour écarter cette thèse de lui objecter le banal : *Video meliora....* Car, d'une part, le mot *vouloir* est ambigu. Tantôt il désigne une volition actuelle, une motivation présente et efficace relative à une action déterminée : je veux sauver cet homme qui se noie, je veux éteindre cet incendie. Tantôt il désigne une direction générale de nos tendances l'acceptation d'un idéal : je veux la justice, je veux le progrès de la science, etc. Cette seconde sorte de volonté (et il y a tous les degrés entre les deux) a un caractère très intellectuel et plus ou moins impersonnel. Elle peut revêtir la forme : « Que ton règne arrive ». Elle se trouve alors plus ou moins éloignée de l'action et réduite à un simple souhait que peut n'accompagner aucune résolution actuelle. Par cela même, d'autre part, il est faux que les passions ou l'intérêt personnel soient la seule cause qui empêche ma volonté actuelle d'aller au Bien. Le fait d'accepter un idéal très général et très indéterminé n'implique que par exception, même de la part d'une conscience très pure, une volition *actuelle* qui en soit directemnt issue. La pacifiste n'est nullement tenu à vouloir la paix à tout prix et en toute circonstance. Le socialiste peut vouloir une société d'où la rente et le profit auraient disparu sans être logiquement obligé par sa propre théorie, tant qu'un autre régime existe de renoncer à ses divi-

dendes et encore moins à détruire le capital des autres.
Rauh a écrit : « Une conscience morale n'aboutit pas à la
formule : *Je dois faire ceci*, mais à la formule : *Ceci est
à faire* » ; vue très juste si du moins on l'applique non
à la conscience morale proprement dite, plus personnelle,
plus directement liée à l'action, mais à l'intelligence
morale telle qu'un Socrate la concevait. Or de ce que
« ceci est à faire », il n'en résulte nullement d'emblée,
toute faiblesse morale de ma part restant hors de cause,
que ce soit *à moi* de le faire.

La morale du Bonheur a cru également trouver ensemble le motif par excellence et la règle vraie, car l'eudémonisme sous toutes ses formes invoque volontiers l'expérience qui nous montrerait, dans la nature, tous les
êtres tendant au mieux-être ; mais surtout le motif fondamental, qui résumerait et condenserait tous les autres.
Tout à l'heure c'était la régulation qui dominait et la
motivation semblait lui être immédiatement inhérente.
Maintenant c'est surtout la motivation qui est envisagée,
et l'on croit évident que tout être, *dans chacune de ses
actions*, est déterminé par la poursuite de son bonheur.
Or non seulement cela est psychologiquement inexact,
mais à plus forte raison il n'en résulte aucune détermination des choses à faire; car seule une expérience indépendante de nos désirs peut nous faire connaître les conditions de notre bonheur et les compatibilités ou les
incompatibilités de nos divers plaisirs les uns avec les
autres; cette connaissance même peut transformer la
direction de nos désirs et par conséquent modifier l'idée
que nous pouvons nous faire de notre bonheur. C'est en
tout cas un énorme sophisme psychologique que de pos-
tuler comme on l'a si souvent fait, soit pour justifier,
soit même pour condamner l'égoïsme, que le motif d'in-

---

(1) *L'Expérience morale*, p. 32.

térèt personnel puisse seul déterminer un homme « raisonnable ».

Enfin, et c'est sur ce point surtout que nous voudrions insister, la même confusion est à la base du Kantisme. Il est clair que Kant a cherché un genre de motif tel qu'il pût toujours servir de règle et une règle telle qu'elle constituât par elle-même, un motif suffisant, ou plutôt un motif absolu, s'opposant en cela même à tous, les autres et capable de les dominer. La loi morale, impersonnelle, et possédant par là une existence *objective*, serait en même temps capable de produire une motivation interne, bien qu'indépendante de la subjectivité, c'est-à-dire de l'état psychologique de chaque individu en chaque instant. « Comme je ne suis jamais certain, semble penser Kant, de trouver chez un homme donné un motif propre à lui faire faire ceci ou cela, je dois invoquer, pour assurer l'obéissance à la loi, un principe d'action (Bewegungsgrund) tel qu'il soit nécessairement présent dès qu'il y a un vouloir ; et par la même raison je ne dois imposer aucune fin qui ne soit assurée de rencontrer chez tous une motivation adéquate et suffisante. Je ne proposerai donc pas d'autre fin à la volonté morale que cette capacité même de vouloir indépendamment de toute fin et au nom de la seule forme. » A cette thèse se rattache toute la théorie de l'innéité de la conscience morale qui, si on la prenait à la lettre, rendrait l'éducation morale inutile, sous prétexte de la rendre possible.

On pourrait donc condenser tout le système de Kant, au point de vue que nous indiquons, dans cette formule : Règle absolue = Motif absolu.

Cette identification conduit à sacrifier à la fois la Régulation et la Motivation. 1° La Régulation devient nulle; *a*, puisque l'expérience seule peut montrer quelles sont les maximes qui peuvent en effet être universalisées; *b*, puisque aucune règle concrète ne peut comporter en fait une universalisation absolue. 2° La motivation devient insuffisante et même serait peut-être absolument impossible sous cette forme. La difficulté si souvent opposée au socratisme de passer de la vue intellectuelle du Bien à la volonté du Bien, est exactement la même que rencontre ici Kant, puisqu'il nous demande de *vouloir par raison pure;* et, qui plus est, il aggrave cette difficulté jusqu'à l'absolu, en vidant la loi de tout contenu. Enfin aucun précepte déterminé et à plus forte raison aucune action réelle ne pourront jamais être commandés catégoriquement; et par conséquent aussi le caractère catégorique de la loi morale ne pourrait être sauvé que par l'abolition de toute action : car jamais la raison ne pourra se traduire dans le réel sans que sa pureté en soit altérée.

*
* *

II. — Sans revenir sur ces critiques connues autrement que pour les faire rentrer dans le cadre de la présente étude, il conviendrait d'insister sur certains points que notre distinction permet de mettre en lumière.

L'idée d'obligation, le terme de devoir, expriment tantôt la détermination objective de « ce qui est à faire », tantôt la conscience qu'on éprouve actuellement d'avoir quelque chose à faire. Les juristes ont dès longtemps distingué, avec beaucoup de raison, le Droit objectif, qui est une règle, et le Droit subjectif qui serait une exigence ou une prétention. Les deux idées sont très différentes, et l'on sait que les sociologues ou les juristes qui s'inspirent de Comte suppriment le droit dans ce second sens tout en le maintenant dans le premier. C'est une distinction analogue qu'il conviendrait d'avoir ici présente à l'esprit, et que malheureusement le langage vulgaire aussi bien que l'erreur des théoriciens contribuent sans cesse à dissimuler. Au premier sens le devoir *objectif* n'exprime qu'un *falloir* indépendant de l'état de conscience et des obligations personnelles de tout sujet particulier; au second sens le devoir *subjectif* exprime au contraire la conviction éprouvée par une personne qu'un certain acte s'impose à elle, et cette conviction, accompagnée d'une impulsion *sui generis*, peut être à son tour fort éloignée de pouvoir servir, comme Kant le demanderait, de règle universelle. A vouloir confondre ces deux choses Kant n'a pu aboutir, comme nous l'avons dit, qu'à fausser ou à faire évanouir dans le vague l'une et l'autre idée.

Il est facile de préciser cette critique.

Tant que l'on confond le droit objectif et le droit subjectif, on est naturellement réduit à ne comprendre dans le droit que des droits extrêmement généraux, « les droits de l'homme », qui sont alors simultanément la formule de ce que chacun peut exiger et celle de la limite que les exigences de l'individu rencontrent au dehors. Mais une telle coïncidence ne se vérifie, encore une fois, que pour des « Droits » tellement généraux qu'aucun système juridique pratique ne pourrait se constituer dans ces limites. Certes l'idée que les « droits » des autres constituent la règle et la limite des « prétentions » de chacun n'est pas une idée fausse. Mais elle signifie seulement que le droit « objectif » est une règle d'équilibre *social* qui s'impose également à tous; elle ne signifie pas que chacun possède *par lui-même* à la fois la possibilité d'exiger (d'où tirerait-il l'autorité qui en fait un droit?) et la faculté de résister (elle se mesurerait alors simplement à sa force) qu'on envisage sous le nom de *droit*. Surtout elle ne signifie pas, — ce qu'on affirme constamment, trompé qu'on est par l'exemple des droits généraux dont nous parlions — que tout droit est par cela même un droit pour tous. Le magistrat a le droit de condamner et le non-magistrat ne l'a pas; les sentences d'un tribunal camorriste ou d'une organisation syndicale contre tel membre du groupe sont sans valeur juridique. On débat aujourd'hui volontiers si le droit d'enseigner est un « droit de l'homme » ou si c'est au contraire une fonction réservée à certaines personnes qui en seront investies. Ainsi, il y a sans doute un droit identique pour tous, qui est le droit de vivre dans une société équilibrée et ordonnée, et c'est ce droit primordial identique qui est la base commune des droits de chacun. Mais loin qu'il en résulte que ces derniers soient tous semblables, il en résulte au contraire qu'ils devront en très grande partie être divers et inégaux.

Il en sera de même des devoirs. Sans doute « le Devoir » a pour principe commun la nécessité commune à tous les membres d'une société de participer à la vie de cette société et de collaborer à l'action collective. Mais il en résultera précisément, comme M. Durkheim l'a dès longtemps établi, que les devoirs seront divers, et non pas qu'ils soient identiques.

Dans la philosophie kantienne *tout devoir* est par cela même *mon devoir*, puisque le devoir est défini par l'universalité même qui lui sert à la fois de *règle* (principe de l'universalisation des maximes) et de *motif* (principe de l'Autonomie). Mais cela est manifestement faux dès qu'on essaye de passer à l'application. « Ce qui est à faire » étant par hypothèse défini, il n'en résulte pas une *obligation* immédiate pour moi, un « je dois » correspondant. De ce qu'il est *vrai pour tous* que « ceci est à faire », il n'en saurait résulter que tous aient à le faire. Il est vrai pour tous qu'un incendie doit être éteint;

mais il n'est pas vrai que tous soient appelés à éteindre tout incende. En conférant au devoir un caractère universel et à l'universalité un caractère obligatoire, Kant a donc fait une confusion manifeste entre le point de vue intellectuel et le point de vue pratique, entre la régulation et la motivation, et cette confusion est virtuellement contenue dans l'idée même d'une morale que la Raison pure suffirait à fonder.

Ainsi le passage de la Règle à l'obligation personnelle est un passage *synthétique*. Etant admis que « ceci est à faire », c'est par un processus nouveau et tout différent de cette première détermination qu'on pourra établir que tel ou tel est chargé de le faire. A vouloir comme Kant que le devoir s'impose immédiatement à la personne, et à toute personne, on est réduit à le laisser absolument indéterminé, quant à ses objets. Dès lors on n'a rien gagné, car une personne très strictement obligée à quelque chose, sans savoir à quoi, sera pratiquement exempte d'obligation. Il vaut donc mieux avouer que la règle étant d'abord déterminée objectivement, les obligations qui en résultent restent à définir par rapport aux personnes. Je ne puis savoir d'emblée à qui elles incomberont ; j'aurai à le chercher à l'aide de considérations en grande partie étrangères aux raisons de la règle. « Ceci est à faire ». Qui le fera? Celui que des circonstances très diverses et très inégales désigneront : celui qui a le pouvoir, les connaissances, les facultés; — celui qui s'est désigné lui-même pour cette tâche en l'assumant d'avance; — celui qui en a été chargé d'office. Qui éteindra l'incendie? L'homme qui s'est engagé comme pompier, ou encore celui qui peut fournir l'eau, celui qui sait monter aux échafaudage, etc. Un service public est arrêté par une grève; qui en assurera le rétablissement ? Celui qui se trouve à ce moment ministre responsable, que ce soit X ou Z. Cela ne résulte pas de sa personnalité, mais de sa situation.

L'obligation personnelle résulte donc d'une répartition très inégale et très diverse des tâches sociales. Tous les degrés de précision et de rigueur peuvent d'ailleurs se rencontrer dans cette désignation. Elle peut être très précise et très hétéronome à la fois, comme dans le cas de soldat qui se trouve appelé sous les drapeaux au moment d'une guerre; elle peut résulter d'une sorte de contrat ou d'engagement, libre à l'origine, mais qui lie désormais celui qui l'a accepté (choix d'une carrière); elle peut enfin résulter de l'initiative morale de la personne qui, spontanément va au-devant d'un devoir. De quelque façon que ce soit, une obligation personnelle résulte donc de ce que, à un moment donné, la ligne que trace un certain « falloir » passe pour ainsi dire par une certaine personne qui se trouve ou se met précisément à cette place.

Comme, d'autre part, cette ligne détermine « ce qui est à faire », ce qui est désirable d'une manière générale et impersonnelle, ce « devoir être » tend nécessairement à se localiser là où est le « pouvoir de faire ». C'est à obtenir autant que possible cette coïncidence que sont destinés les différents mécanismes sociaux, par lesquels on espère adapter les tâches aux compétences et les charges aux ressources. La liberté même dans le choix des professions se justifie surtout par là. C'est pourquoi aussi subjectivement le pouvoir crée l'obligation, et l'on peut retourner en ce sens le mot de Schiller et dire : « Je puis, donc je dois ». Et c'est une forme supérieure de la moralité que de travailler au dedans à se rendre capable de plus de devoirs, et ensuite d'ambitionner au dehors des situations où l'on pourra donner toute sa mesure et remplir les tâches les plus hautes.

Si l'on n'avait pas perdu de vue cette distinction très simple, dans le mot « devoir », de ces deux sens, le « falloir » objectif et l' « obligation » personnelle, on eût été moins embarrassé pour résoudre nombre de problèmes classiques comme celui des devoirs larges et des devoirs stricts; on aurait cessé de trouver un insupportable paradoxe dans ce fait que le « plus grand bien » ne suscite pas l'obligation la plus rigoureuse, ni la plus certaine, ni la plus universelle.

Si c'est par une procédure synthétique qu'on passe de la Règle à l'obligation personnelle, à plus forte raison est-ce par une opération synthétique également qu'on pourra passer de la Régulation à la Motivation. Pour savoir quelle était la règle à proposer, l'Eudémonisme et le Kantisme semblent se demander d'abord quel est le motif suprême, celui qui déterminera le mieux les hommes, le motif le plus fort ou le plus valable, le plus universel, le plus indéfectible. C'est procéder à contre-sens. Mais, inversement, une loi étant proposée et justifiée, la question de savoir si l'on trouvera les motifs qui permettront de l'accomplir est une question totalement différente. L'expérience la plus banale devrait nous en avertir : la pratique universelle a résolu la question dans ce sens, puisqu'elle a ajouté *synthétiquement* les sanctions aux prescriptions, c'est-à-dire *créé*, vaille que vaille, et aussi hâtivement que possible, les motifs qui paraissaient propres à faire observer le plus sûrement la loi, même par les âmes médiocres. Mais la preuve qu'on se rend communément très mal compte de ce caractère synthétique du problème de la motivation par rapport à celui de la régulation, la preuve que la confusion de ces deux problèmes subsiste dans l'esprit des trois quarts des moralistes, c'est l'objection constamment renouvelée, en particulier par les Kantiens et les moralistes religieux, contre toute morale positive ou sociale : Comment, lui demande-t-on, obtiendrez-vous qu'on obéisse à votre règle? Comment réussirez-vous à subordonner la volonté de l'individu au bien social? Et l'on complique encore la difficulté en représentant l'homme comme un radical égoïste (1). On pense rendre ainsi plus évidente la nécessité de faire appel à une motivation d'une espèce particulière et d'origine transcendante, pour suppléer à l'insuffisance de la motivation naturelle telle qu'on la définit ainsi arbitrairement. « Où chercher le secours nécessaire? Où prendre ce qui manque à la volonté » ? (2) On confond si bien le problème de la motivation et celui de la régulation que, lorsqu'on invite la philosophie à reprendre la question rebattue du *fondement* de la morale, ce qu'on lui demande encore, c'est non pas de déterminer avec plus de sûreté ce que l'homme doit faire ou la raison d'être de cette règle, mais de lui fournir une sorte de *motif absolu* propre à obtenir de lui tous les sacrifices (3). Mais c'est un problème pour ainsi dire contradictoire que de vouloir, à l'aide d'une théorie, faire surgir un dévouement, et par un dogme, que d'ailleurs on se dispense d'établir, et même de préciser, susciter un désir d'agir. Nous comprenons encore moins comment on peut parler de puiser une force morale au dehors, comme si une pareille force se trouvait toute prête dans quelque réservoir, ni comment un homme pourrait *prendre* là une *volonté qui lui manque*, comme il prendrait de l'argent dans un coffre pour en munir son porte-monnaie. Seule une préparation éducative peut obtenir un pareil résultat; il est du ressort de la pédagogie et non du ressort de la doctrine. Aucune théorie ne peut avoir cette vertu de

(1) V. *Bulletin de la Société française de Philosophie*, 1909, n° 7, p. 210, notre réponse à cette thèse. Jusque dans le « Vicaire Savoyard » on trouve reproduite cette idée que, par elle-même, la raison serait égoïste ; tant l'idée était courante et paraissait évidente au xviii° siècle. M. Parodi (*Le Rationalisme moral, Revue Pédagogique*, mai 1919, p. 316) a nettement écarté ce contre-sens.

(2) Le Roy, *Bulletin précité*, p. 213.

(3) P. Bureau, *Bulletin de la Société française de Philosophie*, 1908, n° 4.

rendre l'homme capable de dévouement, si cette capacité n'existe pas en lui, soit par nature, soit par culture
et par habitude. A n'importe quelle théorie cette tâche pédagogique s'imposera de susciter un tel pouvoir, et c'est
une illusion étrange de croire, comme on semble le croire,
que certaines théories en dispensent; mais aucune théorie
non plus n'est privée de cette même ressource, aucune
proposition raisonnable au sujet de la règle à suivre n'est
d'avance condamnée à n'en pouvoir obtenir l'observance.
Mais par cela même ce n'est pas une objection contre une
certaine régulation morale proposée, que la difficulté de
trouver en fait, dans l'homme actuel, une motivation adéquate et toute préparée. Si la règle proposée est la règle
vraie, elle reste vraie, malgré la difficulté que nous ren-
contrerions à en obtenir le respect; il en résulterait seulement que la tâche pédagogique correspondante serait
à entreprendre, et qu'elle aurait un effort plus intense et
plus patient à faire pour adapter les volontés à la règle.
Si contre une règle proposée une telle objection était valable, aucune morale n'en serait plus gravement atteinte
que la morale religieuse. Car elle s'est toujours caracté-
risée, quant à la règle, précisément par une opposition
plus ou moins systématique à la nature, par un ascétisme
essentiel allant du jeûne et du célibat jusqu'aux sacrifices
humains. Comment serait-elle dès lors en droit d'opposer
à une morale positive qui ne demande que des sacrifices
efficaces et humainement ou socialement utiles, la prétendue incapacité morale où se trouveraient les hommes
d'y consentir? Plus étrange est le succès dont on peut
historiquement faire hommage aux morales religieuses,
plus est condamnée l'objection qu'elles opposent à leurs
adversaires. Ce serait tout de même un paradoxe un peu
rude que l'homme ait pu consentir, au nom de raisons in-
certaines et parfois absurdes, des sacrifices extrêmes et

souvent très vains, et qu'il soit impossible d'obtenir de
lui, par des raisons relativement claires et certaines, des
sacrifices limités et efficaces. Loin de prouver la vérité
des théories théologiques de la morale, le succès relatif
des morales religieuses prouverait simplement l'étonnante
souplesse de la nature humaine devant un effort pédagogique suffisamment habile et patient. Une telle expérience
est la meilleure réponse aux objections qu'elles font d'ordinaire à leurs rivales.

III. — Ainsi il est essentiel, pour bien poser l'un et
l'autre, de dissocier le problème moral de la régulation et
le problème pédagogique de la motivation, toujours
jusqu'ici plus ou moins confondus. Sans doute la morale,
dans sa partie théorique, a bien aussi a reconnaître une
volonté fondamentale de l'homme sans laquelle aucun
code moral ne pourrait ni apparaître ni agir (1). Mais si
cette volonté première peut se découvrir dans l'humanité,
elle n'est pas pour cela actuelle et présente dans chaque
individu. L'œuvre propre de la morale reste donc de déterminer la Régulation, et l'œuvre de la pédagogie est d'y
adapter la volonté de chaque individu en suscitant un
système de motifs appropriés. Cette volonté individuelle
et concrète, l'éducateur n'a pas à la *découvrir*, mais à la
créer.

Le progrès de la moralité, considérée comme dispo-

---

(1) Nous l'avons fait nous-même (*Esquisse d'une Morale Positive*, § 26-27) en essayant de montrer dans la « volonté de vivre
en Société » le vouloir essentiel de l'Humanité. Encore avons-
nous en soin de remarquer qu'il s'agissait là d'un principe organique et architectonique appelant une compréhension illimitée, et
non d'un aspect abstrait de toute volonté en général, comme
le sont les principes du Bonheur, de la Perfection ou du Devoir,
inféconds en raison de leur caractère de généralité purement
extensive.

sition des volontés individuelles, s'opère par un mouvement de continuelle synthèse.

Est-ce à dire que, parce que les deux problèmes sont distincts, les solutions en doivent rester indépendantes l'une de l'autre? Bien loin de là, nous estimons au contraire que c'est la formule même du problème pédagogique de développer un ensemble de motifs pour ainsi dire calqués sur les fins à poursuivre et les règles à observer, en sorte que, finalement, la volonté morale soit directement déterminée par ces fins et ces règles. N'est-ce pas évidemment l'état normal de la volonté en général, que de s'intéresser à ses fins, et la condition qui définit en particulier la véritable moralité acquise, que de ne pas être déterminée à l'action par des motifs étrangers à la moralité ?

Au contraire, ce que nous avons souvent reproché à certaines des doctrines morales qui, nous le montrions plus haut, prétendent résoudre d'un seul coup le problème de la Régulation et celui de la Motivation, c'est qu'elles arrivent en fait à un résultat précisément opposé : comme la régulation doit bien en venir à se déterminer dans le concret, et à rejoindre plus ou moins étroitement la morale courante, le « motif moral », qu'on a voulu absolu, reste en quelque sorte isolé dans sa trop lointaine souveraineté et sans communication définissable avec les préceptes déterminés. C'est en particulier un caractère manifeste des morales religieuses qu'il est totalement impossible, du principe qu'elles posent, de déduire aucune règle définie de conduite. On tire bien de là, *dans l'ordre purement pédagogique*, ce double avantage : 1° que le motif d'action semble le même pour les actes les plus divers, justement parce qu'il n'a de rapport direct avec aucun d'eux, et 2° que les variations inévitables de la régulation morale laissent intacte, en droit, l'autorité d'un principe qui lui est totalement étranger. Mais cet avantage implique nécessairement que la régulation est d'abord acceptée telle quelle des mains de la tradition, et qu'on renonce à tout moyen non seulement de la corriger, mais même de l'interpréter et de la justifier; et c'est bien ce que vérifie l'histoire.

En somme les morales religieuses oscillent nécessairement entre deux formes, également *extrinsèques*, de motivation, qu'elles sont obligées de corriger et de compléter sans cesse l'une et l'autre, parce que chacune d'elles est insuffisante :

D'une part, la sanction est ajoutée en fait ou en droit à la formule de la règle d'une manière, comme l'avoue Kant, absolument *synthétique*. Elle constitue un premier motif sensible, individuel, rendu indispensable par l'insuffisance à la fois intellectuelle et pratique du motif religieux tout pur. Ce premier motif est, de l'aveu commun, sans aucun rapport interne avec le contenu des diverses règles, mais il est du même coup étranger à toute volonté morale, puisqu'il n'est guère que le substitut d'une moralité absente et que par cela même il en retarde à certains égards l'avènement. La sanction, loin d'être un véritable facteur d'éducation, un « remède de l'âme » n'est qu'un procédé hâtif de dressage par lequel on espère obtenir, non un vouloir moral, mais l'équivalent extérieur d'un tel vouloir. Elle est un avertissement et un moyen d'attendre sans trop de dommage, que l'avertissement puisse être compris.

Le mieux qu'on puisse en dire c'est que le châtiment est en quelque sorte le *symbole sensible*, pour une volonté moralement imparfaite, de la souffrance que la volonté devenue bonne devrait éprouver dans une société bien organisée, si, par hypothèse, elle tombait dans le mal moral.

D'autre part, à l'extrême opposé, le motif religieux proprement dit serait le motif le plus impersonnel, le moins sensible, *théoriquement* voisin par suite du principe moral lui-même. Il pourrait même se défendre d'être un principe abstrait, s'il prétend exprimer le point de vue d'une *synthèse* totale où chaque règle et même chaque action serait mise à sa place dans l'ensemble de l'Univers. Ainsi interprété — et c'est dans cet esprit que M. Delvolvé a essayé de l'utiliser en le transposant — le motif religieux serait bien, si l'on veut, dans la direction de ce que nous avons appelé une morale de la *Compréhension*. Le terme Dieu exprimerait bien le principe de l'*Ordre total* des choses. Mais comme ce terme est reconnu inaccessible, que la synthèse totale est irréalisable, il arrive en fait que ce principe ne peut fournir qu'un motif *pratiquement* extrinsèque à tout précepte et à tout acte moral. L'imagination seule pourra, comme on le constate en effet, donner corps au motif religieux, et, de l'état de virtualité indéfinie auquel son essence le condamnerait, le faire passer à l'état d'actualité. Il en résulte que ce motif, présenté par les métaphysiciens comme le « motif vrai » par excellence, reste toujours empiriquement un « motif faux ».

Et il l'est doublement, au point de vue intellectuel et au point de vue moral. Ce motif ne saurait d'abord trouver pour nous une application adéquate, car il faudrait être Dieu même pour apercevoir ainsi chaque être et chaque action dans son rapport avec la totalité des choses; aussi, à ce motif théoriquement vrai d'une vérité absolue, substitue-t-on, en fait, toutes sortes de représentations imaginatives qui non seulement en sont infiniment éloignées, mais en dissimulent même la nature. Mais, de plus, il n'est pas certain qu'il soit même moralement bien sûr d'en user, parce qu'à ce point de vue de l'Absolu, si éloigné de l'expérience, toutes les valeurs s'effacent. Aussi les causes les plus diverses peuvent-elles aisément se réclamer de Dieu (1), et si moyennant certaines préconceptions sous-entendues et certaines habitudes d'esprit Dieu paraît « fonder » la foi morale, métaphysiquement, il fonderait aussi bien le scepticisme moral. L'exemple de Spinoza et même celui de Leibniz sont là pour nous avertir que dans le système des choses supposé achevé le loup aurait sa place nécessaire et sa légitimité tout comme l'agneau : si nous pouvions voir ainsi les choses du regard de Dieu, il est à présumer que, comme le Jehovah de la Bible, nous ne pourrions les regarder que d'un œil satisfait. Ainsi le mieux qu'on puisse dire du motif religieux à son tour, c'est qu'il n'est que le *symbole intellectuel* de l'intégration de nos actes et de nos règles dans quelque système qui dépasse notre individualité, de la subordination des parties au tout, sans qu'il détermine ni un tout réel auquel nous subordonner, ni un mode quelconque de cette intégration, ni un motif réel de faire quoi que ce soit.

C'est entre ces deux formes extrêmes de la motivation extrinsèque que devrait suivant nous être tracée la voie de la pédagogie morale. Celle-ci a pour fonction de réaliser progressivement cette motivation *intrinsèque* de la volonté morale, qui doit suivant nous caractériser une éducation morale en harmonie avec une morale positive. Cette dernière nous y avons insisté, pose et résout le problème moral (régulation) sans avoir besoin de savoir si un système préexistant de motifs se trouve tout prêt à réaliser le programme qu'elle aura tracé. Lorsque le développement des besoins et les progrès de la technique suscitent l'exercice d'une nouvelle profession, on ne se

____

(1) Voir notre étude sur l'**Efficacité** de la morale laïque dans *Morale religieuse et morale laïque.* p. 49. Cf. Rauh, *Etudes de morale.* p. 141.

demande pas si les aptitudes professionnelles correspondantes se trouvent déjà toutes faites. On sait bien au contraire qu'on ne les obtiendra que par un apprentissage approprié. C'est l'aviation inventée qui a fait les aviateurs. De même, sans méconnaître les différences, l'action morale exige un apprentissage progressif; et ce n'est pas à la morale de se régler sur ce que les hommes sont capables de faire, mais c'est aux hommes de devenir capables de faire ce qu'elle exige. Ils ne le sont pas tous également ni d'emblée comme la plupart des doctrines morales courantes se plaisent à le professer; mais les plus aptes peuvent et doivent travailler sans cesse, d'un côté par l'éducation et l'exemple, de l'autre par l'adaptation du milieu, à développer les mêmes aptitudes chez tous.

Ainsi il faut que les raisons au nom desquelles les devoirs sont posés et qui par elles-mêmes sont tout à fait indépendantes de l'existence ou de l'inexistence préalables chez les individus de telles ou telles formes de motivation, arrivent à devenir les motifs mêmes de l'action. Il faut pour emprunter sa féconde formule à M. Fouillée, que l'idée du bien à faire devienne une *idée-force* capable d'agir par elle-même. La tâche de l'éducation n'est pas d'obtenir une conduite juste à l'aide « de motifs faux » ou à côté, mais de réaliser psychologiquement le « motif vrai » c'est-à-dire absolument harmonique aux raisons qui d'abord ont déterminé la régulation.

Cette motivation directe, où le but intéresse par lui-même et coïncide ainsi avec le motif, n'implique nullement, comme on l'a reproché à la morale dite « laïque » ou à la morale positive (1), que la moralité ainsi construite manque d'unité, et se présente sous une forme

____

(1) Delvolvé, *Rationalisme et Tradition*, Chap. i. Cf. ma réponse, *Bulletin de la Société française de Philosophie*, juillet 1909, p. 204 et suiv.

inorganique et incohérente. C'est le contraire qui est évidemment vrai, si les devoirs forment un système ordonné, et si, qui plus est, le principe même de la régulation morale est la nécessité d'un ordre social, d'un équilibre de la vie collective, et finalement d'une coopération voulue qui tende à faire de la collectivité une réalité consistante. Chaque vouloir particulier pourrait, s'il était accompagné d'une réflexion suffisante, concentrer toute la force qui s'attache à la volonté de l'ensemble, comme Comte l'a bien vu. C'était sans doute aussi une prétention de la morale kantienne ou de la morale religieuse, que *toute la loi* soit en quelque sorte contenue dans chaque précepte et lui communique sa sainteté. Mais leur formalisme ne réalise que verbalement ce résultat, en isolant comme nous l'avons vu, le principe moral de ses applications. Nous l'obtenons d'une manière bien plus sûre et bien plus réelle dans une morale de la *Compréhension*, et surtout dans une morale sociale. Car c'est parce que toutes les fonctions sociales se conditionnent mutuellement que le devoir le plus humble, quant à son objet propre, peut acquérir l'importance des plus graves, dans la mesure du moins ou la solidarité, en fait toujours élastique, se fait sentir entre les divers domaines de la vie collective.

Notre conception du motif moral, d'un autre côté, n'implique pas davantage un intellectualisme exclusif et utopique. Ce n'est pas en tout cas le Kantisme qui serait en droit d'élever ce reproche. Si Kant est obligé d'admettre finalement que la raison pure éveille un « intérêt » propre qui la rend pratique, comment nous serait-il impossible de susciter, à l'égard des *objets* essentiels de l'action morale, un intérêt suffisant alors que ces objets sont si directement liés à la nature même de l'homme (1)? Quand nous voyons l'homme capable de se vouer avec passion à

(1) Cf. Fouillée, *Morale des Idées-Forces*, p. 182.

des œuvres très artificielles ou très-contingentes, une collection de porcelaines ou le problème de l'aviation, d'y dépenser ses forces et ses ressources, ou d'y risquer sa vie, il est d'une psychologie bien superficielle de parler sans cesse comme si, en agissant, nous devions toujours être déterminés par un motif *autre* que l'intérêt même qu'éveille le but à atteindre. A plus forte raison ne saurions-nous admettre que, à moins d'être mus par je ne sais quelle force transcendante, nous soyons réduits à suivre « notre intérêt » personnel, si difficile à définir en dehors d'un fin objective. Psychologiquement les motifs qui font agir un homme forment toujours un système très complexe où l'habitude, l'intérêt, l'affection, les principes préalablement acceptés, etc., sans parler du plaisir même d'agir jouent leur rôle; et pour peu qu'il ne s'agisse pas d'une action tout à fait élémentaire, il est d'ordinaire imposisble de dire quel serait *le* motif auquel un homme a obéi. Mais, en fait, lorsque est obtenue cette forme normale du vouloir, qui consiste à vouloir *ce que* nous voulons, tous les motifs sous-jacents dont la complexité est indéfinie tendent à s'effacer. Certes, nous ne pourrions guère nous engager dans une carrière sans l'espoir d'y gagner notre vie; mais si nous aimons notre métier, quoique ce soit précisément dans ces conditions qu'il ait des chances d'être le plus lucratif, nous ne songeons plus guère en l'exerçant, à l'argent qu'il nous rapporte.

Conclusion. — Nous croyons donc avoir montré que le problème de la Régulation et le problème de la Motivation doivent être à la fois distingués, et pourtant résolus harmoniquement, et que, si on les confond, comme on le fait d'ordinaire, sous le nom indistinct de problème moral,

c'est précisément alors que, par une revanche naturelle
de la vérité, le désaccord se manifeste entre la morale et
la pédagogie et que celle-ci est amenée à chercher des
voies obliques et indirectes.

Une vue plus profonde de la réalité permettrait peut-
être, tout en écartant cette erreur, de mieux comprendre
quelle vérité elle recouvre. Nous nous contenterons de
l'indiquer en terminant.

Que les sociétés se soient formées en vertu d'un instinct vital primordial et profond qui devait assurer ainsi
le plus complet développement de la nature humaine,
c'est ce qu'on peut admettre sans beaucoup dépasser les
faits. Les hommes se sont donné la société comme les oi-
seaux se sont donné des ailes. On peut dire dès lors, si
l'on veut parler ce langage impropre, que cet instinct ne
se *connaît* pas et ne *pense* pas son œuvre; admettre la
réalité d'un tel instinct et même en proclamer la valeur
(car le découvrir ce n'est pas encore le justifier), ce n'est
donc pas non plus *savoir* quoi que ce soit de ce qu'il peut
exiger. Dès lors, ou bien il faudrait le maintenir à l'état
de pur instinct; mais cela n'est ni possible ni désirable et
ce serait même aller à l'envers de toute morale, puisque
la moralité est, en tout état de cause, l'effort que fait
l'homme pour prendre conscience de sa tâche, pour as-
sumer la direction et la responsabilité de sa propre destinée; — ou bien l'on ne peut que revenir du dehors au
dedans et de l'œuvre à l'impulsion intérieure qui semble
l'avoir produite, pour convertir l'instinct en intelligence,
et le transformer par la lumière de cette conscience en
un véritable motif moral auquel par lui-même il ne saurait être équivalent. Mais alors nous n'avons pas à craindre qu'en étudiant le produit, qui seul peut nous révéler
en quelque mesure ce qu'était la cause, nous ne retrou-
vions pas la force que celle-ci pouvait contenir. Au con-

traire c'est alors que nous aurons le plus de chances de voir la motivation consciente s'adapter à ce que la poussée de la spontanéité a développé. C'est donc en partant de la Régulation qu'on est le plus assuré de rencontrer les formes les plus vigoureuses et les plus saines de la Motivation en même temps que la loi de leur coordination; tandis qu'à vouloir définir directement et en elle-même la source de la vie morale sous prétexte d'assurer d'emblée les « conditions d'efficacité d'une morale éducative », on n'aura réussi qu'à formuler un problème tout abstrait et tout métaphysique condamné à ne recevoir qu'une solution arbitraire, indéterminée, exposée à toutes les déviations. C'est compromettre à la fois la théorie morale et la pédagogie morale.

C'est donc sous la forme d'une volonté finale, organisant les vouloirs particuliers requis par la Régulation et non sous la forme d'une impulsion initiale, élémentaire, indéterminée, que la volonté vraiment morale doit être conçue et constituée. Sans doute en un sens la première retrouve et rejoint la seconde : le métaphysicien ne saurait s'étonner que le terme révèle le principe et lui soit de quelque manière homogène. Mais entre les deux quelque chose prend place, un rien sans doute : la conscience claire.

TABLE DES MATIÈRES

Société Française d'Imprimerie et de Publicité
Paris, 74, Rue Saussure (XVII')
Angers, 26-28, Boulevard du Château

MORALE

ARRÉAT (L.). — **La morale dans le drame, l'épopée et le roman.** 3e édit. 1 vol. in-16.

ASLAN (G.). — **L'expérience et l'invention en morale.** 1 vol. in-16.

BALDWIN (J.-M.). — **Le darwinisme dans les sciences morales.** Traduit par G.-L. Duprat. 1 vol. in-16.

— **Théorie génétique de la Réalité.** *Le Pancalisme.* 1 vol. in-8.

BAUER (A.). — **La conscience collective et la morale.** (*Couronné par l'Institut.*) 1 vol. in-16.

BAYET (A.). — **La morale scientifique.** *Étude sur les applications morales des sciences sociologiques.* 2e édit. 1 vol. in-16.

— **L'Idée de bien.** *Essai sur le principe de l'art moral rationnel.* 1 vol. in-8.

BELOT (G.). — **Études de morale positive.** (*Récompensé par l'Institut.*) 1 v. in-8.

BOS (C.). — **Pessimisme, Féminisme, Moralisme.** 1 vol. in-16.

CARTAULT (A.). — **Les sentiments généreux.** 1 vol. in-8.

CHABOT (Ch.). — **Nature et moralité.** 1 vol. in-8.

CRESSON (A.). — **La morale de Kant.** *Étude critique.* 2e édit. 1 vol. in-16. (*Couronné par l'Institut.*)

— **La morale de la raison théorique.** 1 v. in-16.

DELACROIX. — **La Psychologie de Stendhal.** 1 vol. in-8.

DELVOLVE (J.). — **L'organisation de la conscience morale.** *Esquisse d'un art moral positif.* 1 vol. in-16.

— **Rationalisme et tradition.** *Recherches des conditions d'efficacité d'une morale laïque.* 2e édit., revue. 1 vol. in-16.

DRAGHICESCO (D.). — **Le problème de la conscience.** 1 vol. in-8.

DROMARD (G.). — **Essai sur la sincérité.** 1 vol. in-8.

DURAND DE GROS. — **Nouvelles recherches sur l'esthétique et la morale.** 1 v. in-8.

FINOT (Jean). — **Progrès et bonheur.** T. 1. 4e édit. 1 vol. in-8.

FOUILLÉE (Alf.). — **Critique des systèmes de morale contemporains.** 7e éd. 1 v. in-8.

— **Les éléments sociologiques de la morale.** 2e édit. 1 vol. in-8.

— **Morale des idées-forces.** 2e édit. 1 vol. in-8.

— **La France au point de vue moral.** 5e édit. 1 vol. in-8.

FULLIQUET (G.). — **Essai sur l'obligation morale.** 1 vol. in-8.

GUYAU (M.). — **La morale anglaise contemporaine.** *Morale de l'utilité et de l'évolution.* 6e édit., augmentée. 1 vol. in-8. (*Couronné par l'Institut.*)

— **Esquisse d'une morale sans obligation ni sanction.** 9e édit. 1 vol. in-8.

HERCKENRATH (C. R. C.). — **Problèmes d'esthétique et de morale.** 1 v. in-16.

JANET (Paul). — **Histoire de la science politique** *dans ses rapports avec la morale.* 4e éd., revue. (*Cour. par l'Inst.*). 2 vol. in-8.

JEUDON (L.). — **La morale de l'honneur.** 1 vol. in-8.

JOUSSAIN (A.). — **Le fondement psychologique de la morale.** 1 vol. in-16.

LANDRY (A.). — **Principes de morale rationnelle.** 1 vol. in-8.

LANESSAN (J.-L. de). — **La morale des religions.** 1 vol. in-8.

— **La morale naturelle.** 1 vol. in-8.

— **L'Idéal moral du matérialisme et la guerre.** 1 vol. in-16.

LASBAX (E.). — **Le Problème du Mal.** 1 vol. in-8.

LEFÈVRE (G.). — **Obligation morale et idéalisme.** 1 vol. in-16.

LÉVY-BRÜHL (L.). — **La morale et la science des mœurs.** 8e édit. 1 vol. in-8.

LUBBOCK (Sir John). — **Le bonheur de vivre.** 12e édit. 2 vol. in-16.

— **L'emploi de la vie.** Trad. Em. Hovelaque. 8e édit. 1 vol. in-16.

— **Paix et bonheur.** Traduit par A. Monod. 1 vol. in-16.

MARCERON (A.). — **La morale par l'État.** (*Récompensé par l'Institut.*) 1 vol. in-8.

NOVICOW (J.). — **La morale et l'intérêt dans les rapports individuels et internationaux.** 1 vol. in-8.

OSSIP-LOURIÉ. — **Le bonheur et l'intelligence.** 1 vol. in-16.

PARODI (D.). — **Le problème moral et la pensée contemporaine.** 1 v. in-16.

— **La Philosophie contemporaine en France.** *Essai de classification des Doctrines.* 1 vol. in-8.

PAULHAN (Fr.). — **La morale de l'ironie.** 1 v. in-16.

PAYOT (Jules). — **L'éducation de la volonté.** 41e mille. 1 vol. in-8.

— **Le Travail intellectuel et la Volonté.** *Suite à l'Éducation de la Volonté.* 7e mille. 1 vol. in-8.

— **La conquête du bonheur.** 1 vol. in-8.

PIAT (C.). — **La morale du bonheur.** 1 v. in-8.

PIOGER (Dr J.). — **La vie sociale, la morale et le progrès.** 1 vol. in-8.

RAUH (F.). — **L'expérience morale.** 2e édit., revue. 1 vol. in-8. (*Réc. par l'Inst.*)

— **Études de morale,** recueillies et publiées par H. Daudin, M. David, G. Davy, H. Franck, R. Hertz, G. Hubert, J. Laporte, R. Le Senne, H. Wallon. 1 vol. in-8.

RENOUVIER (Ch.). — **Science de la morale.** Nouv. édit. 2 vol. in-8.

ROBERTY (E. de). — **Les fondements de l'éthique.** 1 vol. in-16.

— **Constitution de l'éthique.** 1 vol. in-16.

RODRIGUES (G.). — **Le problème de l'action.** *La pratique morale.* 1 vol. in-8.

SCHOPENHAUER. — **Le fondement de la morale.** Trad. A. Burdeau. 10e éd. in-16.

— **Aphorismes sur la sagesse dans la vie.** Traduit par M. J.-A. Cantacuzène. 10e édit. 1 vol. in-8.

— **Éthique, droit et politique.** Traduction Dietrich. 1 vol. in-16.

— **Philosophie et science de la nature.** Traduction Dietrich. 1 vol. in-16.

SOLLIER (P.). — **Morale et moralité.** *Essai sur l'intuition morale.* 1 vol. in-16.

SPENCER (Herbert). — **Problèmes de morale et de sociologie.** Traduction H. de Varigny. Nouvelle édition. 1 vol. in-8.

— **Le rôle moral de la bienfaisance.** 1 vol. in-8.

— **La morale des différents peuples.** 1 vol. in-8.

SULLY (James). — **Le pessimisme.** Traduit de l'anglais par MM. Bertrand et Gérard. 2e édit. 1 vol. in-8.

TERRAILLON (E.). — **L'honneur,** *sentiment et principe moral.* 1 vol. in-8.

WILBOIS (J.). — **Devoir et durée.** *Essai de morale sociale.* 1 vol. in-8.